财务会计习题及解答

（第四版）

李正华　主编
沈亚香　副主编

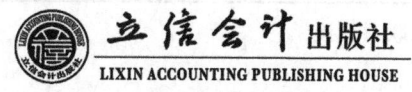

立信会计出版社
LIXIN ACCOUNTING PUBLISHING HOUSE

图书在版编目(CIP)数据

财务会计习题及解答 / 李正华主编. —4 版. —上海：立信会计出版社，2020.1(2025.8 重印)
ISBN 978-7-5429-6368-0

Ⅰ.①财… Ⅱ.①李… Ⅲ.①财务会计—高等职业教育—题解 Ⅳ.①F234.4-44

中国版本图书馆 CIP 数据核字(2020)第 001609 号

策划编辑　赵志梅
责任编辑　赵志梅

财务会计习题及解答(第四版)
CAIWU KUAIJI XITI JI JIEDA

出版发行	立信会计出版社		
地　　址	上海市中山西路 2230 号	邮政编码	200235
电　　话	(021)64411389	传　　真	(021)64411325
网　　址	www.lixinaph.com	电子邮箱	lixinaph2019@126.com
网上书店	http://lixin.jd.com		http://lxkjcbs.tmall.com
经　　销	各地新华书店		

印　　刷	上海万卷印刷股份有限公司		
开　　本	787 毫米×1092 毫米	1/16	
印　　张	15.25		
字　　数	390 千字		
版　　次	2020 年 1 月第 4 版		
印　　次	2025 年 8 月第 4 次		
书　　号	ISBN 978-7-5429-6368-0/F		
定　　价	39.00 元		

第四版前言

为了适应会计、财务管理和审计等专业财务会计课程教学的需要，我们根据立信会计出版社出版的"'十三五'规划教材·立信高职系列"系列教材之一的《财务会计(第五版)》，重新组织编写了《财务会计习题及解答(第四版)》。

《财务会计习题及解答》(第四版)由上海立信会计金融学院的教师按照财政部修订和新发布的企业会计准则(1项基本会计准则和41项具体会计准则)，并结合财政部对企业会计准则作出的具体解释、财政部对财务报表格式的新规定(财会〔2019〕6号)以及2016年12月财政部发布的《增值税会计处理规定》(财会〔2016〕22号)的相关规定修改，以满足会计教学对新教材的需求。本教材不仅适用于会计、财务管理和审计等经济管理类专业学生，而且还可以作为其他相关专业的学生学习财务会计课程时的参考资料，亦可满足从事财务会计实际工作的人员及参加各类成人教育培训的人员学习使用。

本教材的编写力求适应会计、财务管理和审计专业的特点，满足学生复习和自学的需要。学生在接受课堂教学的学习及实务训练之后，通过本教材进行复习，能够全面掌握财务会计课程的主要内容。

本教材由李正华担任主编，沈亚香担任副主编，并由李正华对整本教材的内容进行审核和总纂。第一章、第五章、第六章、第八章、第十章、第十二章、第十三章、第十五章由李正华编写，第二章由梅义编写，第三章、第七章、第九章、第十一章、第十四章、第十六章由沈亚香编写，第四章由方辉编写。

对于赵志梅编辑付出的辛勤劳动以及认真负责的精神，我们表示衷心的感谢。

对于本教材中的不足和疏漏之处，我们期待读者给予批评与指正。

李正华

2020年1月

目　　录

第一部分　练　习　题

第二部分　部分参考答案

第一部分
练 习 题

第一章 总 论

一、思考题

1. 财务会计是怎样产生与发展的?
2. 财务会计的含义是什么?财务会计有哪些主要特征和作用?
3. 谁是会计信息的使用者?会计信息使用者需要什么样的信息?
4. 财务报告的目标是什么?
5. 什么是会计基本假设?各种会计基本假设的含义是什么?
6. 会计信息质量要求包括哪些方面?每一会计信息质量要求的含义是什么?
7. 各会计要素的定义及特征是什么?其确认条件是什么?
8. 会计计量属性有哪些内容?对于不同的计量属性应如何运用?
9. 中国企业会计标准体系是如何构成的?

二、名词解释

财务会计	财务报告目标	会计主体	持续经营	会计期间	货币计量
可靠性	相关性	可理解性	可比性	实质重于形式	重要性
谨慎性	及时性	会计要素	资产	负债	所有者权益
收入	费用	利润	会计计量	计量属性	历史成本
重置成本	可变现净值	现值	公允价值	会计规范	

三、单项选择题

1. 确定会计确认、计量和报告的空间范围是(　　)。

A. 会计主体　　B. 持续经营　　C. 会计分期　　D. 货币计量

2. 东方公司拥有A公司100%的股份,拥有B公司90%的股份,拥有C公司80%的股份,拥有D公司70%的股份。东方公司与其子公司A、B、C、D公司组成东方集团。下列说法中,不正确的是(　　)。

A. 东方公司和其子公司都是不同的会计主体

B. 东方公司是会计主体,东方集团也是会计主体

C. 东方公司和其子公司是不同的会计主体,东方集团不是会计主体

D. 东方公司与其子公司A、B、C、D和东方集团都是不同的会计主体

3. 下列各项中,不属于会计基本假设的是(　　)。

A. 会计主体　　B. 持续经营　　C. 会计分期　　D. 权责发生制

4. 固定资产按历史成本进行记录，并采用折旧的方法将其成本分摊到各个会计期间或相关产品的成本中，这依据的会计假设是(　　)。

A. 会计主体　　B. 持续经营　　C. 会计分期　　D. 货币计量

5. 会计账户设置中的应收账户和应付账户、会计核算中的折旧和摊销等方法的运用，依据的会计假设是(　　)。

A. 会计主体　　B. 持续经营　　C. 会计分期　　D. 货币计量

6. 企业对于已经发生的交易或者事项，应当及时进行会计确认、计量和报告，不得提前或者延后，这体现的是会计信息质量的(　　)要求。

A. 及时性　　B. 相关性　　C. 谨慎性　　D. 重要性

7. 对会计事项区别轻重主次进行繁简详略处理，采用不完全相同的会计程序和方法进行处理，这符合会计信息质量的(　　)要求。

A. 实质重于形式　　B. 重要性　　C. 谨慎性　　D. 相关性

8. 企业已将商品售出，但为确保到期收回货款而暂时保留了该商品的法定所有权，在符合收入确认的条件时确认相应的收入，这一做法遵循会计信息质量的(　　)要求。

A. 实质重于形式　　B. 可比性　　C. 可靠性　　D. 及时性

9. 企业对交易或者事项进行会计确认、计量和报告应当保持应有的谨慎，不应高估资产或者收益、低估负债或者费用，这符合会计信息质量的(　　)要求。

A. 可比性　　B. 谨慎性　　C. 相关性　　D. 重要性

10. 各会计主体的会计指标必须口径一致，这遵循会计信息质量的(　　)要求。

A. 相关性　　B. 可靠性　　C. 重要性　　D. 可比性

11. 企业以往在客户取得相关商品控制权时确认收入。年末，因未完成全年销售计划，企业在年末制作了若干出库凭证并开具销售发票，确认销售收入实现。这种做法不符合会计信息质量的(　　)要求。

A. 可靠性　　B. 相关性　　C. 可比性　　D. 实质重于形式

12. 不同企业发生的相同或者相似的交易或者事项，应当采用规定的会计政策，这遵循了会计信息质量的(　　)要求。

A. 客观性　　B. 可比性　　C. 重要性　　D. 相关性

13. 下列事项中，不属于企业收入的是(　　)。

A. 销售商品所取得的收入　　B. 提供对外服务所取得的收入

C. 出售无形资产所有权的经济利益流入　　D. 出租机器设备所取得的收入

14. 企业发生的下列事项中，影响企业所有者权益的是(　　)。

A. 资产负债表日存货可变现净值低于其成本的损失

B. 资产负债表日交易性金融资产因公允价值变动而产生的损失

C. 资产负债表日其他权益工具投资因公允价值变动而产生的损失

D. 资产负债表日固定资产可收回金额低于其账面价值的损失

15. 下列各项中，能使企业资产和所有者权益同时增加的是(　　)。

A. 向投资者宣告分派股票股利

B. 向投资者宣告分派现金股利

C. 提取盈余公积

D. 资产负债表日交易性金融资产公允价值增加

16. 下列经济业务中,属于直接计入当期损益的利得是(　　)。

A. 销售商品流入的经济利益

B. 出租无形资产流入的经济利益

C. 报废固定资产流入的经济利益

D. 投资人的出资额高于其出资比例部分的金额

17. 下列项目中,符合资产定义的是(　　)。

A. 已经签约,准备购买的某项专利　　B. 经管理层批准计划购入的设备

C. 已经霉烂变质无经济价值的存货　　D. 用赊账方式购入的生产用材料

18. 下列关于收入的说法中,错误的是(　　)。

A. 收入是指企业在日常活动中形成的、会导致所有者权益增加的、与所有者投入资本无关的经济利益的总流入

B. 企业应当在履行了合同中的履约义务(即在客户取得相关商品控制权时)时确认收入

C. 收入是指企业在业务活动中形成的、会导致所有者权益增加的、与所有者投入资本无关的现金流入

D. 符合收入定义和收入确认条件的项目,应当列入利润表

19. 市场参与者在计量日发生的有序交易中,出售一项资产所能收到或者转移一项负债所需支付的价格,该价格是(　　)。

A. 重置成本　　B. 可变现净值　　C. 现值　　D. 公允价值

20. 我国《企业会计准则》的颁布者是(　　)。

A. 国务院　　B. 财政部

C. 中国注册会计师协会　　D. 会计准则制定委员会

四、多项选择题

1. 我国财务报告的主要目标有(　　)。

A. 向报告使用者提供与决策有用的信息

B. 向注册会计师提供符合《企业会计准则》的财务报表

C. 向报告使用者提出建议投资的方向

D. 向潜在投资人提供投资本企业将获得的预期报酬

E. 反映企业管理层受托责任的履行情况

2. 下列各项中,属于财务会计特征的有(　　)。

A. 财务会计主要是为外部利益关系集团提供受托主体履行和完成经济责任的信息

B. 财务会计提供的会计信息取决于企业管理者的需要,其方法和程序有很大的弹性

C. 财务会计必须以统一的标准对外提供会计信息

D. 财务会计以已经完成或已发生的交易或者事项为加工对象

E. 财务会计的程序包括确认、计量、记录和报告

3. 会计基本假设包括(　　)。

A. 会计主体　　B. 持续经营　　C. 会计分期　　D. 货币计量

E. 计划成本

4. 某企业作为独立的会计主体,下列经济事项中,属于该会计主体核算范围的有(　　)。

A. 企业的所有者向企业投入资本

B. 企业的所有者向企业同一供应商采购货物

C. 企业向所有者分配现金股利

D. 企业向所有者分配股票股利

E. 企业向所有者的其他子公司销售商品

5. 会计信息的质量保证是信息使用者作出正确决策的前提条件。下列属于会计信息质量要求的有(　　)。

A. 权责发生制　　B. 实质重于形式　　C. 可靠性　　D. 可比性

E. 可理解性

6. 下列经济事项中,未违背可比性要求的有(　　)。

A. 鉴于执行新的《企业会计准则》,企业将无形资产研发过程中符合资本化条件的开发支出予以资本化

B. 鉴于执行新的《企业会计准则》,企业将对外出租的厂房由固定资产改为投资性房地产核算

C. 某固定资产在使用过程中由于替代该项固定资产的新产品出现致使其实际使用寿命缩短,从而将该资产的预计使用寿命由原来的10年改为5年

D. 预计本年度利润计划不能完成而停止对某项专利技术的价值进行摊销

E. 由于企业使用的某类低值易耗品数量减少,并且价值下降,从而对该低值易耗品核算由原来的五五摊销法改为一次摊销法

7. 可比性要求企业提供的会计信息应当具有可比性,为此企业应当做到的有(　　)。

A. 企业与其他企业一样,都应采用《企业会计准则》规定的会计核算方法和程序,即采用相同的会计政策,以保证会计信息的口径一致,从而达到会计信息可比

B. 企业在不同时期可以根据投资者或管理当局的需要选择不同的会计政策,但需在附注中加以说明

C. 企业在不同时期选择的会计政策不得随意变更

D. 企业在不同时期改变会计政策后如果能更恰当地反映企业的财务状况和经营成果,则可以变更会计政策

E. 在不同时期由于国家政策、法规等的变化,企业可以变更会计政策

8. 对经济活动中的不确定因素,在会计处理上应保持谨慎态度。下列做法中,符合谨慎性要求的有(　　)。

A. 对可能发生的信用损失在合理估计的基础上,扩大规模和范围计提减值准备,以备亏损年度时转回减少亏损

B. 不高估资产和预计收益

C. 尽可能低估负债和损失

D. 合理估计可能发生的收益和利润
E. 合理估计可能发生的费用和损失
9. 下列项目中,体现实质重于形式要求的有(　　)。
A. 企业在销售某商品的同时又与客户以事先约定的价格签订了售后回购协议
B. 将企业集团作为会计主体编制合并财务报表
C. 会计期末对固定资产计提减值准备
D. 符合资本化条件的长期借款利息予以资本化
E. 投资性房地产的后续计量采用公允价值模式
10. 下列项目中,能同时影响资产和负债发生变化的有(　　)。
A. 接受投资者投入设备
B. 支付现金股利
C. 收回应收账款
D. 发行公司债券
E. 对生产车间的设备计提折旧
11. 下列关于损失的说法中,不正确的有(　　)。
A. 损失是指由企业日常活动所发生的、将会导致所有者权益减少的、与向所有者分配利润无关的经济利益的流出
B. 损失是指由企业非日常活动所发生的、会导致所有者权益减少的、与向所有者分配利润无关的经济利益的流出
C. 损失只能够计入所有者权益项目,而不能计入当期利润
D. 损失只能够计入当期利润,而不能计入所有者权益项目
E. 损失一旦发生,就应当计入发生当期的营业外支出项目
12. 资产的基本特征包括(　　)。
A. 资产是由过去的交易或者事项所引起的
B. 资产必须是投资者投入或向债权人借入的
C. 资产是企业拥有或者控制的
D. 资产预期能够给企业带来经济利益
E. 收入增加一定会使资产增加
13. 下列关于所有者权益的说法中,正确的有(　　)。
A. 所有者权益是指企业资产扣除负债后由所有者享有的剩余权益
B. 某些利得和损失可以直接计入所有者权益项目
C. 所有者权益的计量与资产和负债的计量无关
D. 留存收益属于所有者权益项目
E. 企业发生的应付利息和应付股利都会使所有者权益减少
14. 下列交易或者事项中,属于负债的有(　　)。
A. 购买原材料形成的应付款项
B. 企业向银行借入款项形成的借款
C. 企业因职工为企业付出劳动而应支付的劳动报酬
D. 企业承诺对于售出商品提供一定期限内的售后保修服务
E. 企业与某银行达成的1个月后贷款500万元的借款协议

15. 确认资产要素时,应当满足的条件有( )。

A. 符合资产的定义
B. 满足实质重于形式的要求
C. 符合历史成本的计量属性
D. 相关的经济利益很可能流入企业
E. 流入的经济利益的成本或者价值能够可靠计量

16. 确认负债要素时,应当满足的条件有( )。

A. 符合负债的定义
B. 同时确认一项资产
C. 符合历史成本或公允价值的计量属性
D. 相关的经济利益很可能流出企业
E. 经济利益流出的金额能够可靠地计量

17. 根据资产的定义和确认条件,下列各项中,不属于资产范畴的有( )。

A. 自然灾害造成损失的固定资产
B. 企业以租赁方式租入的办公楼
C. 期末盘点发现已经毁损的存货
D. 期末盘点发现盘盈的存货
E. 委托外单位加工的原材料

18. 下列有关所有者权益的表述中,正确的有( )。

A. 所有者权益包括所有者投入的资本、直接计入所有者权益的利得和损失、留存收益等
B. 所有者权益金额只取决于资产的确认计量
C. 所有者权益金额取决于资产和负债的计量
D. 企业宣告向股东发放现金股利会使所有者权益减少
E. 企业宣告向股东发放股票股利会使所有者权益减少

19. 为了提高会计信息质量,实现财务报告目标,在会计实务中,除采用历史成本计量外,还可以采用的计量属性有( )。

A. 重置成本
B. 可变现净值
C. 现值
D. 公允价值
E. 实物计量

20. 下列项目中,属于会计实务中计量经济业务的计量属性的有( )。

A. 历史成本
B. 计划成本
C. 可变现净值
D. 公允价值
E. 现值

五、判断题

1. 由于会计分期,产生了本期与非本期,从而出现了权责发生制和收付实现制的区别。( )

2. 一个会计主体必然是一个法律主体。( )

3. 持续经营和会计分期假设确定了会计核算的空间范围。( )

4. 会计信息质量中的可比性要求的实质是,不论经济业务相同与否,不同会计期间和不同企业之间的会计信息应当相同。( )

5. 及时性要求企业对已经发生的交易或者事项,应当及时进行会计确认、计量和报告,不得提前或延后。( )

6. 企业对于已经发生的交易或者事项,应当及时进行会计确认、计量和报告,但为了保证

信息的及时性，会计处理时可以提前结账编制财务报表。（ ）

7. 在会计实务中，如果一项会计信息的省略会影响信息使用者据以作出决策，则该会计信息具有重要性。（ ）

8. 会计信息质量的可靠性要求是指企业会计核算时要求任何经济业务的发生都应取得相应的原始凭证。（ ）

9. 企业为减少本年度亏损而调减计提资产减值准备金额，体现了会计核算的谨慎性要求。（ ）

10. 损失是指由企业非日常活动所发生的、会导致所有者权益减少的、与向所有者分配利润无关的经济利益的流出。（ ）

11. 资产是指由于过去的交易或者事项引起的、企业拥有的经济资源。（ ）

12. 未来发生的交易或者事项形成的义务，不属于现时义务，但可能使经济利益流出企业，因此应该确认为企业的负债。（ ）

13. 如果某项资产不能再为企业带来经济利益，即使是由企业拥有或者控制的，也不能作为企业的资产在资产负债表中列示。（ ）

14. 一项资产只有同时符合资产的定义并满足资产确认的条件，才能列入资产负债表。（ ）

15. 利润的确认主要依赖于收入和费用的确认。（ ）

16. 对资产采用历史成本计量是指按照资产取得时支付的现金或现金等价物的金额计量。（ ）

17. 企业在对会计要素进行计量时，一般应当采用历史成本，对某些会计要素也可以采用重置成本、可变现净值、现值、公允价值计量，但应当保证所确定的会计要素金额能够取得并能可靠计量。（ ）

18. 在公允价值计量下，市场参与者在计量日发生的有序交易中，出售一项资产所能收到或者转移一项负债所需支付的价格，此价格即指脱手价格。（ ）

19. 为了满足会计核算的可比性要求，对资产只能采用历史成本计量。（ ）

20. 按现值计量应考虑货币的时间价值，因此资产、负债按现值计量时与决策的相关性较强，而与决策的可靠性较弱。（ ）

第二章　货币资金

一、思考题

1. 简述现金的使用范围。
2. 加强对货币资金内部控制的意义何在？货币资金内部控制的要点包括哪些？
3. 备用金定额管理制度与非定额管理制度在核算上有何区别？
4. 银行结算账户分为哪几类？阐述各类账户的用途和开户注意事项。
5. 银行支付结算方式有哪些？试述各自的适用范围及特点。
6. 简述其他货币资金的内容和核算方法。

二、名词解释

现金　银行存款　其他货币资金　备用金　银行汇票　银行本票　支票　商业汇票
汇兑　委托收款　托收承付　信用卡　信用证　外埠存款

三、单项选择题

1. 企业一般不得从现金收入中直接支付现金，因特殊情况需要坐支现金的，应事先报经(　　)审查批准。

A. 工商行政管理部门　　B. 开户银行
C. 上级主管部门　　D. 税务部门

2. 下列说法中，不正确的是(　　)。

A. 企业从开户银行提取现金必须如实填写用途
B. 企业经单位领导批准可用现金收入支付现金支出
C. 企业每日超过库存现金限额的部分应及时送存银行
D. 企业与其他单位的经济往来，除在规定的范围可以使用现金外，应通过开户银行进行转账结算

3. 根据《现金管理暂行条例》的规定，下列各项中，不属于现金使用范围的是(　　)。

A. 出差人员必须随身携带的差旅费　　B. 职工工资、津贴
C. 向个人收购农副产品和其他物资的价款　　D. 大额购货款

4. 下列情形中，不违背货币资金内部控制制度规定的是(　　)。

A. 由出纳人员兼任会计档案的保管工作
B. 由出纳人员兼任债权债务总账和明细账的登记工作

C. 由出纳人员兼任收入总账和明细账的登记工作
D. 由出纳人员兼任现金日记账的登记工作

5. 采购人员预借差旅费时，应借记（　　）账户。
A. “库存现金”　B. “其他应收款”　C. “银行存款”　D. “管理费用”

6. 下列结算业务中，只能用于同城结算的结算方式是（　　）。
A. 汇兑　B. 委托收款　C. 银行本票　D. 银行汇票

7. 商业汇票的付款期最长不超过（　　）个月。
A. 1　B. 2　C. 3　D. 6

8. 银行汇票的提示付款期限为自出票日起（　　）个月。
A. 1　B. 2　C. 3　D. 6

9. 支票的提示付款期限为自出票日起（　　）天。
A. 5　B. 7　C. 10　D. 12

10. 下列账户中，可以办理工资、奖金等现金支取的是（　　）账户。
A. 基本存款　B. 一般存款　C. 临时存款　D. 专用存款

11. 下列各项中，不通过“其他货币资金”账户核算的是（　　）。
A. 银行本票存款　B. 信用证保证金存款
C. 备用金　D. 信用卡存款

12. 企业将款项汇往采购地银行开立采购专户时，应借记（　　）账户。
A. “银行存款”　B. “在途物资”　C. “其他货币资金”　D. “应付账款”

13. 企业用银行本票支付采购材料的款项时，应贷记（　　）账户。
A. “库存现金”　B. “银行存款”　C. “材料采购”　D. “其他货币资金”

14. 企业销售商品，收到对方开来的银行本票送交银行办理转账，在收到银行进账单的回单后，应借记（　　）账户。
A. “银行存款”　B. “其他货币资金”
C. “主营业务收入”　D. “其他应收款”

15. 企业向证券公司划出资金准备用于购买股票、基金时，应借记（　　）账户。
A. “交易性金融资产”　B. “其他货币资金”
C. “库存现金”　D. “银行存款”

16. 登记现金和银行存款总账的人员是（　　）。
A. 出纳　B. 总会计师
C. 业务人员　D. 出纳以外的会计人员

17. 每日终了结算现金收支，发现有待查明原因的现金短缺时，应借记（　　）账户。
A. “待处理财产损溢”　B. “其他应收款”
C. “管理费用”　D. “库存现金”

18. 企业无法查明原因的现金溢余，经批准后，应贷记（　　）账户。
A. “待处理财产损溢”　B. “营业外收入”
C. “管理费用”　D. “其他应付款”

19. 企业无法查明原因的现金短缺，经批准后，应借记（　　）账户。

A. “其他应收款”　B. “其他应付款”　C. “管理费用”　D. “营业外支出”

20. 企业与银行进行对账时，应采用的对账方法是(　　)。

A. 实地盘点法　B. 余额调节法或差额调节法

C. 观察法　D. 企业或银行一方验证法

四、多项选择题

1. 下列各项中，不符合现金管理规定的有(　　)。

A. 全部现金收入必须及时入账，并于当天送存银行

B. 事先报经开户银行审批坐支现金 3 000 元

C. 出纳不在时，由会计人员代收现金并记入总账

D. 由会计人员自行销毁作废的收据和发票

E. 库存现金的限额一般按照企业 3～5 天日常零星开支所需现金确定

2. 下列各项中，符合《现金管理暂行条例》规定，可以使用现金的有(　　)。

A. 购买办公用品 650 元　B. 支付购买原材料价款 35 000 元

C. 王某出差预借差旅费 2 000 元　D. 报销职工家属医药费 1 000 元

E. 支付李某节能贡献奖 10 000 元

3. 下列各项中，违反货币资金内部控制规定的有(　　)。

A. 采购人员超过授权限额采购原材料

B. 未经授权的机构或人员直接接触企业货币资金

C. 出纳人员负责现金日记账和现金总账的登记

D. 出纳人员长期保管办理付款业务所需要的全部印章

E. 主管财务的副总经理授权财务部经理办理资金支付业务

4. 登记现金日记账的依据有(　　)。

A. 银行存款收款凭证　B. 银行存款付款凭证

C. 库存现金收款凭证　D. 库存现金付款凭证

E. 转账凭证

5. 下列各项中，出纳人员在办理货币资金业务时，必须严格遵循的手续、制度有(　　)。

A. 现金支付必须依据经过审核的凭证

B. 现金收付必须当面点清

C. 至少每月终了，现金日记账余额必须与库存现金核对

D. 至少每月终了，检查库存现金限额的遵守情况

E. 至少每月终了，结出银行存款日记账的余额，并与银行存款总账核对

6. 采购员报销差旅费时，通常涉及的是(　　)账户。

A. “库存现金”　B. “其他应收款”　C. “管理费用”　D. “其他应付款”

E. “银行存款”

7. 下列银行结算方式中，可以用于同城结算的有(　　)。

A. 支票　B. 托收承付　C. 银行本票　D. 商业汇票

E. 委托收款

8. 下列银行结算方式中，只能用于同城结算的有（　　）。

A. 支票　　B. 银行本票　　C. 委托收款　　D. 汇兑

E. 商业汇票

9. 下列银行结算方式中，企业应作为债权债务反映的有（　　）。

A. 支票　　B. 银行本票　　C. 银行汇票　　D. 银行承兑汇票

E. 商业承兑汇票

10. 企业发生以下经济业务，应通过“银行存款”账户核算的有（　　）。

A. 报销定额备用金，签发现金支票一张

B. 销售一批材料，购货方采用银行汇票结算，款项已入账

C. 销售一批库存商品，收到购货方交来商业承兑汇票一张

D. 委托银行收取一笔货款，并已收到银行的收款通知

E. 购买一批材料，采用银行汇票结算方式

11. 下列银行结算方式中，只适用于商品交易结算业务的有（　　）。

A. 支票　　B. 委托收款　　C. 托收承付　　D. 汇兑

E. 国内信用证

12. 下列银行结算方式中，企业采购物资时，应贷记“其他货币资金”账户的有（　　）。

A. 支票　　B. 银行本票　　C. 银行汇票　　D. 商业汇票

E. 信用证

13. 下列银行结算方式中，企业销售商品时，应借记“银行存款”账户的有（　　）。

A. 支票　　B. 银行本票　　C. 银行汇票　　D. 商业汇票

E. 信用证

14. 下列各项中，属于货币资金内部控制规定的有（　　）。

A. 严格职责分工　　B. 分离不相容职能

C. 不得轮换岗位　　D. 实施定期轮岗

E. 实施内部稽核

15. 下列处理方法中，不符合会计核算规定的有（　　）。

A. 无法查明的其他原因导致现金溢余，经批准冲减管理费用

B. 无法查明的其他原因导致现金短缺，经批准计入管理费用

C. 属于责任人赔偿的现金短缺部分，计入其他应收款

D. 企业汇往采购地银行开立采购专户的款项，计入银行存款

E. 因吸收存款单位已宣告破产导致其存款的损失部分，计入营业外支出

16. 采用银行承兑汇票结算方式涉及的当事人有（　　）。

A. 出票人　　B. 收款人　　C. 承兑银行　　D. 代收银行

E. 贴现银行

17. 下列关于商业汇票结算方式的说法中，正确的有（　　）。

A. 商业汇票适用于各种款项的结算

B. 在银行开立账户的法人以及其他组织之间，具有真实的交易关系或债权债务关系的才能使用商业汇票

C. 付款人承兑商业汇票，不得附有条件，否则视为拒绝承兑

D. 只有银行承兑汇票允许申请贴现，商业承兑汇票不允许申请贴现

E. 商业汇票可在同城、异地使用，并可背书转让

18. 下列说法中，正确的有（　）。

A. 任何情况下都不得从本单位的现金收入中直接支付现金

B. 使用或报销定额备用金，通过“其他应收款”账户核算

C. 银行支付结算办法中，银行本票的流动性最接近于现金

D. 托收承付结算方式适用于买卖双方订有购销合同的商品交易，并在合同上订明使用托收承付结算方式

E. 其他货币资金的存放地点和用途不同于库存现金和银行存款

19. 银行支付结算纪律包括（　）。

A. 不准超出库存现金限额保留现金

B. 不准违反规定开立和使用账户

C. 单位和个人不准签发没有资金保证的票据和远期支票

D. 不准签发、取得和转让没有真实交易和债权债务的票据

E. 不准无理拒绝付款

20. 下列有关信用卡的叙述中，正确的有（　）。

A. 信用卡在规定的限额和期限内允许善意透支

B. 信用卡免息还款期最长为60天

C. 信用卡不得支取现金

D. 准贷记卡透支不享受免息还款期和最低还款额待遇

E. 信用卡按是否向发卡银行交存备用金分为贷记卡和准贷记卡

五、判断题

1. 现金的收入、付出和保管一般应由出纳人员负责办理，出纳不在时，也可由会计主管负责办理。（　）

2. 库存现金、银行存款和其他货币资金都属于货币性资产项目，所以货币性资产项目即货币资金项目。（　）

3. 现金日记账和银行存款日记账都不得出现贷方余额。（　）

4. 企业内部各部门从财会部门领取的供周转使用的现金属于企业的库存现金，应在“库存现金”账户核算。（　）

5. 商业承兑汇票是由收款人或付款人签发，并由付款人承兑的票据。（　）

6. 企业应将汇入外地采购专户的款项所得的利息收入冲减财务费用。（　）

7. 异地托收承付结算方式适用于各种类型的企业办理商品交易的款项结算。（　）

8. 收款单位收到付款单位交来的银行汇票可以不送交银行办理转账结算，而是背书转让给另一单位用以购买材料。（　）

9. 每日终了盘点现金时，或者在财产清查时，发现有待查明原因的现金短缺或溢余，应通过“待处理财产损溢”账户进行核算，待查明原因报经批准后再结转至相应账户。（　）

10. 现金日记账是一种明细分类账，应于每月月末结出余额。（ ）

11. 根据《现金管理暂行条例》的规定，所有企业都必须设立备用金。（ ）

12. 商业汇票的承兑期由交易双方商定，最长不超过 6 个月，如果属于分期付款，应一次签发若干张不同期限的汇票。（ ）

13. 汇兑是汇款人委托银行将其款项支付给异地收款人的结算方式。单位和个人之间各种款项的结算，均可使用汇兑结算方式。汇兑分为信汇和电汇两种。（ ）

14. 委托收款结算方式在同城或异地均可使用，且不受金额起点的限制。（ ）

15. 企业应经常与银行进行对账，具体方法是将银行存款日记账的账面数字同银行对账单进行核对，每月至少两次。（ ）

16. 银行存款余额调节表在会计核算上可作为入账的依据。（ ）

17. 转账支票既可以办理转账，又可以提取现金。（ ）

18. 转账结算凭证在经济往来中具有与现金相同的支付能力。（ ）

19. 出票人签发空头支票，银行应予以退票，并按票面金额处以 5%但不低于 1 000 元的罚款。所谓空头支票，即空白支票。（ ）

20. 企业采用银行汇票结算方式，银行汇票存款的多余款项可由银行自动退交汇款人；采用银行本票结算方式，票面金额与实际结算金额之间的差额，由交易双方自行结清。（ ）

六、业务题

【业务题一】

（一）目的　练习银行汇票和银行本票的结算。

（二）资料　甲企业为增值税一般纳税人，增值税税率为 13%，原材料采用实际成本法核算。2×19 年，该企业发生以下交易事项（假定购买材料取得的增值税专用发票中列示的增值税已经税务机关认证可予抵扣）：

1. 2×19 年 4 月 20 日，甲企业以银行汇票结算方式向乙企业（主要生产销售 M 材料）购入 M 材料，申请签发的银行汇票的票面金额为 50 000 元，收到的增值税专用发票上注明的价款为 42 000 元，增值税额为 5 460 元。M 材料已验收入库，余款由银行退回。

2. 2×19 年 8 月 30 日，甲企业向银行申请签发银行本票，票面金额为 30 000 元，持以向丙企业（主营业务为销售 Y 材料）购入 Y 材料，收到的增值税专用发票上注明的价款为 25 000 元，增值税额为 3 250 元，余款由丙企业汇还给了甲企业。Y 材料已验收入库。

（三）要求　根据上述经济业务，分别编制甲企业、乙企业和丙企业的相关会计分录。

【业务题二】

（一）目的　练习库存现金盘盈、盘亏的核算。

（二）资料　2×19 年，乙公司在现金清查时，发生以下事项：

1. 5 月 30 日，发现库存现金短缺 80 元。经查，短缺的现金中 50 元系出纳失职造成，另 30 元无法查明原因，报经有关部门批准后转销。

2. 9 月 20 日，发现库存现金溢余 120 元。经查，溢余现金中 100 元系少付供应科定额备用金所致，另 20 元无法查明原因，报经有关部门批准后转销。

（三）要求　根据上述经济业务，编制相关的会计分录。

【业务题三】

（一）目的 练习货币资金的核算。

（二）资料 HJ 公司为增值税一般纳税人，增值税税率为 13%，原材料采用实际成本法核算。2×19 年 7 月该公司发生以下经济业务（假定购买材料取得的增值税专用发票中列示的增值税已经税务机关认证可予抵扣）：

1. 1 日，开出现金支票提取现金 5 000 元备用。

2. 3 日，为了方便到外地采购原材料，委托银行将 80 000 元汇往采购地银行临时开立采购专户，并派采购员黄某到外地采购。黄某预借差旅费 800 元，出纳以现金付讫。

3. 5 日，销售科实行备用金制度，以现金拨付备用金 2 000 元（假设甲公司未专设“备用金”账户）。

4. 8 日，开户银行转来委托收款结算凭证，系上月公司电费 9 500 元，其中，车间生产产品承担 8 500 元，行政管理部门承担 600 元，销售部门承担 400 元（假设各月电费发生额均衡）。

5. 9 日，采购员黄某以外埠存款支付材料款，收到增值税专用发票上注明的价款为 60 000 元，增值税额为 7 800 元。材料已验收入库。

6. 11 日，收到 A 公司电汇款项 25 000 元，系偿还上月购货款。

7. 13 日，采购员黄某回来报销差旅费 750 元，并交回多余现金 50 元；外地采购专户结束，余款划回。

8. 18 日，销售科报销日常零星支出，计 1 050 元，出纳以现金补足。

9. 19 日，向银行申请签发银行汇票 100 000 元，银行予以办理。

10. 20 日，持上述银行汇票向甲企业购料，收到增值税专用发票上注明的价款为 80 000 元，增值税额为 10 400 元，材料已验收入库。

11. 23 日，销售产品一批，价款为 200 000 元，增值税额为 26 000 元，收到 Y 公司交来的票面金额为 226 000 元的银行本票一张。

12. 25 日，收到银行转来本月 19 日签发的银行汇票多余款 9 600 元。

13. 26 日，公司准贷记卡发生消费支出，系招待客户餐费 1 500 元。

14. 28 日，电汇 23 000 元给外地 B 企业，系预付材料款。

15. 30 日，收到的一张票面金额为 100 000 元的银行承兑汇票到期，委托开户银行收款，收到银行转来的收账通知。

（三）要求 根据上述经济业务，编制相关的会计分录。

第三章　应收及预付款项

一、思考题

1. 应收款项包括哪些内容？
2. 什么是应收票据？应收票据如何计量？
3. 什么是贴现？贴现方式有几种？简述不同贴现方式在会计处理上的区别。
4. 如何确定应收账款的入账价值？影响应收账款入账价值的因素有哪些？
5. 什么是总价法？应收账款采用总价法核算如何进行账务处理？
6. 简述应收账款和应收票据核算内容的区别。
7. 简述商业折扣和现金折扣的区别。
8. 简述应收账款和预付账款的区别。
9. 简述其他应收款的概念及内容。
10. 什么是应收款项信用减值损失？如何确认和计量？
11. 应收款项减值准备在资产负债表上如何列示？
12. 简述“坏账准备”账户的性质和用途。

二、名词解释

应收票据　商业汇票　贴现　应收账款　商业折扣　现金折扣　总价法
净价法　预付账款　其他应收款　长期应收款　坏账　预期信用损失
余额百分比法　账龄分析法　赊销百分比法

三、单项选择题

1. 对确实无法收回的应收款项，经批准核销时，应借记的是（　　）账户。

A. “坏账准备”　B. “信用减值损失”
C. “销售费用”　D. “营业外支出”

2. 工业企业的下列应收、暂付款项中，不通过“其他应收款”账户核算的是（　　）。

A. 应收保险公司赔款　B. 应收出租包装物租金
C. 应向职工收取的各种垫付款项　D. 赊销时应向购货方收取的代垫运费

3. 2×19 年 4 月 10 日，H 公司销售给 Y 公司商品一批，增值税专用发票上注明的价款为 500 000 元，增值税额为 65 000 元，款项尚未收到。2×19 年 6 月 30 日，H 公司对该应收账款计提减值准备 10 000 元。2×19 年 12 月 31 日，该应收账款的未来现金流量现值为 550 000 元。

2×19 年 12 月 31 日,该应收账款应计提的减值准备为(　　)。

A. 0　　B. 5 000 元　　C. 35 000 元　　D. 50 000 元

4. 企业销售商品一批,增值税专用发票上注明的价款为 100 000 元,增值税额为 13 000 元,付款条件为"2/10,1/20,n/30",假定现金折扣计算基数为不含增值税的实际成交价。在总价法下,应收账款的入账金额为(　　)元。

A. 100 000　　B. 111 000　　C. 112 000　　D. 113 000

5. 2×19 年 4 月 10 日,H 公司销售产品一批,增值税专用发票上注明的价款为 20 000 元,增值税额为 2 600 元,付款条件为"2/10,1/20,n/30",假定现金折扣计算基数为不含增值税的实际成交价。H 公司 4 月 18 日收到该款项时,应给予客户的现金折扣金额为(　　)。

A. 0　　B. 200 元　　C. 234 元　　D. 400 元

6. 下列各项中,应记入"坏账准备"账户贷方的是(　　)。

A. 收回过去已经确认并转销的坏账　　B. 转销的减值损失

C. 确实无法支付的应付账款　　D. 已经发生的坏账

7. 下列表述中,正确的是(　　)。

A. 只要有销售活动就一定会产生应收账款

B. 预付账款是因销售活动而产生的债权

C. 其他应收款是发生非购销活动而产生的债权

D. 应收票据贴现的会计处理视同将应收票据出售

8. 在我国会计实务中,对已作为坏账确认并注销的应收账款以后又收回时,应(　　)。

A. 借记"银行存款"账户,贷记"信用减值损失"账户

B. 借记"信用减值损失"账户,贷记"坏账准备"账户

C. 借记"银行存款"账户,贷记"坏账准备"账户

D. 借记"坏账准备"账户,贷记"信用减值损失"账户

9. 下列各项中,属于估计应收款项信用减值损失方法的是(　　)。

A. 直接转销法　　B. 加权平均法　　C. 余额百分比法　　D. 先进先出法

10. 在我国,"应收票据"账户主要核算的是(　　)。

A. 支票　　B. 银行本票　　C. 银行汇票　　D. 商业汇票

11. 在会计核算中,对超过票据承兑期限收不回的应收票据,应(　　)。

A. 转作管理费用　　B. 冲减坏账准备

C. 转作应收账款　　D. 冲减营业收入

12. 企业因销售商品、提供劳务等而收到商业汇票时,应按(　　)计价。

A. 票据面值　　B. 票据到期价值

C. 票据面值加应计利息　　D. 票据贴现额

13. 企业销售商品时,根据情况在商品原有标价的基础上给予的价格扣除,称为(　　)。

A. 商业折扣　　B. 现金折扣　　C. 销货折扣　　D. 购货折扣

14. 将未减去现金折扣前的金额作为应收账款的入账价值方法称为(　　)。

A. 总价法　　B. 净价法　　C. 混合法　　D. 市价法

15. 应收账款采用总价法计价,发生的现金折扣应作为理财费用计入当期(　　)。

A. 营业外支出　　B. 销售费用　　C. 财务费用　　D. 管理费用

16. 一张 2×19 年 4 月 25 日签发、期限为 1 个月的商业汇票，其到期日为 2×19 年(　　)。

A. 5 月 23 日　　B. 5 月 24 日　　C. 5 月 25 日　　D. 5 月 26 日

17. 不单独设置"预付账款"账户的企业，发生预付账款业务时，应记入(　　)。

A. "应付账款"账户的借方　　B. "应付账款"账户的贷方

C. "应收账款"账户的借方　　D. "应收账款"账户的贷方

18. 某企业销售产品，每件售价为 110 元，企业销售政策规定，若客户购买 100 件(含 100 件)以上，每件可得到 10 元的商业折扣。某客户 2×19 年 5 月 10 日购买该产品 100 件，现金折扣条件为"2/10,1/20,n/30"。该企业适用的增值税税率为 13%，假定计算现金折扣的基数为不包含增值税的实际成交价，5 月 29 日收到该笔款项时，应给予客户的现金折扣为(　　)。

A. 0　　B. 100 元　　C. 110 元　　D. 200 元

19. 某企业采用应收款项余额百分比法估计应收账款信用减值损失，预期信用损失率为 1%。2×17 年年末，应收账款余额为 1 000 000 元；2×18 年，应收账款中 50 000 元有确凿证据表明无法收回经批准确认为坏账，2×18 年年末，应收账款余额为 1 200 000 元；2×19 年，收回前已作为坏账注销的应收账款 30 000 元；2×19 年年末，应收账款余额为 1 500 000 元。则 2×18 年年末和 2×19 年年末应调整的坏账准备金额分别为(　　)。

A. 计提 12 000 元和计提 15 000 元　　B. 计提 52 000 元和计提 27 000 元

C. 计提 52 000 元和冲销 27 000 元　　D. 计提 12 000 元和冲销 15 000 元

20. 2×19 年 3 月 1 日，H 公司收到面值为 10 000 元、期限为 3 个月的不带息商业汇票一张。4 月 1 日，H 公司因急需资金，将该商业汇票向银行贴现，年贴现率为 9%，则 H 公司所得的贴现净额为(　　)元。

A. 9 850　　B. 9 900　　C. 10 000　　D. 10 050

四、多项选择题

1. 下列各项中，在总价法下构成应收账款入账价值的有(　　)。

A. 确认商品销售收入时尚未收到的货款　　B. 销售货物发生的商业折扣

C. 代购货方垫付的运费　　D. 销售货物应收取的增值税销项税额

E. 应收利息

2. 下列对应收账款的描述中，正确的有(　　)。

A. 因销售活动形成的债权　　B. 流动资产性质的债权

C. 本企业应收客户的销货款项　　D. 本企业付出的存出保证金

E. 应向职工收取的各种垫付款项

3. 不带息应收票据贴现时，影响贴现利息计算的因素有(　　)。

A. 票据的面值　　B. 票据的期限　　C. 票据的种类　　D. 贴现率

E. 票据的贴现期限

4. 应收款项信用减值损失估计方法有(　　)。

A. 余额百分比法　　B. 账龄分析法　　C. 个别认定法　　D. 赊销百分比法

E. 总价法

5. 下列各项中，可以用来判断企业应收款项可能发生了违约（或存在违约）的有（ ）。

A. 债务人发生严重财务困难

B. 债务人违反合同规定的条款，超过合同约定付款期限较长时期仍未支付款项

C. 债权人出于经济方面因素的考虑，对发生财务困难的债务人作出的让步

D. 债务人很可能倒闭

E. 权益工具投资的公允价值发生严重下跌

6. 下列表述中，正确的有（ ）。

A. 商业折扣一般在交易发生时已经确定，买卖双方账上都无须反映

B. 商业折扣对应收账款的入账价值没有实质性的影响

C. 商业折扣成功与否取决于买方是否及时付款

D. 总价法下现金折扣会影响应收账款的入账价值

E. 现金折扣采用总价法记账时，对于买方取得的现金折扣，卖方作为融资的理财费用

7. 下列各项中，属于应收票据核算范围的有（ ）。

A. 商业承兑汇票　B. 银行汇票　C. 银行承兑汇票　D. 银行本票

E. 支票

8. 下列各项中，作为其他应收款核算的有（ ）。

A. 收入购货单位预付的货款　B. 应收的各种罚款

C. 租入包装物支付的押金　D. 暂收职工未领的工资

E. 应收保险公司赔款

9. 下列各项中，与“应收票据”账户贷方发生对应关系的有（ ）账户。

A. “应收账款”　B. “银行存款”　C. “财务费用”　D. “应付票据”

E. “管理费用”

10. 下列各项中，可能会减少应收账款收回金额的有（ ）。

A. 销售退回　B. 现金折扣　C. 销售折让　D. 商业折扣

E. 票据贴现

11. 下列关于应收款项的说法中，正确的有（ ）。

A. 对于单项金额重大的应收款项，应单独进行减值测试

B. 对于单项金额非重大的应收款项，可以单独进行减值测试，确定信用减值损失，计提减值准备

C. 对于单项金额非重大的应收款项，可以按类似信用风险特征划分为若干组合，再按这些应收款项组合在资产负债表日余额的一定比率计算确定信用减值损失，计提减值准备

D. 应收款项可能发生违约或存在违约的，应根据其未来现金流量现值低于其账面价值的差额确认信用减值损失，计提减值准备

E. 应收款项只能单独进行减值测试

12. 下列各项中，应计提信用减值准备的有（ ）。

A. 应收票据　B. 应收账款　C. 其他应收款　D. 预付账款

E. 预收账款

13. 有追索权应收票据贴现时，账务处理中可能涉及的账户有（　　）。

A. “银行存款”　B. “财务费用”　C. “短期借款”　D. “应收票据”

E. “应收账款”

14. 下列各项中，可能与“预付账款”账户发生对应关系的账户有（　　）。

A. “银行存款”　B. “库存现金”　C. “原材料”　D. “应交税费”

E. “管理费用”

15. 下列表述中，正确的有（　　）。

A. 应收账款是因销售活动而形成的债权

B. 预付账款是销售活动产生的债权

C. 其他应收款是购销活动产生的应收暂付款

D. 无追索权的应收票据贴现时应贷记“应收票据”账户

E. 无追索权的应收票据贴现时应贷记“短期借款”账户

16. 下列账户中，可能与“坏账准备”账户发生对应关系的账户有（　　）。

A. “应收账款”　B. “预收账款”　C. “管理费用”　D. “其他应收款”

E. “信用减值损失”

17. 下列各项中，属于企业应收款项组成内容的有（　　）。

A. 应收账款　B. 应收票据　C. 预收账款　D. 预付账款

E. 其他应收款

18. 下列各项中，进行会计处理时不应通过“长期应收款”账户核算的有（　　）。

A. 存出保证金

B. 应收利息

C. 融资租赁产生的应收租赁款

D. 采用递延方式分期收款销售商品而产生的应收账款

E. 应收长期债券的利息

五、判断题

1. 短期应收款项的预计未来现金流量与其现值相差很小的，在确定信用减值损失时，可以不对其预计未来现金流量进行折现。（　　）

2. 不带息票据的到期值等于应收票据的面值。（　　）

3. 销售收入实现的时间也是应收账款的入账时间。（　　）

4. 商业折扣是债权人为鼓励债务人在规定期限内付款而向其提供的债务扣除。（　　）

5. 现金折扣是销售方为了扩大销售，在商品原有标价的基础上，给予购货方的价格折扣。（　　）

6. 在总价法下，对于客户获得的现金折扣，销售方视为融资的理财费用。（　　）

7. 企业核算应收款项信用减值损失，必须设置“坏账准备”账户。（　　）

8. 用余额百分比法估计应收款项信用减值损失，本期应调整的应收款项减值准备等于本期赊销金额乘以估计的信用减值损失率。（　　）

9. 应收款项减值准备提取的方法和提取的比率应由国家统一规定。（ ）

10. 企业提取应收款项减值准备的方法和计提比率可以和税法规定的不一致。（ ）

11. 按期估计应收款项信用减值损失，计提减值准备，可以避免企业虚增利润。（ ）

12. 对已确认坏账的应收账款，并不意味着企业放弃了其追索权，一旦重新收回，应及时入账。（ ）

13. 应收账款属于在活跃市场中没有报价、回收金额固定或可确定的非衍生金融资产。（ ）

14. 企业将未到期的应收票据向银行申请贴现时构成企业的一项负债。（ ）

15. 商业折扣不影响应收账款的入账金额，现金折扣会影响应收账款的入账金额。（ ）

16. 预付账款是企业在销售过程中形成的一种非货币形式的债权。（ ）

17. 企业收到购货方预付货款时，可以记入"应收账款"账户的贷方。（ ）

18. 企业融资租赁产生的应收租赁款通过"其他应收款"账户核算。（ ）

19. 商业汇票持有人因偿还货款等原因，可以将其持有的未到期商业汇票转让给其他单位或个人。（ ）

20. 不附追索权的应收票据贴现时，不可以直接注销应收票据的账面价值。（ ）

六、业务题

【业务题一】

（一）目的　练习应收票据的核算。

（二）资料　2×19 年 7 月 1 日，H 公司销售商品一批给 Y 公司，增值税专用发票上注明的价款为 100 000 元，增值税额为 13 000 元。销售当日，Y 公司签发一张不带息商业承兑汇票支付货款，该商业汇票面值为 113 000 元、期限为 3 个月。该销售商品符合收入确认条件。

（三）要求　根据以上资料，分别下列情况，编制 H 公司的会计分录。

1. 2×19 年 7 月 1 日，销售收到商业汇票时。
2. 商业汇票持有 3 个月到期收到款项时。
3. 商业汇票持有 3 个月到期无法兑现时。

【业务题二】

（一）目的　练习应收票据贴现的核算。

（二）资料　2×19 年 7 月 26 日，H 公司销售给 Y 公司商品一批，增值税专用发票上注明的价款为 600 000 元，增值税额为 78 000 元。销售当日，H 公司收到 Y 公司签发并承兑的不带息商业汇票一张，该票据面值为 678 000 元，期限为 6 个月。持有 2 个月后，H 公司因急需资金，持该商业汇票向银行申请贴现，贴现率为 9%。该销售商品符合收入确认条件。

（三）要求

1. 编制 H 公司销售收到商业汇票时的会计分录。
2. 计算 H 公司贴现所得额。
3. 假定 H 公司贴现后对该商业汇票不负有连带责任，编制 H 公司应收票据贴现时的会计分录。
4. 假定 H 公司贴现后对该商业汇票负有连带责任，编制应收票据贴现及票据到期承兑人支付款项时的会计分录。

5. 如果票据到期承兑人无法支付款项，分别负有连带责任和不负连带责任两种情况，编制 H 公司的会计分录。

【业务题三】

（一）目的　练习应收账款的核算。

（二）资料　2×19 年 9 月 30 日，W 公司销售给 H 公司甲商品 500 台，每台售价 100 元，增值税税率为 13%，该商品的单位成本为每台 40 元，因为是批量销售，W 公司决定给予 1% 的商业折扣，同时合同规定的现金折扣条件为"2/10，1/20，n/30"（假定现金折扣的计算基数为不含增值税的实际成交价）。经判断，该销售商品符合收入确认条件。

（三）要求　根据以上资料，分别下列情况，采用总价法编制 W 公司的会计分录。

1. 2×19 年 9 月 30 日销售时。
2. 假定客户在 10 月 8 日付款时。
3. 假定客户在 10 月 18 日付款时。
4. 假定客户在 10 月 28 日付款时。

【业务题四】

（一）目的　练习预付账款和其他应收款的核算。

（二）资料　2×19 年 8 月，H 公司发生下列业务：

1. 2 日，签发转账支票预付 Y 公司的购料款 50 000 元。

2. 7 日，签发现金支票 1 600 元，支付包装物押金。

3. 12 日，收到 Y 公司发来材料，增值税专用发票上注明的价款为 50 000 元，增值税额为 6 500 元，购买材料取得的增值税专用发票中列示的增值税已经税务机关认证可予抵扣，材料验收入库，除了冲销原预付款外，差额部分当即签发转账支票补付。

4. 14 日，职工赵明因公出差，预借差旅费 1 800 元，办妥借款手续后，出纳以现金支付。

5. 20 日，向 T 公司购买材料，增值税专用发票上注明的价款为 30 000 元，增值税额为 3 900 元，购买材料取得的增值税专用发票中列示的增值税已经税务机关认证可予抵扣，材料已验收入库。H 公司将一张面值为 30 000 元的不带息商业汇票经背书后支付货款，余款尚未支付。

6. 24 日，赵明出差回来报销差旅费2 000元，经会计审核无误后，出纳以现金补付差额。

（三）要求　根据上列资料，编制 H 公司的会计分录。

【业务题五】

（一）目的　练习应收款项信用减值损失的核算。

（二）资料　H 公司采用余额百分比法估计应收款项信用减值损失，预期信用损失率为 1%。第一年年末，应收账款的余额为 1 000 000 元；第二年，应收账款中 20 000 元发生了坏账，确认无法收回，经批准予以注销；第二年年末，应收账款余额为 1 500 000 元；第三年，上年已冲销的坏账收回 15 000 元；第三年年末，应收账款余额为 1 800 000 元。

（三）要求　根据以上资料，编制 H 公司连续 3 年的相关会计分录。

【业务题六】

（一）目的　练习应收款项信用减值损失的核算。

（二）资料　H公司2×19年年初，“应收账款”账户为借方余额2 000 000元，“坏账准备”账户为贷方余额200 000元。2×19年度，确认坏账为100 000元。2×19年年末，应收账款余额资料如表3－1所示。

表3－1

应收账款余额资料表

应收账款账龄	应收账款金额(元)	预期信用损失率	按整个存续期内预期信用损失确认的损失准备(元)
未过期	200 000	1%	2 000
过期1～6个月	400 000	2%	8 000
过期6～12个月	150 000	10%	15 000
过期1～2年	100 000	50%	50 000
过期2年以上	40 000	70%	28 000
合　计	890 000	—	103 000

（三）要求

1. 编制2×19年确认坏账的会计分录。

2. 若采用应收账款余额百分比法，计算H公司2×19年年末应调整的减值准备金额(假定提取比率为10%)，并编制计提或冲销减值准备的会计分录。

3. 若采用账龄分析法，计算H公司2×19年年末应调整的减值准备金额，并编制计提或冲销减值准备的会计分录。

【业务题七】

（一）目的　练习应收款项的核算。

（二）资料　M公司按期末应收款项余额的5%估计信用损失。2×19年1月1日，“应收账款”账户为借方余额2 000 000元，“坏账准备”账户为贷方余额100 000元。2×19年度，M公司发生下列经济业务(经判断，当年涉及的销售业务符合收入确认条件。)：

1. 销售A产品500台，每台售价1 000元，增值税税率为13%。因为是批量销售，公司决定给予10%的商业折扣，合同规定的现金折扣条件为“2/10，1/20，n/30”(假定计算现金折扣计算基础为不含增值税的实际成交价)。产品已经发出，款项尚未收到。

2. 应收Z公司货款232 000元，确认无法收回，经批准予以转销。

3. 收到S公司归还前欠货款500 000元，存入银行。

4. 上年度已转作坏账的应收B公司货款200 000元，今已收回存入银行。

（三）要求

1. 根据上述资料1～4，编制M公司的会计分录。

2. 计算M公司2×19年年末应调整的减值准备金额。

3. 编制M公司2×19年年末计提或冲销减值准备的会计分录。

【业务题八】

（一）目的　练习应收款项信用减值损失的核算。

（二）资料　A 公司对单笔金额在 2 000 000 元以上的应收账款，采用个别认定法估计信用损失，其余采用账龄分析法估计信用损失。2×19 年年初，"应收账款"账户为借方余额 10 000 000 元，"坏账准备"账户为贷方余额 450 000 元。2×19 年度，应收账款中有 200 000 元确认无法收回，经批准予以转销；收回以前年度已注销的应收账款 600 000 元。2×19 年年末，"应收账款"账户为借方余额 7 000 000 元，其中，"应收账款——甲公司"账户为借方余额 2 300 000 元，经减值测试，应收甲公司账款估计可收回金额为 2 100 000 元；其余应收账款单笔金额均在 2 000 000 元以下。详细资料如表 3－2 所示。

表 3－2

应收账款详细资料表(2×19 年年末)

应收账款账龄	应收账款金额(元)	预期信用损失率	按整个存续期内预期信用损失确认的损失准备(元)
未过期	1 000 000	1%	10 000
过期 1～6 个月	2 000 000	2%	40 000
过期 6～12 个月	500 000	10%	50 000
过期 1～2 年	1 000 000	50%	500 000
过期 2 年以上	200 000	70%	140 000
合　计	4 700 000	—	740 000

（三）要求

1. 编制 A 公司 2×19 年转销无法收回的应收账款，以及收回以前年度已注销应收账款的会计分录。

2. 计算 2×19 年年末应调整的坏账准备金额，并编制计提或冲销坏账准备的会计分录。

第四章 存　货

一、思考题

1. 什么是存货？存货包括哪些内容？简述存货的确认条件。

2. 简述存货的初始计量和期末计量。

3. 发出存货按实际成本计价有哪几种具体方法？各有什么优缺点？简述各自的适用范围。

4. 存货按计划成本计价有何特点？简述存货按计划成本计价的日常核算。

5. 试述存货按实际成本计价核算与按计划成本计价核算的异同。

6. 包装物及低值易耗品的摊销方法有哪些？如何核算？

7. 什么是实地盘存制？什么是永续盘存制？两者有何区别？

8. 什么是库存商品？如何进行库存商品的收发核算？

二、名词解释

存货　原材料　委托加工物资　包装物　低值易耗品　库存商品

实地盘存制　永续盘存制　可变现净值　成本与可变现净值孰低法

三、单项选择题

1. 下列各项中，属于包装物核算范围的是(　　)。

A. 用于储存和保管产品、材料而不对外出售的包装物

B. 作为商品的自制包装物

C. 一次性使用的包装材料

D. 生产过程中用于包装产品作为产品组成部分的包装物

2. 企业对材料清查盘点中盘亏的材料，若属于收发计量差错，在报经批准后应按净损失计入(　　)处理。

A. 管理费用　　B. 销售费用　　C. 其他业务成本　　D. 营业外支出

3. 存货是企业的一项重要资产，应在(　　)时确认。

A. 支付货款　　B. 收到货物

C. 符合存货定义，并同时满足确认条件　　D. 同时满足确认条件

4. 与固定资产具有同样属性，属于企业劳动资料的存货是(　　)。

A. 原材料　　B. 委托加工物资　　C. 低值易耗品　　D. 产成品

5. 随同产品出售但不单独计价的包装物，应编制的会计分录是(　　)。

A. 借记“生产成本”账户，贷记“包装物”账户

B. 借记“销售费用”账户，贷记“包装物”账户

C. 借记“其他业务成本”账户，贷记“包装物”账户

D. 借记“营业外支出”账户，贷记“包装物”账户

6. 某增值税一般纳税人，因管理不善造成一批库存材料毁损，该批原材料实际成本为5 000元，收回残料价值200元，保险公司赔偿2 300元。该企业购入材料的增值税税率为13%，该批毁损原材料造成的非常损失净额是(　　)元。

A. 2 500　　B. 4 800　　C. 2 700　　D. 3 150

7. 2×19年4月1日，某企业甲材料账面实际成本为400元，结存量为300千克；本月购进甲材料500千克，每千克实际单位成本为2元，本月发出甲材料600千克。该企业采用月末一次加权平均法计算发出甲材料的实际成本，则甲材料2×19年4月30日的账面余额应为(　　)元。

A. 350　　B. 1 050　　C. 450　　D. 1 200

8. 企业对期末存货采用成本与可变现净值孰低法计量。2×19年12月31日，库存自制半成品的实际成本为34万元，预计进一步加工所需费用为12万元，预计销售费用及税金为7万元，该半成品加工完成后的产品预计销售价格为50万元。假定该企业以前年度年末计提存货跌价准备，则该存货2×19年12月31日应计提的跌价准备为(　　)。

A. 0　　B. 3万元　　C. 4万元　　D. 16万元

9. 下列存货发出的计价方法中，不能随时结转存货发出成本的是(　　)。

A. 先进先出法　　B. 移动加权平均法

C. 月末一次加权平均法　　D. 个别计价法

10. 某企业月初库存材料的计划成本为31 610元，实际成本为30 453.15元。本月收入材料的计划成本为70 300元，实际成本为67 890元。本月发出材料的计划成本为60 000元。则本月发出材料的实际成本为(　　)元。

A. 56 700　　B. 57 890　　C. 57 900　　D. 60 000

11. 对于增值税一般纳税人，其购入材料时，不应计入存货成本项目的是(　　)。

A. 买价和运输费　　B. 发生的增值税额

C. 运输途中的合理损耗　　D. 入库前的挑选整理费用

12. 成本与可变现净值孰低法中的“可变现净值”是指(　　)。

A. 销售价格　　B. 估计售价减可能发生的销售费用

C. 预计未来净现金流量　　D. 现行价格

13. 某企业为增值税一般纳税人，适用的增值税税率为13%，适用的消费税税率为10%。该企业委托其他单位(增值税一般纳税人)加工一批属于应税消费品的原材料，该批委托加工原材料收回后用于连续生产应税消费品。发出原材料的成本为130万元，支付的不含增值税的加工费为50万元，支付的增值税额为6.5万元。该批原材料已加工完成并验收入库，其实际成本为(　　)万元。

A. 180　　B. 188.5　　C. 200　　D. 208.5

14. 甲工业企业为增值税一般纳税人，适用的增值税税率为13%。本期购入原材料200

千克，价款 60 000 元。验收入库时发现短缺 5%，经查属于运输途中的合理损耗。该批原材料入库前的挑选整理费用为 420 元。该批原材料的实际单位成本为每千克（ ）元。

A. 300　　B. 316　　C. 302.10　　D. 318

15. 下列与原材料相关的损失项目中，应计入营业外支出的是（ ）。

A. 运输途中发生的合理损耗　　B. 计量差错引起的原材料盘亏

C. 人为责任造成的原材料损失　　D. 自然灾害造成的原材料损失

16. 下列各项中，不能确认为本企业存货的是（ ）。

A. 工程物资　　B. 正在生产过程中的在产品

C. 库存商品　　D. 委托代销商品

17. 对于材料已验收入库，但月末结算凭证尚未收到的采购业务，企业若按材料合同价款估计入账时，应编制的会计分录为（ ）。

A. 借：原材料
　　贷：在途物资

B. 借：材料采购
　　贷：应付账款

C. 借：原材料
　　贷：应付账款

D. 借：材料采购
　　贷：其他应付款

18. 编制资产负债表时，“存货跌价准备”账户的贷方余额应（ ）。

A. 记入“资产减值损失”项目　　B. 列示于流动负债类项目

C. 在“存货”项目下单独列示　　D. 记入“存货”项目

19. 下列存货计价方法中，最接近存货实物流转的是（ ）。

A. 先进先出法　　B. 移动加权平均法

C. 月末一次加权平均法　　D. 个别计价法

20. 下列业务中，不会引起期末存货账面价值发生增减变动的是（ ）。

A. 计提存货跌价准备

B. 已收到发票账单并付款但尚未收到材料

C. 已发出商品但尚未确认销售

D. 已确认销售但尚未发出商品

四、多项选择题

1. 下列物资中，属于存货的有（ ）。

A. 原材料　　B. 工程物资　　C. 包装物　　D. 特准储备物资

E. 低值易耗品

2. “材料成本差异”账户贷方核算的内容有（ ）。

A. 材料采购成本的超支额　　B. 材料采购成本的节约额

C. 结转发出材料的计划成本　　D. 结转发出材料的超支差异

E. 结转发出材料的节约差异

3. 企业进行存货清查时，对于盘亏、毁损的存货，应先记入“待处理财产损溢”账户，经批准后根据不同的原因分别转入（ ）账户。

A. “管理费用”　　B. “销售费用”

C. “营业外支出”　D. “其他应收款”
E. “制造费用”

4. 下列各项中，小规模纳税人委托外单位加工物资，应计入委托加工物资成本的有(　　)。
A. 发出物资的实际成本　B. 支付的加工费
C. 加工物资应负担的运杂费　D. 支付的增值税
E. 定额外的损耗

5. 下列各项中，构成外购存货实际成本的有(　　)。
A. 买价　B. 进口关税
C. 运输途中的超定额损耗　D. 入库前挑选整理费用
E. 采购人员的差旅费

6. 下列存货中，属于包装物核算内容的有(　　)。
A. 生产过程中用于包装产品并作为产品组成部分的包装物
B. 随同产品出售但不单独计价的包装物
C. 随同产品出售而单独计价的包装物
D. 出借给购买单位的包装物
E. 各种包装材料

7. 甲企业为增值税一般纳税人，委托外单位加工一批材料(属于应税消费品)，该批材料加工收回后直接用于对外销售。甲企业发生的下列各项中，构成收回委托加工材料实际成本的有(　　)。
A. 支付的加工费　B. 支付的增值税
C. 支付的消费税　D. 支付的运杂费
E. 发出材料的实际成本

8. 下列方法中，属于期末存货数量盘存方法的有(　　)。
A. 账面盘存法　B. 实地推算法　C. 定期盘存法　D. 不定期盘存法
E. 持续计量法

9. 下列方法中，属于以实际成本为基础的发出存货的计价方法有(　　)。
A. 先进先出法　B. 加权平均法
C. 成本与市价孰低法　D. 个别认定法
E. 一次转销法

10. 在计划成本法下，材料核算应设置的账户有(　　)。
A. “原材料”　B. “在途物资”　C. “材料采购”　D. “材料成本差异”
E. “存货成本差异”

11. 采用成本与市价孰低法对期末存货进行计量时，可供选择的方法有(　　)。
A. 单项比较法　B. 分类比较法　C. 总额比较法　D. 交互比较法
E. 系数比较法

12. 期末，计提存货跌价准备时，所涉及的账户有(　　)。
A. “管理费用”　B. “营业外支出”　C. “资产减值损失”　D. “投资收益”
E. “存货跌价准备”

13. 下列各项中，属于企业的低值易耗品的有（　　）。
A. 工具器具　B. 管理用具　C. 劳动保护用具　D. 出租的包装容器
E. 出借的包装容器
14. 下列各项中，应计入销售费用核算的有（　　）。
A. 随同商品出售单独计价的包装物成本　B. 随同商品出售不单独计价的包装物成本
C. 摊销的出借包装物成本　D. 摊销的出租包装物成本
E. 生产产品领用的包装物成本
15. 原材料采用计划成本计价时，期末，“材料成本差异”账户（　　）。
A. 可能为借方余额　B. 可能为贷方余额　C. 一定为借方余额　D. 一定为贷方余额
E. 一定为零
16. 下列各项中，属于企业库存商品的有（　　）。
A. 企业接受其他单位委托代销的商品　B. 接受外来原材料加工制造的代制品
C. 为外单位加工修理的代修品　D. 购入的包装物
E. 已完成销售手续、购货单位尚未提走的商品
17. 下列各项中，属于存货成本的有（　　）。
A. 进口原材料支付的关税　B. 运输途中的合理损耗
C. 尚待查明原因的途中损耗　D. 生产过程中发生的制造费用
E. 生产过程中为达到下一个生产阶段所必需的仓储费用
18. 下列各项中，属于存货特点的有（　　）。
A. 属于有形资产　B. 属于企业在经营活动中持有的
C. 属于流动资产　D. 属于企业在日常经营活动中持有的
E. 持有的目的在于准备在正常经营活动中直接出售或进一步加工后出售
19. 下列各项中，可以确认为本企业存货的有（　　）。
A. 委托外单位加工的存货　B. 委托代销商品
C. 库存商品　D. 预计发生的制造费用
E. 正在生产过程中的在产品
20. 下列关于存货的可变现净值的说法中，正确的有（　　）。
A. 直接用于出售的商品存货，以该存货的估计售价减去估计销售费用和相关税费
B. 需经过加工的材料存货，以该存货的市场售价减去估计销售费用和相关税费
C. 直接用于出售的商品存货，以该存货的估计售价减去制造该存货的成本及估计销售费用和相关税费
D. 需经过加工的材料存货，以所生产的产成品的估计售价减去至完工估计将要发生的成本、销售费用和相关税费
E. 资产负债表日，同一项存货无论是否存在合同约定价格，都可以一并确定其可变现净值

五、判断题

1. 企业采购存货入库后发生的仓储费用不应计入存货的成本。（　　）
2. 期末，如果某项存货的成本低于其可变现净值，则企业应对该项存货计提存货跌价

准备。 （ ）

3. 凡是存放在本企业的存货都是该企业的存货。 （ ）

4. 个别计价法的成本计算准确，符合实际情况，但在存货收发频繁的情况下，其发出成本分辨的工作量较大。 （ ）

5. “存货跌价准备”账户属于损益类账户，期末将其余额结转到“本年利润”账户。（ ）

6. 对于低值易耗品的价值损耗，在会计实务中也可以采取折旧的方式分期计入成本或费用。 （ ）

7. 生产领用的用于包装产品的包装物，应按领用包装物的实际成本或计划成本，计入产品的生产成本。 （ ）

8. 材料采用计划成本进行核算的企业，月末分摊发出材料应负担的成本差异时，如果是超支差异，则记入“材料成本差异”账户的贷方。 （ ）

9. 除自然灾害或意外事故以外的原因造成的存货短缺所发生的净损失，应计入管理费用。 （ ）

10. 对于材料已到并已验收入库，但月末发票账单等结算凭证未到，货款尚未支付的采购业务，月末暂不作账务处理，待下月发票账单等结算凭证到达时再进行账务处理。 （ ）

11. 采用实地盘存制，平时只记录存货购进的数量和金额，不记录存货发出的数量。 （ ）

12. 凡属加工收回后直接用于销售的委托加工物资，其加工物资所应负担的消费税计入加工物资成本。 （ ）

13. 在财产清查中发现的原材料盘亏短缺，应在按规定的手续经批准处理后，记入“营业外支出”账户。 （ ）

14. 企业在生产中领用构成产品组成部分的包装物时，应将包装物的实际成本记入“库存商品”账户。 （ ）

15. 企业发生存货的借款费用应予以资本化，计入制造费用构成存货成本。 （ ）

16. 采用成本与可变现净值孰低法确定存货的期末价值，当存货的成本高于可变现净值时，期末存货应按可变现净值计量。 （ ）

17. 企业购进材料发生的定额内合理损耗，应计入发生当期的管理费用。 （ ）

18. 委托加工的物资收回后用于连续生产应税消费品的，委托方应按准予抵扣的受托方代收代交的消费税额，记入“应交税费——应交消费税”账户的借方。 （ ）

19. 在永续盘存制下，由于存货明细分类账上随时可结出期末存货的成本，所以，期末不需要进行实地盘点。 （ ）

20. 当已计提跌价准备的存货价值以后又得以恢复时，其冲减的跌价准备金额，应以“存货跌价准备”账户的余额冲减至零为限。 （ ）

六、业务题

【业务题一】

（一）目的　练习实际成本计价法下发出存货成本的确定方法。

（二）资料　2×19 年 8 月 1 日，宏兴公司期初有乙材料 10 000 件，实际成本为 50 000 元。

8月份购料情况如表4-1所示。

表4-1

8月份购料情况表

日 期	单价(元)	数量(件)
8月3日	5.10	20 000
8月18日	5.15	30 000

8月5日和20日，生产部门分别领用24 000件和32 000件。

（三）要求 分别采用先进先出法、月末一次加权平均法和移动加权平均法计算本月发出材料和月末结存材料的成本，并登记原材料明细分类账，如表4－2至表4－4所示。

表4－2

原材料明细分类账(先进先出法)

材料类别：　　名称及规格：　　计量单位：　　存放地点：

年		凭证号	摘要	收入			发出			结存		
月	日			数量	单价	金额	数量	单价	金额	数量	单价	金额

表4－3

原材料明细分类账(月末一次加权平均法)

材料类别：　　名称及规格：　　计量单位：　　存放地点：

年		凭证号	摘要	收入			发出			结存		
月	日			数量	单价	金额	数量	单价	金额	数量	单价	金额

表 4 - 4

原材料明细分类账(移动加权平均法)

材料类别：　　　　名称及规格：　　　　计量单位：　　　　存放地点：

年		凭证号	摘要	收入			发出			结存		
月	日			数量	单价	金额	数量	单价	金额	数量	单价	金额

【业务题二】

（一）目的　练习存货按实际成本计价的日常核算。

（二）资料　进灵公司为增值税一般纳税人，采用实际成本对原材料进行核算。2×19 年 8 月 1 日，该公司"原材料"账户的账面成本为 50 000 元，"在途物资"账户的账面成本为 6 000 元(其中，甲材料 2 000 元为 7 月 20 日购入，乙材料 4 000 元为 7 月 30 日购入)。该公司 8 月份发生以下业务(假定购买材料取得的增值税专用发票中列示的增值税已经税务机关认证可予抵扣)：

1. 8 月 5 日，购入甲材料一批，取得的增值税专用发票上注明的原材料价款为 150 000 元，增值税额为 195 000 元，支付运输费 700 元(取得普通发票)，有关款项均以转账支票支付，该批材料已验收入库。

2. 8 月 9 日，7 月 20 日购入的甲材料已验收入库。

3. 8 月 20 日，采用汇兑结算方式从岭达工厂购入丙材料一批，增值税专用发票上注明的价款为 10 000 元，增值税额为 1 300 元，对方代垫运费 500 元(取得普通发票)，发票账单已到，材料尚未到达本公司。

4. 8 月 25 日，购进乙材料一批，材料已验收入库，但发票等结算凭证尚未收到，月末按合同价 8 000 元估计入账。

5. 本月领用原材料的实际成本为 66 000 元，其中，生产领用 40 000 元，车间管理部门领用 20 000 元，厂部管理部门领用 6 000 元。

（三）要求　根据上述资料，编制有关业务的会计分录。

【业务题三】

（一）目的　练习存货按计划成本计价的日常核算。

（二）资料　明杰公司为增值税一般纳税人，采用计划成本对存货进行核算。2×19 年 9 月，"原材料——甲材料"账户期初余额为 55 000 元(其中，包括从金明工厂购入，因未收到发票账单 8 月末按计划成本 2 400 元暂估入账的材料)，"材料成本差异"账户期初贷方余额为

1 527 元,“材料采购——甲材料”账户期初借方余额为 20 000 元;甲材料每千克计划单价为 41 元。该公司 9 月份发生以下业务(假定购买材料取得的增值税专用发票中列示的增值税已经税务机关认证可予抵扣):

1. 1 日,冲销上月末甲材料的暂估款。

2. 5 日,上月采购的甲材料已如数验收入库,数量为 500 千克。

3. 18 日,购进甲材料 1 400 千克,取得的增值税专用发票上注明价款为 56 700 元,增值税额为 7 371 元,发生运输费 900 元(取得普通发票),上述款项暂未支付。甲材料已验收入库,未发现短缺。

4. 月末,根据发料凭证汇总表,共发出甲材料 1 500 千克,其中,产品生产领用 1 000 千克,车间一般消耗 400 千克,企业管理部门领用 100 千克。

(三) 要求 根据上述资料,编制明杰公司有关的会计分录,并计算 2017 年 9 月甲材料成本差异率和月末库存甲材料的实际成本。

【业务题四】

(一) 目的 练习委托加工物资的核算。

(二) 资料 鸿龙公司 2×19 年 5 月份委托飞宇公司加工一批商品(属于应税消费品),计 5 000 件。鸿龙公司采用计划成本核算加工物资,有关经济业务如下:

1. 5 月 2 日,发出材料一批,计划成本为 20 000 元,材料成本差异率为 1%。

2. 5 月 15 日,支付商品加工费 5 000 元,支付应交纳的消费税 1 200 元,该商品收回后用于连续生产。鸿龙公司和飞宇公司均为增值税一般纳税人,适用增值税税率为 13%。

3. 5 月 20 日,用银行存款支付上述加工商品的往返运输费 500 元(取得普通发票)。

4. 5 月 29 日,上述商品 5 000 件(每件计划成本 4 元)加工完毕,公司已办妥验收入库手续。

(三) 要求 根据上述资料,编制鸿龙公司委托加工物资发出、支付加工费、支付有关税费、委托加工物资收回等业务的会计分录。

【业务题五】

(一) 目的 练习按实际成本计价的包装物及低值易耗品发出的核算。

(二) 资料 恺丽公司包装物及低值易耗品按实际成本核算,2×19 年 12 月发生下列经济业务:

1. 生产领用 A 包装物 1 000 件,每件成本 2 元。

2. 销售部门领用单独计价 B 包装物 3 000 件,每件售价 3 元,成本 1.80 元,该包装物的增值税额为 1 170 元。该批包装物已对外出售,款项已存入银行。

3. 出借全新的 C 包装物 500 件,单位成本 8 元,已通过转账方式收到包装物押金 5 000 元,该包装物采用一次摊销法核算。

4. 生产车间领用一批劳动保护用品,价值 3 000 元,采用五五摊销法核算。报废时,残值收入现金 200 元。

(三) 要求 根据上述资料,编制有关的会计分录。

【业务题六】

(一) 目的 练习存货按成本与可变现净值孰低法计价。

（二）资料 2×18 年 6 月 30 日，梦通公司甲库存商品成本为 26 000 元，可变现净值为24 000 元，“存货跌价准备”账户余额为零；2×18 年 12 月 31 日，该库存商品成本为 28 000 元，可变现净值为 25 000 元；2×19 年 6 月 30 日，该库存商品成本为 30 000 元，可变现净值为29 000 元；2×19 年 12 月 31 日，该库存商品成本为 31 000 元，可变现净值为 31 500 元。

（三）要求 分别编制 2×18 年 6 月 30 日、12 月 31 日和 2×19 年 6 月 30 日、12 月 31 日计提甲库存商品存货跌价准备的有关会计分录。

【业务题七】

（一）目的 练习材料按计划成本计价收发的总分类核算和明细分类核算。

（二）资料 林林公司为增值税一般纳税人，材料按计划成本计价核算。2×19 年 4 月初有关账户的期初余额如下：“材料采购”账户余额计 2 200 元（系南京工厂发出的在途甲原材料 800 千克的货款及运费）；“原材料”账户余额为 3 500 元，其中，甲原材料 1 000 千克，计划单价 3 元，计 3 000 元；乙原材料 200 千克，计划单价 2.50 元，计 500 元（一笔无发票收料，系从南岭工厂购入）；“材料成本差异”账户借方余额 787.20 元。4 月份发生以下经济业务（假定购买材料取得的增值税专用发票中列示的增值税已经税务机关认证可予抵扣）：

1. 4 月 1 日，冲销上月暂估款。

2. 4 月 5 日，收到上月入库的乙原材料的发票账单，买价为 400 元，增值税专用发票上注明的增值税额为 52 元，代垫运输费 50 元（取得普通发票），全部款项已委托银行付讫。

3. 4 月 8 日，上月南京工厂发出的在途甲原材料 800 千克全部运抵本公司，并已验收入库，实收 760 千克，另 40 千克短缺系运输部门造成，责成其赔偿。

4. 4 月 12 日，向无锡工厂购入甲原材料 5 000 千克，增值税专用发票上注明的价款为 14 000 元，增值税额为 1 820 元，对方代垫运输费 120 元（取得普通发票），款项采用商业汇票结算，开出并经银行承兑的商业汇票一张，金额为 15 940 元，已交无锡工厂。

5. 4 月 15 日，上述甲材料 5 000 千克运抵本公司，并已验收入库。

6. 4 月 18 日，开出支票一张向本市大宁工厂购入乙原材料 1 000 千克，增值税专用发票上注明的买价为 2 600 元，增值税额为 338 元，材料已验收入库。

7. 4 月 28 日，向昆山工厂购入甲原材料 3 000 千克，增值税专用发票上注明的价款为 8 700 元，增值税额为 1 131 元，对方代垫运输费 100 元（取得普通发票），共计 10 279 元，款项尚未支付，材料尚未到达。

8. 4 月 30 日，收到苏州工厂发来的乙材料 1 000 千克，乙材料已验收入库，但发票等结算凭证尚未收到，按计划成本暂估入账。

9. 4 月 30 日，汇总结转本月收入材料成本和成本差异额。

10. 4 月 30 日，本月材料仓库发料汇总如下：生产产品领用甲材料 800 千克、乙材料 800 千克，车间一般消耗领用甲材料 2 000 千克，管理部门领用甲材料 60 千克。汇总结转本月发出材料成本、结转发出材料成本差异额。

（三）要求 根据上述资料，编制有关的会计分录。

【业务题八】

（一）目的 练习存货按成本与可变现净值孰低法计量。

（二）资料　通达公司共有三种存货，2×19 年 6 月 30 日和 12 月 31 日有关存货收、发、存情况和各期的可变现净值如表 4－5 所示。

表 4－5

存货计算表

单位：元

存货种类	6 月 30 日		比较方法		7 月 1 日至 12 月 31 日		12 月 31 日		比较方法	
	成本	可变现净值	单项比较	总额比较	收入	发出	成本	可变现净值	单项比较	总额比较
甲种存货	2 900	2 500			5 000	4 000		3 800		
乙种存货	3 000	2 800			1 000	1 200		3 050		
C 种存货	5 000	5 300			2 500	0		7 400		
合　计	10 900	10 600								

（三）要求

1. 将有关数据填入表 4－5 有关栏目，并计算得出各期比较结果。

2. 假设该公司年初“存货跌价准备”账户余额为零，试分别按单项比较法和总额比较法编制 2×19 年 6 月 30 日和 12 月 31 日计提存货跌价准备的有关会计分录。

第五章　金 融 资 产

一、思考题

1. 简述金融资产的分类原则。
2. 简述确认以摊余成本计量的金融资产的条件。
3. 以公允价值计量且其变动计入其他综合收益的金融资产如何进行确认和计量?
4. 如何确定以公允价值计量且其变动计入当期损益的金融资产的初始成本?
5. 交易性金融资产持有期间取得的现金股利、债券利息应当如何进行账务处理?
6. 资产负债表日应当如何对交易性金融资产进行计量?
7. 如何确定以摊余成本计量的金融资产的初始成本?
8. 简述以摊余成本计量的金融资产后续计量的方法。
9. 如何确定其他权益工具投资的初始成本?
10. 资产负债表日,其他权益工具投资应当如何进行计量?
11. 比较交易性金融资产与其他债权投资在初始计量、后续计量、期末计量账务处理上的区别?
12. 试述金融资产进行减值测试的方法。
13. 简述非交易性权益工具投资的确认方法。
14. 简述非交易性权益工具投资后续计量的方法。
15. 试述金融资产的重分类。

二、名词解释

金融工具　　金融资产　　以摊余成本计量的金融资产
以公允价值计量且其变动计入其他综合收益的金融资产
以公允价值计量且其变动计入当期损益的金融资产
非交易性权益工具投资　　公允价值　　交易费用　　公允价值变动损益
摊余成本　　预期信用损失法　　金融资产减值　　重分类日

三、单项选择题

1. 企业取得以公允价值计量且其变动计入当期损益的金融资产时,支付的价款中包含已宣告但尚未发放的现金股利,应记入的账户是(　　)。

A.“财务费用”　　B.“投资收益”

C. "交易性金融资产" D. "应收股利"

2. 企业取得的金融资产，如果能够消除或显著减少会计错配，企业可以在初始确认时，将其直接指定为(　　)。

A. 以公允价值计量且其变动计入当期损益的金融资产

B. 以公允价值计量且其变动计入其他综合收益的债权投资

C. 以公允价值计量且其变动计入当期损益的股权投资

D. 以公允价值计量且其变动计入其他综合收益的股权投资

3. 以公允价值计量且其变动计入其他综合收益的金融资产进行后续计量时，除减值损失和外币货币性债权投资等金融资产形成的汇兑差额外，公允价值变动形成的利得，应当直接计入(　　)。

A. 营业外收入 B. 投资收益 C. 资本公积 D. 其他综合收益

4. 企业取得划分为以公允价值计量且其变动计入其他综合收益的非交易性权益工具投资的金融资产时，其支付的价值中包含的已宣告但尚未发放的现金股利，应当计入(　　)。

A. 应收股利 B. 管理费用

C. 投资收益 D. 其他权益工具投资

5. 企业拥有的以摊余成本计量的金融资产，在持有期间按其期初摊余成本计算确认利息收入时，一般应当采用的方法是(　　)。

A. 直线法 B. 实际利率法 C. 加速推销法 D. 票面利率法

6. 如果某项债券投资不再适合划分为以摊余成本计量的金融资产时，将其重分类为以公允价值计量且其变动计入其他综合收益的金融资产，其后，对该项债券投资应以(　　)进行后续计量。

A. 账面价值 B. 公允价值 C. 摊余价值 D. 实际价值

7. 企业处置以摊余成本计量的金融资产时，按实际收到的金额与该债权投资的账面价值之间的差额计入(　　)。

A. 利息调整 B. 投资收益 C. 营业外收入 D. 资本公积

8. 分期付息、一次还本的其他债权投资，资产负债表日计算确定的应收未收利息，应记入(　　)账户。

A. "应收利息" B. "其他债权投资——应计利息"

C. "应计利息" D. "其他债权投资——利息调整"

9. 企业出售以公允价值计量且其变动计入其他综合收益的债权投资，在确认出售损益时，应同时将该债权投资原持有期间的累计公允价值变动额转入的账户是(　　)。

A. "利息收入" B. "投资收益" C. "营业外收入" D. "资本公积"

10. 资产负债表日，其他权益工具投资的公允价值发生暂时性下跌，账务处理时，贷记"其他权益工具投资——公允价值变动"账户，应借记的账户是(　　)。

A. "营业外支出" B. "信用减值损失" C. "其他综合收益" D. "投资收益"

11. 下列各项中，不属于金融资产的是(　　)。

A. 库存现金 B. 应收账款 C. 基金投资 D. 预付账款

12. 当企业管理金融资产的业务模式会发生变更时，下列有关金融资产的重分类阐述中，不正确的是(　　)。

A. 交易性金融资产可以与债权投资之间进行重分类

B. 其他债权投资可以与其他权益工具投资进行重分类

C. 其他债权投资可以与债权投资之间进行重分类

D. 交易性金融资产可以与其他债权投资进行重分类

13. 甲股份有限公司于2×19年5月15日以每股22元(其中,包含0.10元已宣告但尚未发放的现金股利)的价格购入丙上市公司股票10万股,并支付交易费用2万元。甲股份有限公司根据其管理该股票投资的业务模式和其合同现金流量特征,将该股票投资分类为以公允价值计量且其变动计入当期损益的金融资产。则购入时,该股票投资的入账价值为(　　)万元。

A. 222　　B. 221　　C. 219　　D. 220

14. 企业将购入的分期付息到期还本债券划分为以摊余成本计量的金融资产后,在持有期间的每一个资产负债表日,一般应按(　　)计算确认当期投资收益。

A. 债券面值和票面利率　　B. 债券面值和实际利率

C. 期初摊余成本和票面利率　　D. 期初摊余成本和实际利率

15. 企业出售以公允价值计量且其变动计入当期损益的金融资产时,应按实际收到的金额,借记"银行存款"账户,按该金融资产的成本,贷记"交易性金融资产——成本"账户,按其差额,借记或贷记的是(　　)账户。

A. "公允价值变动损益"　　B. "投资收益"

C. "其他业务收入"　　D. "营业外收入"

16. 某企业于2×20年1月1日以110万元的价格购入当日发行的面值为100万元的公司债券,该债券的买价为108万元,发生的交易费用为2万元。该公司债券票面利率为10%,期限为5年,一次还本付息。该企业根据其管理该债券的业务模式和该债券的合同现金流量特征,初始确认时将该债券分类为以摊余成本计量的金融资产。则该企业购入该债券时,应记入"债权投资"账户借方的金额为(　　)万元。

A. 110　　B. 100　　C. 108　　D. 102

17. 对于已确认减值损失的债权投资,在随后的会计期间公允价值已上升且客观上与原减值损失确认后发生的事项有关的,原确认的减值损失应当予以转回计入(　　)。

A. 其他综合收益　　B. 投资收益

C. 信用减值损失　　D. 营业外收入

18. 企业初始确认以摊余成本计量的金融资产时,应当按照公允价值计量,该公允价值是(　　)。

A. 归属该项金融资产新增的外部费用　　B. 为获得该项金融资产而付出的代价

C. 该项金融资产初始评估确认的价值　　D. 该项金融资产初始确认的暂估价值

19. 资产负债表日,其他债权投资的公允价值高于其摊余成本的差额时,其账务处理为,借记"其他债权投资"账户,贷记(　　)账户。

A. "其他综合收益"　　B. "投资收益"

C. "信用减值损失"　　D. "公允价值变动损益"

20. 企业出售其他权益工具投资时，应按实际收到的金额，借记“银行存款”等账户，按其账面余额，贷记“其他权益工具投资”账户，按应从所有者权益中转出的公允价值累计变动额，借记或贷记“其他综合收益”账户，按其差额，记入（ ）账户。

A. “投资收益” B. “资本公积” C. “留存收益” D. “其他综合收益”

四、多项选择题

1. 下列各项中，构成以摊余成本计量的金融资产初始成本的有（ ）。

A. 取得时的债权投资的公允价值

B. 取得时的债权投资的账面价值

C. 取得时发生的相关交易费用

D. 支付的价款中包含的已到付息期但尚未领取的债券利息

E. 支付的价款中包含的已宣告但尚未发放的现金股利

2. 下列资产中，属于金融资产的有（ ）。

A. 债权投资 B. 其他债权投资

C. 交易性金融资产 D. 应收款项

E. 非交易性权益工具投资

3. 企业为核算以摊余成本计量的金融资产，应当在“债权投资”账户下设置的明细账户有（ ）。

A. “成本” B. “利息调整”

C. “公允价值变动” D. “应计利息”

E. “损益调整”

4. 企业在资产负债表日应当判断其所持有的金融资产是否发生减值，如发生信用损失时应当计提减值准备的金融资产有（ ）。

A. 其他债权投资 B. 债权投资

C. 交易性金融资产 D. 应收款项

E. 其他权益工具投资

5. 下列各项中，会引起以摊余成本计量的金融资产账面价值发生增减变动的有（ ）。

A. 期末，计提债权投资的减值准备

B. 期末，债权投资的公允价值发生变动

C. 确认到期一次还本付息债权投资利息

D. 收到分期付息债权投资利息

E. 采用实际利率法摊销溢折价

6. 企业将金融资产划分为以摊余成本计量的金融资产时，需要符合的条件有（ ）。

A. 企业管理该金融资产的业务模式是以出售该金融资产为目标

B. 企业管理该金融资产的业务模式是以收取合同现金流量为目标

C. 企业管理该金融资产的业务模式既以收取合同现金流量为目标又以出售该金融资产为目标

D. 该金融资产的合同条款规定，在特定日期产生的现金流量，仅为对本金和以未偿付本

金金额为基础的利息的支付

E. 取得某项金融资产在初始确认时属于集中管理的可辨认金融工具组合的一部分

7. 下列各项中，属于企业取得以摊余成本计量的金融资产时发生的相关交易费用有（　　）。

A. 购买以摊余成本计量的金融资产支付给代理机构的手续费

B. 购买以摊余成本计量的金融资产支付给代理机构的佣金

C. 购买以摊余成本计量的金融资产的溢价

D. 购买以摊余成本计量的金融资产的折价

E. 购买以摊余成本计量的金融资产支付给咨询公司的佣金

8. 下列各项中，构成以公允价值计量且其变动计入其他综合收益的金融资产初始成本的有（　　）。

A. 取得时的以公允价值计量且其变动计入其他综合收益的金融资产的公允价值

B. 取得时的以公允价值计量且其变动计入其他综合收益的金融资产的账面价值

C. 取得以公允价值计量且其变动计入其他综合收益的金融资产时发生的相关交易费用

D. 取得时支付的价款中包含的已到付息期但尚未领取的债券利息

E. 取得时支付的价款中包含的已经宣告但尚未发放的现金股利

9. 下列各项中，会引起交易性金融资产账面余额发生变化的有（　　）。

A. 收到购入时应计入应收项目的交易性金融资产的利息

B. 期末交易性金融资产公允价值高于其账面余额的差额

C. 期末交易性金融资产公允价值低于其账面余额的差额

D. 出售交易性金融资产

E. 收到持有期间的交易性金融资产的利息

10. 企业核算以公允价值计量且其变动计入当期损益的金融资产，应当在“交易性金融资产”账户下设置的明细账户有（　　）。

A.“成本”　　B.“利息调整”

C.“公允价值变动”　　D.“应计利息”

E.“损益调整”

11. 处置金融资产时，下列会计处理方法中，不正确的有（　　）。

A. 处置其他债权投资时，原持有期间直接计入所有者权益的公允价值变动累计额不再调整

B. 处置其他权益工具投资时，应将取得的价款与该金融资产账面价值的差额计入投资收益

C. 处置债权投资时，应将所取得价款与该投资账面价值之间的差额计入投资收益

D. 处置交易性金融资产时，同时调整原持有期间直接计入当期损益的公允价值累计变动额

E. 处置其他权益工具投资时，应将取得的价款与该金融资产账面价值的差额计入留存收益

12. 以摊余成本计量的金融资产应当以摊余成本进行后续计量，确定该摊余成本时应考

虑的因素有(　　)。

A. 该债权投资的初始确认金额

B. 该债权投资已收回的本金

C. 该债权投资初始确认金额与到期日金额之间的差额

D. 该债权投资采用实际利率法摊销形成的累计摊销额

E. 该债权投资的实际利率

13. 下列各项表述中,关于以公允价值计量且其变动计入当期损益的金融资产的会计处理正确的有(　　)。

A. 应当按照取得时的公允价值和相关的交易费用作为初始确认金额

B. 持有期间确认的利息或现金股利,应当确认为投资收益

C. 取得时支付价款中包含已宣告但尚未发放的现金股利,单独确认为应收股利

D. 资产负债表日,企业应将其公允价值变动计入当期损益

E. 持有期间确认的股票股利,收到时应当确认为投资收益

14. 企业在初始确认金融资产时,可将其划分为(　　)。

A. 交易性金融资产　　B. 债权投资

C. 长期股权投资　　D. 其他债权投资

E. 长期债权投资

15. 下列关于金融资产重分类的说法中,正确的有(　　)。

A. 交易性金融资产不能重分类为债权投资

B. 其他债权投资可以重分类为债权投资

C. 交易性金融资产不能重分类为其他债权投资

D. 其他债权投资可以重分类为交易性金融资产

E. 债权投资可以重分类为交易性金融资产

16. 金融资产初始计量时,其发生的交易费用处理中,正确的有(　　)。

A. 取得交易性金融资产时发生的相关交易费用,应当直接计入当期损益

B. 取得其他债权投资时发生的相关交易费用,应当计入初始确认金额

C. 取得债权投资时发生的相关交易费用,应当计入初始确认金额

D. 取得交易性金融资产时发生的相关交易费用,应当计入初始确认金额

E. 取得其他权益工具投资时发生的相关交易费用,应当直接计入当期损益

17. 交易费用是指可直接归属于购买金融资产新增的外部费用,包括(　　)。

A. 支付给代理机构手续费　　B. 支付给券商等的佣金

C. 支付给咨询公司的手续费　　D. 债券溢价

E. 融资费用

18. 企业发生的下列事项中,不会影响"投资收益"账户金额的有(　　)。

A. 交易性金融资产在持有期间取得的现金股利

B. 交易性金融资产在期末确认的公允价值变动

C. 处置权益法核算的长期股权投资时,持有期间发生的其他权益变动金额

D. 取得其他债权投资时发生的交易费用

E. 其他债权投资在期末确认的公允价值变动额

19. 下列各项中，不属于以摊余成本计量的金融资产后续计量的计量方法有（　　）。

A. 历史成本　　B. 成本与市价孰低

C. 摊余成本　　D. 现值

E. 重置成本

20. 下列各项中，影响以摊余成本计量的金融资产摊余成本因素的有（　　）。

A. 确认的信用减值损失

B. 分期收回的本金

C. 利息调整的累计摊销额

D. 对到期一次付息债券确认的票面利息

E. 对分期付息债券确认的票面利息

五、判断题

1. 企业取得以公允价值计量且其变动计入当期损益的金融资产时，发生的相关交易费用应当在发生时直接计入当期的财务费用。（　　）

2. 资产负债表日，企业应当根据以摊余成本计量的金融资产的公允价值调整其账面价值，并确定当期公允价值的变动损益。（　　）

3. 企业持有的以摊余成本计量的金融资产在其持有期间内，收到发放的现金股利应冲减应收股利。（　　）

4. 企业持有期限在1年以内并有活跃市场的股票投资，如符合以公允价值计量且其变动计入当期损益的金融资产确认的条件，也可将其划分为交易性金融资产。（　　）

5. 企业在初始确认时将某金融资产划分为以公允价值计量且其变动计入当期损益的金融资产后，不能重分类为其他类金融资产；但其他类金融资产能重分类为以公允价值计量且其变动计入当期损益的金融资产。（　　）

6. 企业根据其管理金融资产的业务模式和金融资产的合同现金流量特征，初始确认金融资产应当按照公允价值计量。交易费用是否应计入该项金融资产的初始入账金额取决于其分类。（　　）

7. 对于企业确认的金融资产，其信用损失为企业按照金融资产原实际利率折现的、根据合同应收的所有合同现金流量与预期收取的所有现金流量之间的差额，即全部现金短缺的现值。（　　）

8. 终止确认是企业将其持有的某项金融资产从企业的账户内予以转销，但仍应在资产负债表内予以反映。（　　）

9. 企业持有的以摊余成本计量的金融资产，在持有期间如经计算确定的实际利率与债券票面利率差异较小的，可按债券票面利率计算确认利息收入，但应将利息收入计入资本公积。（　　）

10. 企业在持有交易性金融资产期间，应在每一资产负债表日，对交易性金融资产逐项进行信用减值测试，当其账面价值大于预计未来现金流量现值时，应将减记的金额确认为信用减值损失。（　　）

11. 交易性金融资产的期末借方余额应等于该交易性金融资产的期末公允价值。（ ）

12. 以公允价值计量且其变动计入当期损益的金融资产与其他金融资产之间不能进行重分类。（ ）

13. 企业将非交易性权益工具投资指定为以公允价值计量且其变动计入其他综合收益的金融资产，该指定一经作出，不得撤销。（ ）

14. 对于以公允价值计量且其变动计入其他综合收益的金融资产，企业一般应当设置“其他权益工具投资”账户进行会计核算。（ ）

15. 企业取得以公允价值计量且其变动计入当期损益的金融资产支付的交易费用，应记入当期的“投资收益”账户，支付的价款中包含的应收利息，应记入“应收利息”账户。（ ）

16. 从投资者角度看，如果不考虑其他条件，在将某项投资划分为以摊余成本计量的金融资产时应当充分考虑可能存在的发行方重大支付风险。（ ）

17. “债权投资减值准备”账户是用来核算企业以摊余成本计量的债权投资以预期减值损失为基础计提的减值准备。（ ）

18. 如果企业管理其金融资产的业务模式既以收取合同现金流量为目标，又有出售的意图，同时该金融资产的合同现金流量为本金及利息，则通常是将该金融资产分类为以公允价值计量且其变动计入当期损益的金融资产。（ ）

19. 处置其他债权投资时，应按取得的价款与原直接计入所有者权益的公允价值变动累计额对应处置部分的金额，与该金融资产账面价值之间的差额，确认为留存收益。（ ）

20. 交易性金融资产在持有期间按照面值乘票面利率计算的利息，借记“应收利息”账户，贷记“投资收益”账户。（ ）

六、业务题

【业务题一】

（一）目的 练习以公允价值计量且其变动计入当期损益的金融资产的核算。

（二）资料 2×19 年 3 月 2 日，甲公司以支付银行存款方式从二级市场购入 A 公司股票 500 000 股，每股市价为 8 元，另支付手续费 80 000 元，甲公司根据其管理该股票投资的业务模式和其合同现金流量特征，将该股票投资分类为以公允价值计量且其变动计入当期损益的金融资产。2×19 年 6 月 30 日，该股票每股市价为 7 元；2×19 年 8 月 10 日，A 公司宣告分派现金股利，每股 0.10 元；2×19 年 8 月 20 日，甲公司收到 A 公司分派的现金股利。至 2×19 年 12 月 31 日，甲公司仍持有该股票，期末该股票每股市价为 8.20 元。2×20 年 2 月 8 日，甲公司以 4 900 000 元出售该股票。

假定，甲公司每年 6 月 30 日和 12 月 31 日对外提供财务报告。

（三）要求 根据上述资料，编制甲公司各年的会计分录，并计算该以公允价值计量且其变动计入当期损益的金融资产的累计损益。

【业务题二】

（一）目的 练习以公允价值计量且其变动计入当期损益的金融资产的核算。

（二）资料 2×19 年 7 月 5 日，甲公司支付价款 1 200 000 元从二级市场购入 C 公司股票 100 000 股，每股市价为 12 元（含已宣告但尚未发放的现金股利 0.30 元），另支付手续费

10 000 元，甲公司根据其管理该股票投资的业务模式和其合同现金流量特征，将该股票投资分类为以公允价值计量且其变动计入当期损益的金融资产。2×19 年 7 月 20 日，收到 C 公司发放的现金股利。2×19 年 12 月 31 日，该股票每股市价为 12.50 元。

（三）要求　根据上述资料，编制甲公司购入该股票、收到现金股利及 2×19 年年末相关的会计分录。

【业务题三】

（一）目的　练习以公允价值计量且其变动计入当期损益的金融资产的核算。

（二）资料　2×19 年 1 月 1 日，乙公司从二级市场购入 H 公司发行的债券，支付的价款为 110 000 元，其中包括已到付息期但尚未领取的利息 5 000 元，另发生交易费用 1 000 元。该债券面值为 100 000 元，剩余期限为 2 年，票面年利率为 5%，次年 1 月 3 日支付上年利息。购入后，乙公司根据其管理该债券投资的业务模式和其合同现金流量特征，将该债券投资分类为以公允价值计量且其变动计入当期损益的金融资产。

2×19 年 1 月 3 日，收到该债券上年利息 5 000 元；2×19 年 12 月 31 日，该债券不含利息的公允价值为 120 000 元。2×20 年 1 月 3 日，收到该债券 2×19 年利息；2×20 年 2 月 1 日，乙公司将该债券出售，取得价款 170 000 元。假定不考虑其他因素。

（三）要求　根据上述资料，编制乙公司相关的会计分录。

【业务题四】

（一）目的　练习以公允价值计量且其变动计入当期损益的金融资产的核算。

（二）资料　2×19 年 1 月 1 日，中兴公司以 325 000 元购入乙公司 2×18 年 1 月 1 日发行的 3 年期债券，该债券票面利率为 5%，债券面值为 300 000 元，分期付息、到期一次还本，于每年 1 月 5 日支付上年债券利息。中兴公司购入时另支付相关交易税费 2 000 元。购入后，中兴公司根据其管理该债券投资的业务模式和其合同现金流量特征，将该债券投资分类为以公允价值计量且其变动计入当期损益的金融资产。2×19 年 1 月 5 日，收到乙公司发放的上年债券利息。2×19 年 12 月 31 日，该债券的市场交易价为 340 000 元。2×20 年 1 月 5 日，收到乙公司发放的上年债券利息。2×20 年 6 月 30 日，中兴公司因生产经营急需资金，出售所持有的乙公司债券的 60%，取得出售收入 210 000 元。2×20 年 12 月 31 日，该债券的市场交易价为 126 000 元。2×21 年 1 月 1 日，乙公司债券到期，中兴公司收回剩余债券的本金和利息。

（三）要求　根据上述资料，编制中兴公司各年有关该债券的会计分录。

【业务题五】

（一）目的　练习以摊余成本计量的金融资产的核算。

（二）资料　2×19 年 1 月 3 日，长江公司以 250 000 元的价格购入甲企业 2×19 年 1 月 1 日发行的 5 年期公司债券，票面利率为 12%，债券面值为 240 000 元，该公司债券每年年末支付当年利息、到期一次还本。长江公司购入时，另支付相关交易费用 2 000 元。长江公司初始确认时根据其管理该债券投资的业务模式和其合同现金流量特征，将该债券投资分类为以摊余成本计量的金融资产，债券持有期间均未发生减值。假定长江公司按年计算利息，经测算该债券的实际利率为 10.66%。

（三）要求

1. 编制长江公司各年实际利息收入计算表如表 5-1 所示。

表 5-1

长江公司各年实际利息收入计算表

单位:元

日　期	年初摊余成本	实际利息收入	应收利息	现金流量	年末摊余成本
2×19 年 12 月 31 日					
2×20 年 12 月 31 日					
2×21 年 12 月 31 日					
2×22 年 12 月 31 日					
2×23 年 12 月 31 日					
合　计					

2. 根据上述资料，编制长江公司各年有关该公司债券的会计分录。

【业务题六】

（一）目的　练习以公允价值计量且其变动计入其他综合收益的金融资产的核算。

（二）资料　甲公司于 2×19 年 1 月 1 日以 19 420 元的价格从债券二级市场购入乙公司公开发行的 5 年期按年付息、到期还本的债券，该债券面值为 20 000 元，票面利率为 6%，另支付交易费用 1 000 元。经测算，该债券的实际利率为 5.515%。甲公司购入债券时，根据其管理该债券的业务模式和该债券的合同现金流量特征，将该债券分类为以公允价值计量且其变动计入其他综合收益的金融资产。2×19 年 12 月 31 日，该债券的市场价格为 20 300 元；2×20 年 12 月 31 日，该债券的市场价格为 20 400 元。假定不考虑其他因素。

（三）要求　根据上述资料，编制甲公司 2×19 年和 2×20 年与该金融资产有关的会计分录。

【业务题七】

（一）目的　练习指定为以公允价值计量且其变动计入其他综合收益的非交易性权益工具投资的核算。

（二）资料　丙公司于 2×19 年 10 月 20 日从二级市场购入乙公司股票 20 000 股，每股市价 10 元，另支付交易费用 4 000 元；初始确认时，丙公司所持的股份比例不足以对乙公司的管理施加重大影响，将其指定为以公允价值计量且其变动计入其他综合收益的非交易性权益工具投资。2×19 年 12 月 31 日，丙公司仍持有该股票，该股票的市价为 12 元。2×20 年 3 月 18 日，丙公司将该股票售出，售价为每股 15 元，假定不考虑相关税费，丙公司按照 10%的比例计提盈余公积。

（三）要求　根据上述资料，编制丙公司该非交易性权益工具投资的会计分录。

【业务题八】

（一）目的　练习非交易性权益工具投资的核算。

（二）资料　新明公司于 2×19 年 6 月 30 日在某证券公司购入国际公司普通股股票

50 000 股，每股成交价为 15 元。新明公司另支付相关交易税费 1 000 元。新明公司决定将其指定为以公允价值计量且其变动计入其他综合收益的非交易性权益工具投资。2×19 年 12 月 31 日，国际公司普通股股票的市场价格为每股成交价 17 元。2×20 年 7 月 20 日，由于国际公司产品技术已被其他公司的新技术替代而失去了市场竞争的优势，估计在相当时期内难以改变，新明公司判断该股票投资发生了非暂时性损失。2×20 年 12 月 31 日，国际公司普通股股票的市场价格为每股成交价 10 元。2×21 年，国际公司的股票市价仍在继续下跌，新明公司为避免更大的损失于 2×21 年 4 月 25 日将所持有的该股票以每股 9 元的价格出售。

（三）要求　根据上述资料，编制新明公司与该股票有关的会计分录。

【业务题九】

（一）目的　练习以摊余成本计量的金融资产重分类的核算。

（二）资料　2×19 年 11 月 30 日，中伟上市公司因变更了其管理债券投资组合的业务模式，原分类为以摊余成本计量的金融资产的债券投资，经该公司决定，将该债券投资重分类为以公允价值计量且其变动计入其他综合收益的金融资产进行核算，其变更符合重分类的要求。2×20 年 1 月 1 日，该以摊余成本计量的金融资产的账面余额为 430 000 元，其中，成本为 400 000 元，利息调整为 30 000 元，该债券投资公允价值为 450 000 元。

（三）要求　根据上述资料，编制中伟上市公司相关的会计分录。

【业务题十】

（一）目的　练习金融资产信用减值的核算。

（二）资料　2×19 年 1 月 1 日，甲公司以 2 050 000 元价款购入 A 公司发行的 3 年期公司债券，并以银行存款支付交易费用 15 000 元，该公司债券的面值为 2 000 000 元，票面年利率为 4%，实际年利率为 3%，每年年末支付利息，到期偿还本金。甲公司购入债券时，根据其管理该债券的业务模式和该债券的合同现金流量特征，将该债券划分为以公允价值计量且其变动计入其他综合收益的金融资产。2×19 年 12 月 31 日，该债券的公允价值为 1 840 000 元。因债务人发生重大财务困难，该金融资产为已发生信用减值的金融资产，甲公司由此确认预期信用损失 150 000 元。

（三）要求　根据上述资料，编制甲公司与该债券有关的会计分录。

第六章　长期股权投资

一、思考题

1. 在不同的取得方式下,如何确定长期股权投资的初始投资成本?
2. 简述同一控制下与非同一控制下企业合并形成长期股权投资账务处理的区别。
3. 试述长期股权投资核算成本法的适用范围、基本特点以及核算的方法。
4. 试述长期股权投资核算权益法的适用范围、基本特点。
5. 采用权益法核算,投资企业持有期间确认长期股权投资的投资收益应注意哪些问题?
6. 采用权益法核算,持有期间被投资单位发生净亏损时,投资企业应注意哪些问题?
7. 如何判断长期股权投资可能发生减值?
8. 如何确定期末长期股权投资的可收回金额?
9. 长期股权投资的减值应如何进行账务处理?
10. 长期股权投资的处置应如何进行账务处理?

二、名词解释

长期股权投资　企业合并　控制　共同控制　重大影响　成本法　权益法
长期股权投资减值

三、单项选择题

1. 某企业采用权益法核算长期股权投资,被投资企业发生的下列事项中,会引起该企业长期股权投资和投资收益均增加的是(　　)。

A. 向投资者分派现金股利　　B. 持有其他债权投资公允价值变动
C. 实现净利润　　D. 因增资扩股而增加资本公积

2. 年度终了,采用权益法核算的投资企业按照被投资单位当年实现的净利润(投资时被投资单位各项可辨认资产、负债的公允价值与账面价值相等)与持股比例计算享有的份额时,应作的账务处理是(　　)。

A. 借:长期股权投资——投资成本
　　贷:投资收益
B. 借:长期股权投资——损益调整
　　贷:投资收益
C. 借:长期股权投资——其他权益变动
　　贷:投资收益
D. 借:长期股权投资——损益调整
　　贷:营业外收入

3. 甲公司出资 1 200 万元,取得乙公司 80%的股权,并准备长期持有。假设购买股权时,乙公司的净资产账面价值为 1 600 万元，该净资产经确认的公允价值为 1 800 万元。甲、乙公司合并前同受一方控制，则合并日，甲公司的该项长期股权投资的初始投资成本为（　　）万元。

A. 1 200　　B. 1 280　　C. 1 440　　D. 1 600

4. A 公司以现金购入 B 公司 20%的股份，买价为 200 000 元，其中包含 B 公司已宣告但尚未发放的现金股利 8 000 元，同时发生直接相关税费 10 000 元，A 公司取得该股权准备长期持有。假设购买股权时，B 公司的净资产账面价值为 800 000 元，该净资产经确认的公允价值等于其账面价值。该交易属非企业合并，则 A 公司形成的长期股权投资的初始投资成本为（　　）元。

A. 200 000　　B. 210 000　　C. 202 000　　D. 180 000

5. 企业某项长期股权投资采用权益法核算，该项股权投资在活跃市场中有公开报价，本期末可收回金额的计量结果表明，长期股权投资的可收回金额高于其账面价值 600 000 元。前期该项股权投资发生减值时已计提减值准备 500 000 元，则本期末应作的账务处理是（　　）。

A. 借：长期股权投资减值准备　100 000
　　贷：投资收益　100 000

B. 借：长期股权投资减值准备　500 000
　　贷：资本公积　500 000

C. 借：长期股权投资减值准备　500 000
　　贷：资产减值损失　500 000

D. 不作账务处理

6. 投资企业如果按照投资合同或协议约定，仍承担额外义务的，按预计承担的损失金额应作的账务处理是（　　）。

A. 借：投资收益
　　贷：资产减值损失

B. 借：投资收益
　　贷：预计负债

C. 借：资产减值损失
　　贷：预计负债

D. 借：营业外支出
　　贷：预计负债

7. 对于同一控制下的企业合并，在合并日取得对其他参与合并企业控制权的一方称为（　　）。

A. 合并方　　B. 被合并方　　C. 投资方　　D. 被投资方

8. 非同一控制下一次交换交易实现的企业合并，其购买日支付合并对价的公允价值与合并对价的账面价值的差额，应（　　）。

A. 计入当期权益　　B. 计入当期损益　　C. 计入投资成本　　D. 不作处理

9. 投资企业能够对被投资单位实施控制的，被投资单位为该投资企业的（　　）。

A. 联营企业　　B. 合营企业　　C. 母公司　　D. 子公司

10. 下列各项中，当投资企业采用成本法核算长期股权投资时不需要作账务处理的是（　　）。

A. 初始投资　　B. 追加投资

C. 被投资单位发生亏损　　D. 被投资单位宣告分派现金股利

11. 甲公司于2×19年1月1日从非关联方取得乙公司控制权，占乙公司60%的股份，并准备长期持有。乙公司于2×19年3月25日宣告分派2×18年度的现金股利100 000元。则甲公司2×19年3月25日应确认的投资收益为（　　）。

A. 60 000元　　B. 15 000元　　C. 10 000元　　D. 0

12. 下列长期股权投资中，应采用权益法核算的是（　　）。

A. 对被投资单位实施控制

B. 对被投资单位不具有重大影响

C. 对被投资单位具有共同控制或重大影响

D. 对被投资单位不具有共同控制

13. 乙公司于2×19年1月1日以银行存款取得A公司60%的股份，采用成本法核算。乙公司初始投资成本为500 000元。A公司于2×19年5月8日宣告分派2×18年度的现金股利200 000元。假设A公司2×19年实现净利润400 000元，A公司于2×20年4月25日宣告分派2×19年度的现金股利450 000元，则2×20年4月25日乙公司应确认的投资收益为（　　）元。

A. 270 000　　B. 240 000　　C. 200 000　　D. 120 000

14. 采用权益法核算长期股权投资时，长期股权投资的初始投资成本小于投资时应享有被投资单位可辨认净资产公允价值份额的差额，应在初始投资时（　　）。

A. 确认为长期股权投资（其他权益变动）

B. 确认为营业外收入

C. 确认为资本公积——其他资本公积

D. 不进行账务处理

15. 采用权益法核算长期股权投资，当投资企业处置该长期股权投资时，对于原计入资本公积——其他资本公积的金额应予以结转，转入处置当期的（　　）。

A. 长期股权投资——其他权益变动　　B. 营业外收入

C. 投资收益　　D. 公允价值变动损益

16. 投资单位对被投资单位具有控制、共同控制或重大影响，并且在活跃市场中没有报价、公允价值不能可靠计量的权益性投资，应作为（　　）。

A. 交易性金融资产　　B. 其他债权投资

C. 其他权益工具投资　　D. 长期股权投资

17. 在采用权益法时，当投资企业确认被投资单位发生的净亏损，在长期股权投资账面价值减记至零后，如果存在其他实质上构成对被投资单位净投资的长期权益，则投资企业应在确认投资损失的同时，冲减（　　）。

A. 长期股权投资的账面价值　　B. 原确认的投资收益

C. 长期应收款的账面价值　　D. 当期的营业外支出

18. 投资企业取得长期股权投资，其实际支付的价款中包含的已宣告但尚未发放的现金股利或利润，应计入取得当期的（　　）。

A. 应收股利　　B. 应收利息　　C. 投资收益　　D. 财务费用

19. 长期股权投资以初始投资成本计量后，在投资持有期间根据投资企业享有被投资单位所有者权益份额的变动对投资的账面价值进行调整的方法，称为（　　）。

A. 重大影响法　　B. 共同控制法　　C. 成本法　　D. 权益法

20. 甲公司于2×19年7月10日自公开市场中购入乙公司30%的股份，实际支付价款800万元，其中包含已宣告尚未发放的现金股利20万元。另外，在购买过程中支付手续费等相关费用10万元。甲公司取得该部分股权后，能够对乙公司的生产经营决策施加重大影响。则甲公司取得该长期股权投资的初始成本应为（　　）万元。

A. 800　　B. 820　　C. 790　　D. 830

四、多项选择题

1. 采用权益法核算时，下列各项中，不会引起投资企业其他综合收益发生变动的有（　　）。

A. 被投资单位接受非现金资产捐赠

B. 被投资单位以资本公积转增股本

C. 被投资单位其他债权投资期末公允价值变动

D. 被投资单位以盈余公积弥补亏损

E. 被投资单位提取法定盈余公积

2. 采用权益法核算时，下列各项中，不会引起长期股权投资账面余额发生变动的有（　　）。

A. 收到被投资单位分派的股票股利　　B. 被投资单位实现的净利润

C. 被投资单位以资本公积转增资本　　D. 投资企业发生的净亏损

E. 投资企业期末计提长期股权投资减值准备

3. 下列各项中，属于企业股权转让损益确认条件的有（　　）。

A. 出售协议已获股东大会批准通过

B. 与购买方已办理必要的财产交接手续

C. 已取得超过50%的购买价款

D. 不再从所持股权中获得利益和承担风险

E. 国有股权转让已取得国家有关部门批准文件

4. 下列情况中，对被投资单位的股权投资应采用成本法核算的有（　　）。

A. 投资企业尽管减少投资但对被投资单位仍实施控制

B. 被投资单位的财务与经营政策由投资企业决定

C. 由于追加投资使投资持股比例上升对投资单位能实施控制

D. 投资企业由于减少投资而对被投资单位不再实施控制，但仍具有重大影响

E. 投资企业对合营企业的长期股权投资

5. 资产负债表日，对于企业持有的长期股权投资，下列情况中，表明长期股权投资可能存在减值迹象的有（　　）。

A. 长期股权投资的市价当期大幅度下跌，其跌幅明显高于因正常持有而预计的下跌

B. 被投资单位经营所处的经济环境等在当期发生重大变化，从而对投资企业产生不利影响

C. 市场利率在当期已经提高，从而影响投资企业计算资产预计未来现金流量现值的折现

率大幅度降低

D. 被投资单位已经终止营业

E. 被投资单位所创造的净现金流量远低于预计金额

6. 下列各项中,投资企业不应确认为投资收益的有( )。

A. 长期股权投资持有期间收到的现金股利

B. 成本法核算下,被投资方接受实物资产捐赠

C. 成本法核算下,被投资方宣告发放现金股利

D. 权益法核算下,投资方收到的股票股利

E. 权益法核算下,被投资方实现的净利润

7. 下列事项中,投资企业不需要进行账务处理的有( )。

A. 被投资单位提取法定盈余公积

B. 被投资单位提取任意盈余公积

C. 被投资单位经股东大会决议,以资本公积转增股本

D. 被投资单位经股东大会决议,以盈余公积转增股本

E. 被投资单位经股东大会决议,以盈余公积弥补亏损

8. 下列各项中,属于可确认投资企业对被投资单位具有重大影响的条件的有( )。

A. 在被投资单位董事会中派有代表　　B. 参与被投资单位的政策制定过程

C. 向被投资单位派出经营管理人员　　D. 持有被投资单位60%的表决权资本

E. 被投资单位向投资企业出售商品

9. 下列各项中,构成非企业合并形成的长期股权投资初始投资成本的有( )。

A. 为取得投资发生的前期咨询费　　B. 实际支付的购买价款

C. 取得投资时发生相关的手续费　　D. 取得投资发生的税金

E. 取得投资后被投资单位宣告分派现金股利

10. 在对长期股权投资采用权益法核算时,下列表述中,正确的有( )。

A. 按照应享有的被投资单位实现的净利润的份额,确认投资损益并调整长期股权投资的账面价值

B. 确认被投资单位发生的净亏损,除投资企业负有承担额外损失义务外,应以长期股权投资的账面价值减记至零为限

C. 按照被投资单位宣告分派的利润或现金股利计算应分得的部分,相应减少长期股权投资的账面价值

D. 收到被投资单位发放的股票股利,不进行账务处理,但应当在备查簿中登记

E. 在持股比例不变的情况下,应按持股比例计算被投资单位除净损益以外所有者权益的其他变动而应享有的份额,调整长期股权投资的账面价值

11. 下列各项中,投资企业应当采用权益法核算的有( )。

A. 对子公司投资

B. 对合营企业投资

C. 对联营企业投资

D. 对被投资单位不具有控制、共同控制或重大影响,且在活跃市场中没有报价、公允价值

不能可靠计量的权益性投资

E. 对被投资单位不具有控制、共同控制或重大影响，且在活跃市场中有报价、公允价值能可靠计量的权益性投资

12. 企业采用权益法时确认的投资收益，在以取得投资时被投资单位各项可辨认资产公允价值为基础调整被投资单位净利润时应考虑的主要事项是被投资单位(　　)。

A. 固定资产的折旧额　　B. 无形资产的摊销额

C. 计提资产减值准备　　D. 职工薪酬的发放额

E. 盈余公积的变动额

13. 下列项目中，当投资企业处置某长期股权投资时，会影响投资收益的有(　　)。

A. 处置时实际取得的转让价款　　B. 该长期股权投资(其他权益变动)

C. 该长期股权投资的减值准备　　D. 该被投资单位股本的金额

E. 该被投资单位已宣告尚未发放的现金股利

14. 下列项目中，不属于长期股权投资特征的有(　　)。

A. 投资期限较长，不准备随时出售

B. 投资期限较长，但准备随时出售

C. 投资企业按所持股份比例享有权益并承担责任

D. 投资目的是为了控制另一企业，或对其施加重大影响

E. 投资目的是为了获取该项股权投资的价差收入

15. 长期股权投资取得的方式主要有(　　)。

A. 同一控制下的企业控股合并形成

B. 非同一控制下的企业控股合并形成

C. 同一控制下的企业吸收合并形成

D. 非同一控制下的企业吸收合并形成

E. 非企业合并形成

16. 下列各项中，不应确认投资损益的有(　　)。

A. 期末以公允价值计量且其变动计入当期损益的金融资产公允价值变动

B. 期末以公允价值计量且其变动计入其他综合收益的债权投资公允价值变动

C. 采用权益法核算时，被投资单位宣告分派现金股利

D. 采用权益法核算时，被投资单位实现的净利润

E. 采用成本法核算时，被投资单位实现的净利润

17. 采用权益法核算时，下列各项中，会引起长期股权投资账面价值发生变动的有(　　)。

A. 被投资单位持有以公允价值计量且其变动计入其他综合收益的金融资产的期末公允价值变动

B. 被投资单位持有以公允价值计量且其变动计入当期损益的金融资产的期末公允价值变动

C. 收到被投资单位分派的现金股利

D. 被投资单位提取盈余公积

E. 被投资单位宣告分派股票股利

18. 下列测试中，不属于长期股权投资减值测试的有（　　）。

A. 可变现净值与其成本比较　　B. 可变现净值与其账面价值比较

C. 可收回金额与其账面余额比较　　D. 可收回金额与其账面价值比较

E. 未来现金流量与其账面价值比较

19. 采用成本法核算时，下列各项中，会引起长期股权投资账面价值发生增减变动的有（　　）。

A. 对被投资单位追加投资　　B. 收回对被投资单位投资

C. 被投资单位实现净利润　　D. 被投资单位发生净亏损

E. 对该股权计提减值准备

20. 下列各项中，可以计入投资方取得长期股权投资时初始投资成本的有（　　）。

A. 购买的价款　　B. 支付的相关税金

C. 支付的相关手续费　　D. 支付的职工薪酬

E. 取得时发生的差旅费

五、判断题

1. 投资企业因处置投资等原因对被投资单位不再具有共同控制或重大影响的，并且在活跃市场中没有报价、公允价值不能可靠计量的长期股权投资，应当中止采用权益法，改按金融资产核算。（　　）

2. 在采用权益法核算的情况下，投资企业应于被投资单位宣告分派现金股利或利润时，按持有表决权资本比例计算应分得的现金股利或利润，确认投资收益，并调整长期股权投资的账面价值。（　　）

3. 长期股权投资持有期间所获得的现金股利，应全部计入投资收益。（　　）

4. 投资企业对被投资单位具有控制的长期股权投资，应当采用成本法核算。（　　）

5. 同一控制下的企业之间进行的合并，如合并方以现金、转让非现金资产方式作为合并对价，在这种情况下应当在合并日按照取得被合并方所有者权益账面价值作为长期股权投资的初始投资成本。（　　）

6. 在通常情况下，投资企业拥有被投资单位50%的表决权资本，即可认定投资企业能够对被投资单位实施控制。（　　）

7. 采用成本法核算时，投资企业应将所获得的被投资单位产生的累计净利润的分配额确认为当期投资收益。投资企业所获得的被投资单位宣告分派的现金股利应当考虑被投资单位有关利润分配是属于投资企业取得投资前还是投资后的分配额部分，如属于取得投资前的分配额，应冲减投资的账面价值。（　　）

8. 投资企业无论采用成本法还是权益法核算长期股权投资，在收到被投资单位发放的股票股利时，均不进行账务处理，只在备查簿中登记。（　　）

9. 企业存在其他实质上构成对被投资单位净投资的长期权益项目的情况下，在确认应分担被投资单位发生的亏损时，先减记长期权益的账面价值，待该长期权益的账面价值减记至零时，再减记长期股权投资的账面价值。（　　）

10．投资企业持股比例变动后，仍应采用权益法核算的，应按照新的持股比例计算应享有被投资单位净资产的份额与长期股权投资原账面余额之间的差额，调整当期的投资损益。

（　　）

11．长期股权投资是企业谋求自身的利益，但其实质最终是为了获取买入、卖出的差价。

（　　）

12．被投资单位宣告分派现金股利或利润时，投资企业按照其计算应分得的部分冲减长期股权投资的账面价值。（　　）

13．企业接受投资者投入的长期股权投资，如果合同或协议约定价值不公允的，应当按照取得长期股权投资的公允价值作为其初始投资成本。（　　）

14．长期股权投资初始投资成本的确定，取决于不同的取得方式，但无论采用何种方式其初始投资总成本是相同的。（　　）

15．投资企业与其联营（合营）企业之间发生的交易中，顺流交易是指联营（合营）企业向投资企业出售资产，逆流交易是指投资企业向其联营（合营）企业出售资产。（　　）

16．企业以支付现金方式取得的长期股权投资，应当按照其实际支付的购买价款作为初始投资成本，取得长期股权投资时发生的交易费用则计入取得当期损益。（　　）

17．甲公司通过发行股票受让丙公司持有的乙公司股份 200 000 股，每股股票面值为 1 元，受让日该股票的公允价值为 450 000 元，甲公司占乙公司股份的 20%，甲公司准备长期持有，则甲公司应借记“长期股权投资——乙公司”账户 450 000 元，贷记“股本”账户 450 000 元。

（　　）

18．企业采用成本法核算长期股权投资时，其所获得的被投资单位宣告分派的股利，应确认投资收益。（　　）

19．企业因追加投资能够对被投资单位实施重大影响但不构成控制的，应当中止采用成本法改按权益法核算，并按新增后的持股比例追溯调整长期股权投资的账面价值，同时调整留存收益。（　　）

20．企业因处置投资导致对被投资单位的影响能力由控制转为具有重大影响的，应按处置投资的比例结转应终止确认的长期股权投资成本，但可不中止采用成本法核算。（　　）

六、业务题

【业务题一】

（一）目的　练习采用成本法时长期股权投资初始成本的确定，以及持有期间的核算。

（二）资料　2×19 年 1 月 1 日，A 公司以现金 10 000 000 元投资于 B 公司，占 B 公司表决权资本的 60%，B 公司为一家非上市的公司，其股权不存在活跃的市场价格。A 公司取得 B 公司股权后能够主导 B 公司的生产经营决策。A 公司投资前与 B 公司不存在关联方关系。2×19 年 5 月 25 日，B 公司宣告分派 2×18 年度的现金股利 900 000 元。B 公司 2×19 年度实现净利润 800 000 元。

（三）要求　根据上述资料，作 A 公司有关该股权的账务处理。

【业务题二】

（一）目的　练习采用成本法时长期股权投资的核算。

（二）资料 2×19年1月1日，甲公司向同一集团内乙公司的原股东A公司定向增发1 000万股普通股（每股面值为1元，市价为5元），取得乙公司80%的股权，相关手续于当日完成，并能够对乙公司实施控制。合并后乙公司仍维持其独立法人资格继续经营。合并日，A公司合并财务报表中的乙公司净资产账面价值为4 000万元。假定甲公司和乙公司都受A公司同一控制。不考虑相关税费等其他因素影响。

2×19年3月10日，乙公司宣告分派2×18年度的现金股利2 700 000元；3月20日，乙公司发放该现金股利。乙公司2×19年度实现净利润3 000 000元。2×20年4月2日，乙公司宣告分派2×19年度的现金股利1 400 000元；4月15日，乙公司发放该现金股利；乙公司2×20年度实现净利润4 000 000元。

（三）要求 根据上述资料，作甲公司对乙公司股权投资的账务处理。

【业务题三】

（一）目的 练习长期股权投资的核算。

（二）资料

1. 2×19年1月1日，甲公司支付现金50 000 000元取得乙公司持有的丙公司70%的股权。合并中，甲公司为核实丙公司的资产价值，聘请有关机构对该项合并进行咨询，支付咨询费用1 000 000元。合并当日，丙公司净资产账面价值和公允价值均为80 000 000元。假定合并前甲公司与乙公司不存在任何关联方关系。

2. 2×19年3月25日，经丙公司股东大会批准宣告分配2×18年现金股利1 000 000元，甲公司于4月8日收到上述现金股利。丙公司2×19年度实现净利润3 000 000元，按实现净利润的10%提取法定盈余公积300 000元。

3. 2×20年3月28日，经丙公司股东大会批准宣告分配2×19年现金股利800 000元，甲公司于4月12日收到上述现金股利。2×20年由于丙公司的经营状况恶化，导致发生巨额亏损10 000 000元，2×20年年末，甲公司经测算所持丙公司的投资未来现金流量现值为46 000 000元。

4. 2×21年1月20日，甲公司经协商，将持有的丙公司的全部股权转让给H公司，收到股权转让款46 200 000元，相关法律手续均已办理完毕。

（三）要求 根据上述资料，作甲公司对丙公司长期股权投资的账务处理。

【业务题四】

（一）目的 练习长期股权投资的核算。

（二）资料 甲公司以4 500 000元取得M公司50%的股权，取得股权时，M公司可辨认净资产的账面价值为9 000 000元，公允价值为10 000 000元。在M公司的生产经营决策过程中，所有股东均按持股比例行使表决权。甲公司在取得M公司的股权后，派人参与了M公司的生产经营决策。

（三）要求 根据上述资料，作甲公司取得M公司长期股权投资时的账务处理，并列示与长期股权投资有关的明细账户。

【业务题五】

（一）目的 练习长期股权投资权益法下投资损益的确认。

（二）资料 2×19年1月1日，乙公司以500 000元取得丙公司30%的股权，取得股权时，丙公司可辨认净资产的账面价值和公允价值均为 1 300 000 元。在丙公司的生产经营决策过程中，所有股东均按持股比例行使表决权。乙公司取得丙公司的股权后，向丙公司提供生产经营所需要的关键技术资料。丙公司 2×19 年度实现净利润9 000 000元，未分派现金股利。乙公司与丙公司的会计年度及采用的会计政策相同。

（三）要求　根据上述资料，作乙公司对丙公司长期股权投资的账务处理，并列示与长期股权投资有关的明细账户。

【业务题六】

（一）目的　练习长期股权投资权益法下投资损益的确认。

（二）资料　上海股份有限公司（以下简称上海公司）持有甲公司 40%的股权，对甲公司具有重大影响。2×19 年 12 月 31 日，该项长期股权投资的账面价值为 6 000 000 元，不存在其他实质上构成对甲公司净投资的长期权益项目。甲公司 2×20 年由于产品过时使市场发生变化，当年度亏损 9 000 000 元。假定上海公司在取得该投资时，甲公司各项可辨认资产、负债的公允价值与其账面价值相等，双方所采用的会计政策及会计期间也相同。

（三）要求　根据上述资料，作上海公司 2×20 年对甲公司长期股权投资的账务处理，并列示与长期股权投资有关的明细账户。

【业务题七】

（一）目的　练习长期股权投资权益法的核算。

（二）资料　光明公司持有 A 公司 40%的股权，对 A 公司具有重大影响。2×19 年 12 月 31 日，该项长期股权投资的账面价值为 6 000 000 元，应收 A 公司的长期应收款的账面余额为 800 000 元，该款项至今没有明确的清偿计划。A 公司 2×19 年由于技术落后使产品大量积压，2×19 年度亏损 18 000 000 元。除该事项外，2×19 年，A 公司因持有的以公允价值计量且其变动计入其他综合收益的金融资产公允价值的变动增加其他综合收益的金额为 500 000 元。假定光明公司在取得该投资时，A 公司各项可辨认资产、负债的公允价值与其账面价值相等，双方所采用的会计政策及会计期间也相同。

（三）要求　根据上述资料，作光明公司 2×19 年年末关于 A 公司长期股权投资的账务处理，并列示与长期股权投资有关的明细账户。

【业务题八】

（一）目的　练习长期股权投资权益法的核算。

（二）资料　2×19 年 12 月 1 日，上海股份有限公司（以下简称上海公司）与广中股份有限公司（以下简称广中公司）签订股权转让协议。该股权转让协议规定，上海公司收购广中公司股份总额的 30%，收购价格为 250 万元，收购价款于协议生效后以银行存款支付。该股权协议生效日为 2×19 年 12 月 31 日。该股权转让协议于 2×19 年 12 月 20 日分别经上海公司和广中公司临时股东大会审议通过，并依法报经有关部门批准。上海公司对广中公司投资属于非企业合并方式形成的股权投资。2×20 年 1 月 1 日，广中公司股东权益总额的账面价值为 800 万元，其中股本为 400 万元，资本公积为 100 万元，未分配利润为 300 万元（均为 2×19 年度实现的净利润）；广中公司经审计认定的可辨认净资产公允价值为 900 万元。股东权益总额的账面价值与其可辨认净资产公允价值的差额，经审计认定为生产用设备账面价值与其公允价值的差额，该生产用设备的预计尚可使用寿命为 10 年，净残值为零，采用直线法计提折旧。

假定不考虑计提折旧对所得税的影响。上海公司 2×20—2×22 年长期股权投资业务的其他有关资料如下：

1. 2×20 年 1 月 1 日，上海公司以银行存款支付收购股权价款 250 万元，并办理了相关的股权划转手续。

2. 2×20 年 2 月 1 日，广中公司董事会提出 2×19 年利润分配方案。该方案如下：按实现净利润的 10％提取法定盈余公积；按实现净利润的 5％提取任意盈余公积；不分配现金股利。对该方案进行账务处理后，广中公司股东权益总额仍为 800 万元，其中股本为 400 万元，资本公积为 100 万元，盈余公积为 45 万元，未分配利润为 255 万元。

3. 2×20 年 4 月 1 日，广中公司股东大会通过 2×19 年度利润分配方案。该分配方案如下：按实现净利润的 10％提取法定盈余公积；按实现净利润的 5％提取任意盈余公积；宣告分配现金股利 200 万元。

4. 2×20 年 4 月 25 日，上海公司收到广中公司分派的现金股利。

5. 2×20 年 12 月 31 日，广中公司持有的以公允价值计量且其变动计入其他综合收益的金融资产期末公允价值变动，由此确认的其他综合收益净增加为 80 万元，并进行了相应的账务处理。

6. 广中公司 2×20 年度实现净利润 400 万元。

7. 2×21 年 4 月 10 日，广中公司股东大会通过 2×20 年度利润分配方案。该方案如下：按实现净利润的 10％提取法定盈余公积；按实现净利润的 5％提取任意盈余公积；不分配现金股利。

8. 广中公司 2×21 年度发生净亏损 350 万元。

9. 2×21 年 12 月 31 日，上海公司对广中公司投资的预计可收回金额为 185 万元。

10. 2×22 年 1 月 3 日，上海公司将其持有的广中公司股份全部对外转让，转让价款为 205 万元，相关的股权划转手续已办妥，转让价款已存入银行。假定上海公司在转让股份过程中没有发生相关税费。

（三）要求

1. 确定上海公司收购广中公司股权交易中的股权转让日。

2. 根据上述资料，作上海公司的账务处理，并列出与长期股权投资有关的明细账户。

第七章 固 定 资 产

一、思考题

1. 简述固定资产的概念、特征及确认条件。
2. 固定资产有哪些分类标准？如何分类？
3. 如何对固定资产进行初始计量？
4. 各种不同取得方式的固定资产入账价值如何确定？
5. 简述固定资产折旧的空间范围和时间范围。
6. 影响固定资产折旧的有哪些因素？
7. 我国企业固定资产折旧方法有哪几种？
8. 加速折旧法有哪些特点？
9. 固定资产折旧处理的依据是什么？如何处理？
10. 什么是固定资产后续支出？
11. 固定资产后续支出如何处理？
12. 固定资产盘盈、盘亏如何处理？
13. 表明固定资产发生减值的迹象有哪些？
14. 固定资产发生减值损失如何计量？
15. 固定资产处置包括哪些内容？
16. 处置固定资产如何处理？

二、名词解释

固定资产	租入固定资产	固定资产折旧	折旧基数	预计净残值率
固定资产使用寿命	平均年限法	折旧率	工作量法	加速折旧法
双倍余额递减法	年数总和法	固定资产后续支出	固定资产清查	固定资产减值
资产组	总部资产	固定资产处置		

三、单项选择题

1. 某增值税一般纳税人购入不需要安装生产设备一套，取得的增值税专用发票上列明的价款为 300 000 元，增值税额为 39 000 元；发生运输费，取得的增值税专用发票上注明的价款为 13 000 元，增值税额为 1 170 元，则该设备的入账价值为(　　)元。

A. 364 000　　B. 313 000　　C. 312 200　　D. 363 200

2. 某增值税一般纳税人购入需要安装的生产设备一套，取得的增值税专用发票上注明的价款为 200 000 元，增值税额为 26 000 元；发生运输费，取得的增值税专用发票上注明的价款为 6 000元，增值税额为 540 元；设备安装时领用工程物资34 000 元、生产用材料 10 000 元，发生安装人员工资 2 000 元，则该设备的入账价值为(　　)元。

A. 242 000　　B. 286 000　　C. 252 000　　D. 248 000

3. 企业以一笔款项购入多项没有单独标价的固定资产，各项固定资产的成本按(　　)确定。

A. 各项固定资产账面价值　　B. 各项固定资产公允价值

C. 各项固定资产公允价值比例分配　　D. 各项固定资产可收回金额

4. 企业超过正常信用条件延期支付价款购买的固定资产，下列说法中，正确的是(　　)。

A. 购买价款与购买价款的现值之间的差额确认为当期损益

B. 固定资产的成本以购买价款为基础确定

C. 固定资产的成本以购买价款的现值为基础确定

D. 购买价款与购买价款的现值之间的差额计入固定资产成本

5. 采用出包方式建造固定资产，按合同预付工程款时，应借记的是(　　)账户。

A. "预付账款"　　B. "固定资产"　　C. "在建工程"　　D. "预收账款"

6. 下列各项中，不属于固定资产弃置费用的是(　　)。

A. 企业发生的环境保护支出　　B. 固定资产的报废支出

C. 企业发生的恢复生态支出　　D. 核电站废料的处置费用

7. 某增值税一般纳税人对一条生产流水线进行技术改造，该流水线原始价值为 120 万元，已提折旧 38 万元。技术改造过程中发生支出，取得的增值税专用发票上注明的价款为 27 万元，增值税额为 2.43 万元。在改良过程中，取得变价收入，开具的增值税专用发票上注明的价款为 1 万元，增值税额为 0.13 万元。该流水线技术改造完毕，达到预定可使用状态，其入账价值为(　　)万元。

A. 81　　B. 109　　C. 146　　D. 108

8. 下列固定资产中，按规定不应计提折旧的是(　　)。

A. 不需用的设备　　B. 未使用的设备

C. 因季节性停用的设备　　D. 改扩建过程而停止使用的设备

9. 某企业上月计提折旧额 160 000 元，上月提前报废一台设备，月折旧额为 800 元，上月增加设备一台，月折旧额为 1 000 元，本月出售一台设备，月折旧额为 600 元，本月增加设备一台，月折旧额为 900 元，则该企业本月应提折旧额为(　　)元。

A. 161 000　　B. 160 500　　C. 159 900　　D. 160 200

10. 某项固定资产原始价值为 400 000 元，预计净残值率为 5%，预计使用年限为 5 年，则在双倍余额递减法下，第四年的折旧额为(　　)元。

A. 58 560　　B. 33 200　　C. 57 600　　D. 41 300

11. 某项固定资产原价 300 000 元，预计净残值率为 5%，预计使用年限为 5 年，则在年数总和法下，第三年的折旧额为(　　)元。

A. 48 000　　B. 60 000　　C. 57 000　　D. 38 000

12. 某项固定资产原价 600 000 元，预计净残值率为 4%，预计使用年限为 5 年，则在年数总和法下，第四年年末固定资产折余价值为(　　)元。

A. 62 400　　B. 76 800　　C. 57 600　　D. 72 000

13. 对固定资产少提折旧将使企业的资产负债表中(　　)。

A. 净资产减少　　B. 资产价值增加　　C. 资产净值减少　　D. 负债增加

14. 固定资产改扩建过程中，被替换零、部件的账面价值应记入的是(　　)账户。

A. “管理费用”　　B. “营业外支出”

C. “固定资产清理”　　D. “其他业务成本”

15. 固定资产改良中取得的变价收入，应记入(　　)账户的贷方。

A. “营业外收入”　　B. “其他业务收入”　　C. “主营业务收入”　　D. “在建工程”

16. 某增值税一般纳税人出售一台不需用生产设备，开出的增值税发票上列明的价款为 200 000 元，增值税额为 26 000 元，款项尚未收到。该设备原始价值为 190 000 元，已提折旧 20 000 元，未计提减值准备。以银行存款支付清理费用，取得的增值税专用发票上注明的价款为 8 000 元，增值税额为 1 040 元。该设备出售净损益为(　　)元。

A. 22 000　　B. 56 000　　C. 18 000　　D. 20 000

17. 某企业一台设备报废，原始价值为 100 000 元，已提折旧 89 000 元，未计提减值准备。发生清理费用，取得的增值税专用发票上注明的价款为 900 元，增值税额为 117 元；取得残值变价收入，开具的增值税专用发票上注明的价款为 3 300 元，增值税额为 429 元。款项均以银行存款收付。该设备报废净损益为(　　)元。

A. －8 600　　B. －7 700　　C. 2 400　　D. 6 800

18. 某企业年末财产清查时盘盈设备一台，该设备市场价格为 100 000 元，估计八成新，对该盘盈固定资产处理中，不正确的是(　　)。

A. 作企业前期差错处理　　B. 通过“以前年度损益调整”账户核算

C. 固定资产入账价值为 80 000 元　　D. 固定资产入账价值为 100 000 元

19. 某企业年末财产清查时盘亏设备一台，原始价值为 200 000 元，已提折旧 27 000 元，已提减值准备 3 000 元，经批准后对该盘亏固定资产处理中，正确的是(　　)。

A. 确认营业外支出 170 000 元　　B. 确认管理费用 170 000 元

C. 确认管理费用 170 000 元　　D. 确认营业外支出 173 000 元

20. 某企业于 2×18 年 12 月 1 日购入一台不需安装的生产产品用机器，原始价值为 600 000 元，预计使用寿命为 5 年，预计净残值率为 4%，采用平均年限法计提折旧。由于该项机器的市价大幅度下跌，其跌幅明显高于因时间的推移或者正常使用而预计的下跌，2×19 年 12 月 31 日，该机器公允价值减去处置费用后的净额为 350 000 元，预计未来现金流量的现值为 300 000 元。2×19 年 12 月 31 日，该固定资产计提减值准备金额为(　　)元。

A. 125 000　　B. 134 800　　C. 187 200　　D. 137 200

四、多项选择题

1. 某增值税一般纳税人外购生产经营用机器设备，其初始成本包括(　　)。

A. 购买价款　　B. 增值税额　　C. 装卸费　　D. 途中保险费

E. 安装费用

2. 企业以一笔款项购入多项没有单独标价的固定资产，下列说法中，正确的有（　　）。

A. 先确定固定资产总成本，再确定各项固定资产成本

B. 按各项固定资产公允价值的比例对总成本分配

C. 将这些资产确认为一项固定资产

D. 按各项固定资产账面价值的比例对总成本分配

E. 按各项固定资产公允价值确定各项固定资产成本

3. 企业自营方式建造固定资产，下列项目中，构成固定资产入账价值的有（　　）。

A. 工程耗用原材料　　B. 工程建设人员的工资

C. 工程领用本企业所生产商品的实际成本　　D. 工程耗用辅助生产车间劳务费

E. 工程管理费用

4. 对于企业接受投资者投入不需要安装的固定资产，下列说法中，正确的有（　　）。

A. 固定资产入账价值按投资者账面价值确定

B. 固定资产入账价值按投资者确认的价值确定

C. 固定资产入账价值按投资各方确认的价值为基础确定

D. 按投资者在注册资本中享有份额贷记“实收资本”或“股本”账户

E. 按投资各方确认的价值与投资者在注册资本中享有份额之间的差额，贷记“资本公积”账户

5. 某增值税一般纳税人接受捐赠不需要安装的生产设备一台，捐赠方提供的凭据上列示的价值为 100 000 元，按其新旧程度估计的价值损耗为 10 000 元；以银行存款支付运输费，取得的增值税专用发票上注明的价款为 3 000 元，增值税额为 270 元。则企业收到捐赠机器的账务处理中应包含（　　）。

A. 借记“固定资产”账户 93 000 元　　B. 借记“固定资产”账户 103 000 元

C. 贷记“营业外收入”账户 90 000 元　　D. 贷记“累计折旧”账户 10 000 元

E. 贷记“银行存款”账户 3 270 元

6. 下列各项中，应通过“在建工程”账户核算的有（　　）。

A. 不需要安装的固定资产　　B. 固定资产毁损

C. 固定资产的改扩建　　D. 固定资产的日常维修

E. 需安装的固定资产

7. 下列关于固定资产后续支出说法中，正确的有（　　）。

A. 固定资产后续支出符合资本化条件的计入固定资产成本

B. 固定资产后续支出不符合资本化条件的计入营业外支出

C. 会计实务中，固定资产技术改造支出计入固定资产成本

D. 会计实务中，固定资产日常修理费用计入当期损益

E. 会计实务中，固定资产大修理费用可以计入固定资产成本

8. 影响企业固定资产折旧的因素有（　　）。

A. 固定资产原始价值　　B. 预计残值收入

C. 预计使用寿命　　D. 已计提的减值准备

E. 预计清理费用

9. 下列固定资产中，应计提折旧的有（　　）。

A. 闲置的房屋　B. 不需用设备　C. 处于更新改造过程而停止使用的设备

D. 未使用设备　E. 经营租赁方式出租的设备

10. 下列固定资产中，当月应计提折旧的有（　　）。

A. 当月因大修理而停用的设备　B. 当月停用交付更新改造的设备

C. 当月购入但尚未安装的机器　D. 当月购入不需要安装的机器

E. 当月报废未到达预定可使用寿命的设备

11. 固定资产加速折旧法的特点有（　　）。

A. 使用前期计提折旧多，后期计提少

B. 年数总和法下，每年的折旧率不变

C. 双倍余额递减法下，每年计提折旧的基数不变

D. 折旧年度内各月折旧额相同

E. 折旧年度内各月折旧额不同

12. 下列计提的固定资产折旧中，应当记入"管理费用"账户的有（　　）。

A. 行政管理部门未使用固定资产计提的折旧

B. 生产车间未使用固定资产计提的折旧

C. 行政管理部门不需用固定资产计提的折旧

D. 经营性出租固定资产计提的折旧

E. 销售门市部固定资产计提的折旧

13. 下列项目中，属于固定资产处置的有（　　）。

A. 固定资产出售　B. 固定资产盘盈　C. 固定资产毁损　D. 固定资产盘亏

E. 固定资产报废

14. "固定资产清理"账户借方登记的项目有（　　）。

A. 转入清理的固定资产账面价值　B. 出售价款收入

C. 处置固定资产发生的清理费用　D. 结转的清理净收益

E. 结转的清理净损失

15. "固定资产清理"账户贷方登记的项目有（　　）。

A. 应收赔偿款　B. 出售价款收入

C. 残料变价收入　D. 结转的清理净收益

E. 结转的清理净损失

16. 下列项目中，会引起固定资产账面价值发生变化的有（　　）。

A. 固定资产技术改造　B. 支付固定资产日常维修费用

C. 计提固定资产折旧　D. 支付固定资产清理费用

E. 计提固定资产减值准备

17. 固定资产清理完毕时，清理净损益可能转入（　　）账户。

A. "管理费用"　B. "营业外收入"

C. "营业外支出"　D. "其他业务成本"

E. “资产处置损益”

18. 下列关于盘盈固定资产的说法中，正确的有（ ）。

A. 按同类或类似固定资产的市场价格减去按该项资产的新旧程度估计的价值损耗后的净额入账

B. 按同类或类似固定资产的市场价格入账

C. 作为企业前期差错处理

D. 采用追溯调整法更正前期差错

E. 批准后转入营业外收入

19. 下列各项中，表明固定资产已出现减值迹象的有（ ）。

A. 固定资产的市价大幅度下跌，其跌幅明显高于因时间的推移或者正常使用而预计的下跌

B. 企业经营所处的经济、技术或者法律等环境以及固定资产所处的市场在当期或者将在近期发生重大变化，从而对企业产生不利影响

C. 市场利率或者其他市场投资报酬率在当期已经提高，从而影响企业计算固定资产预计未来现金流量现值的折现率，导致资产可收回金额大幅度降低

D. 有证据表明固定资产已经陈旧过时或者其实体已经损坏

E. 固定资产已经或者将被闲置，终止使用或者计划提前处置

20. 下列关于固定资产减值的说法中，正确的有（ ）。

A. 固定资产可收回金额应当根据固定资产的公允价值减去处置费用后的净额与固定资产预计未来现金流量的现值两者之间较高者确定

B. 已全额计提减值准备的固定资产不再计提折旧

C. 固定资产可收回金额应当根据固定资产的公允价值减去处置费用后的净额与固定资产预计未来现金流量的现值两者之间较低者确定

D. 固定资产减值损失一经确认，以后期间不允许转回

E. 已计提的固定资产减值损失，以后期间价值又得以回升在计提的范围内转回

五、判断题

1. 某项资产符合固定资产定义，同时满足与该资产有关的经济利益可能流入企业和成本能够可靠计量条件，应当将其确认为固定资产。（ ）

2. 企业以支付土地出让金方式取得的土地使用权，应当确认为固定资产。（ ）

3. 企业采用租赁方式从其他单位租入的固定资产虽不拥有所有权，但因对其实施控制，应将其确认为固定资产核算。（ ）

4. 企业对于达到预定可使用状态但尚未办理竣工决算手续的固定资产，应先按估计价值入账，待确定实际成本后再进行调整，并调整已计提的折旧额。（ ）

5. 企业采用出包方式建造固定资产时按合同规定向建造承包商预付的款项，应在资产负债表中“预付款项”项目列示。（ ）

6. 企业超过正常信用条件延期支付价款购买的固定资产，延期付款额与延期付款额的现值差额，借记“未确认融资费用”账户。未确认融资费用在信用期间内按实际利率法分期确认，计入当期损益。（ ）

7. 固定资产的原始价值是指企业为购建固定资产达到预定可使用状态前所发生的一切支出。（ ）

8. 固定资产因技术改造延长了使用寿命，可按其原使用寿命和年折旧率计提折旧。（ ）

9. 企业每月计提的固定资产折旧额以月末应计提折旧的固定资产为基础计算。（ ）

10. 采用平均年限法计算固定资产折旧，固定资产使用成本在其预计使用寿命内各期呈前期多后期少。（ ）

11. 企业采用工作量法计提折旧，每月计提的折旧额相等。（ ）

12. 企业以租赁方式出租给其他单位使用的固定资产计提的折旧费用，应记入“销售费用”账户。（ ）

13. 企业固定资产采用年数总和法计提折旧，会使固定资产使用寿命前期的折旧额大于后期折旧额，相对于平均年限法比较符合会计信息谨慎性要求。（ ）

14. 企业采用双倍余额递减法计提折旧，不考虑预计净残值，应计提折旧额为固定资产原始价值。（ ）

15. 企业固定资产采用年数总和法计提折旧，固定资产使用寿命的前期折旧额一定大于后期折旧额。（ ）

16. 企业固定资产发生的日常维修费用，应按固定资产使用部门分别记入“制造费用”“管理费用”“销售费用”等账户。（ ）

17. 企业因出售、报废、毁损、盘亏等原因减少的固定资产应通过“固定资产清理”账户核算。（ ）

18. 企业盘盈、盘亏的固定资产，经批准后转入当期损益。（ ）

19. 固定资产可收回金额应当根据固定资产的公允价值减去处置费用后的净额与固定资产预计未来现金流量的现值两者之间较高者确定。两个指标中只要有一项超过了固定资产的账面价值，就表明固定资产未发生减值，不需要再估计另一项金额。（ ）

20. 如果已计提减值准备的固定资产账面价值又得以恢复，应按已恢复部分，在已计提固定资产减值准备的范围内，冲减固定资产减值准备，并确认当期损益。（ ）

六、业务题

【业务题一】

（一）目的　练习固定资产取得的核算。

（二）资料　某增值税一般纳税人2×19年发生与固定资产取得有关的经济业务如下：

1. 购入不需要安装的设备一台，取得的增值税专用发票上注明的价款为500 000元，增值税额为65 000元；发生运输费，取得的增值税专用发票上注明的价款为7 000元，增值税额为630元。款项均以银行存款支付。该设备验收并交付生产车间使用。

2. 购入需要安装的设备一台，取得的增值税专用发票上注明的价款为200 000元，增值税额为26 000元，款项以银行存款支付。该设备购入后当即交付安装，安装过程中领用生产用材料一批，成本为28 000元，发生安装人员薪酬1 900元。该设备安装完毕后，验收并交付生产车间使用。

3. 采用自营建造方式购建一条生产流水线，以银行存款购入所需物资一批，取得的增值税专用发票上注明的价款为 100 000 元，增值税额为 13 000 元；发生运输费，取得的增值税专用发票上注明的价款为 3 000 元，增值税额为 270 元，物资已验收入库。建造流水线领用所购全部物资；领用生产用材料一批，成本为 51 400 元；发生工程建造人员薪酬 6 000 元；耗用辅助生产车间提供劳务费用 2 040 元；以银行存款支付工程其他费用 1 200 元。工程建造完工，交付使用。

4. 收到甲公司投入的不需要安装设备一台，该设备在甲公司的账面记录为：原始价值 600 000 元，已提折旧 270 000 元。接受投资时，投资合同约定的价值为 500 000 元，占企业注册资本的 10%。企业以银行存款支付装卸费，取得的增值税专用发票上注明的价款为 11 000 元，增值税额为 990 元。企业接受甲公司投资后，将其注册资本变更为 4 000 000 元。设备抵达后验收并交付生产车间使用。

5. 接受乙公司捐赠不需要安装的机器一台，该机器市场价格为 400 000 元，估计九成新。企业以银行存款支付运输费，取得的增值税专用发票上注明的价款为 10 000 元，增值税额为 900 元。

（三）要求

1. 根据上述资料，计算 2×19 年度取得的各项固定资产的入账价值。

2. 根据上述资料，编制 2×19 年度取得各项固定资产的会计分录（假定增值税当月已认定可抵扣）。

【业务题二】

（一）目的　练习自行建造固定资产的核算。

（二）资料　某企业为增值税一般纳税人，增值税税率为 13%。2×19 年发生的有关自行建造固定资产的经济业务如下：

1. 采用自营方式建造 1 条生产流水线，以银行存款购入工程物资，取得的增值税专用发票上注明的价款为 2 340 000 元，增值税额为 304 200 元。建造生产流水线领用所购物资，成本为 2 106 000 元；建造工程领用企业生产用原材料一批，实际成本为 902 000 元；分配应付工程人员薪酬 120 000 元；工程应负担的辅助生产车间劳务费为 25 000 元；以银行存款支付工程管理费用，取得的增值税专用发票上注明的价款为 20 000 元，增值税额为 1 200 元。工程完工达到预定可使用状态，多余物资转作生产商品用材料。

2. 与甲公司签订一项建造合同，将 1 条生产流水线工程出包给其承建，按合同规定建造工程开工前以银行存款向承包单位预付工程价款，取得的增值税专用发票上注明的价款为 600 000 元，增值税额为 78 000 元；工程进度达到 50%时，甲公司为建造该工程已发生成本 620 000 元，以银行存款支付预付工程款不足部分，取得的增值税专用发票上注明的价款为 20 000 元，增值税额为 2 600 元；工程完工收到承包单位的有关工程结算单据，该工程建造成本为 1 300 000 元，以银行存款补付工程款，取得的增值税专用发票上注明的价款为 680 000 元，增值税额为 88 400 元。工程完工经验收并交付使用。

（三）要求　根据上述资料，编制会计分录（假定增值税当月已认定可抵扣）。

【业务题三】

（一）目的　练习固定资产折旧的计算。

（二）资料　某企业生产车间一台设备于 2×15 年 12 月 1 日达到预定可使用状态，原始价值为 500 000 元，预计净残值率为 3%，预计使用寿命为 5 年，预计总工作量为 200 000 工时，2×17 年和 2×19 年实际工作量分别为 39 000 工时和 36 000 工时。

（三）要求

1. 分别采用平均年限法、工作量法、双倍余额递减法和年数总和法计算 2×17 年和 2×19 年该设备的折旧额。

2. 采用双倍余额递减法编制 2×19 年 7 月计提该设备折旧的会计分录。

【业务题四】

（一）目的　练习固定资产折旧的计算。

（二）资料　某企业行政管理部门一台设备于 2×14 年 9 月 1 日达到预定可使用状态，原始价值为 450 000 元，预计净残值率为 4%，预计使用寿命为 5 年。

（三）要求

1. 分别采用平均年限法、双倍余额递减法和年数总和法计算 2×14—2×19 年每年折旧额。

2. 采用年数总和法编制 2×19 年 8 月计提该设备折旧的会计分录。

【业务题五】

（一）目的　练习计提固定资产折旧的核算。

（二）资料　某增值税一般纳税人 2×19 年 12 月有关计提固定资产折旧的资料如下：

1. 2×19 年 11 月固定资产折旧计算表如下。

固定资产折旧计算表

2×19 年 11 月　　　　单位：元

使用部门或用途	固定资产项目	上月折旧额	上月增加固定资产		上月减少固定资产		本月折旧额
			原始价值	折旧额	原始价值	折旧额	
第一车间	厂房	88 020					88 020
	机器设备	16 800	200 000	930			17 730
	工具器具	6 030					6 030
	小计	110 850	200 000	930			111 780
第二车间	厂房	77 670					77 670
	机器设备	18 400			160 000	760	17 640
	工具器具	1 630					1 630
	小计	97 700			100 000	760	96 940
厂部管理部门	办公楼	83 996					83 996
	管理用具	23 370	50 000	280			23 650
	小计	107 366	50 000	280			107 646
经营性出租	设备	34 500					34 500
	小计	34 500					34 500
未使用	机器	820					820
	小计	820					820
合 计		351 236	250 000	1 210	100 000	760	351 686

2. 2×19 年 11 月固定资产增减业务如下：

(1) 7 日，购入不需要安装的设备一台，取得的增值税专用发票上注明的价款为 18 000 元，增值税额为 2 340 元，款项以银行存款支付。该设备验收并交付第一车间使用。该设备预计使用年限为 5 年，预计净残值率为 5%，采用年数总和法计提折旧。

(2) 10 日，购入需要安装的设备一台，取得的增值税专用发票上注明的价款为 20 000 元，增值税额为 2 600 元，款项以银行存款支付。该设备购入后当即交付安装，安装过程中领用生产用材料一批，成本为 2 800 元，发生安装人员薪酬 1 200 元。15 日，该设备安装完毕验收并交付第二车间使用。该设备预计使用年限为 5 年，预计净残值率为 4%，采用双倍余额递减法计提折旧。

(3) 18 日，第一车间提前报废一台性能较差的设备，原始价值为 30 000 元。该设备采用平均年限法计提折旧，年折旧率为 8%。

(4) 26 日，采用出包方式建造的行政办公楼建造完工交付使用，成本为 1 800 000 元。该办公楼预计使用年限为 30 年，预计净残值率为 5%，采用平均年限法计提折旧。

(5) 30 日，第二车间提前报废一台不需用的设备，原始价值为 100 000 元。该设备采用平均年限法计提折旧，年折旧率为 12%。

(三) 要求

1. 根据上述资料，编制 2×19 年 12 月固定资产折旧计算表。

2. 根据 2×19 年 12 月固定资产折旧计算表，编制计提折旧的会计分录。

【业务题六】

(一) 目的　练习固定资产后续支出的核算。

(二) 资料　某企业因对已使用 3 年的一条生产流水线进行技术改造而停止使用，该生产流水线原始价值为 2 000 000 元，预计净残值率为 3%，预计使用寿命为 4 年，采用年数总和法计提折旧。在技术改造过程中，以银行存款支付改造支出，取得的增值税专用发票上注明的价款为 298 000 元，增值税额为 26 820 元。残料作辅助材料入库，其变价收入为 12 000 元。技术改造工程完成并投入使用。该生产流水线因技术改造，其使用寿命由原来的 4 年延长为 7 年，预计净残值率仍为 3%，采用平均年限法计提折旧。

(三) 要求

1. 根据上述经济业务，编制有关固定资产技术改造的会计分录(假定增值税当月已认定可抵扣)。

2. 计算该生产流水线技术改造后的月折旧额。

【业务题七】

(一) 目的　练习固定资产后续支出的核算。

(二) 资料　某企业发生的有关固定资产后续支出的经济业务如下：

1. 企业 2×15 年 12 月 7 日购入的一台生产设备，成本为 300 000 元，其中电动机成本为 20 000 元。企业未将电动机确认为一项单独的固定资产。该设备预计净残值率为 4%，预计使用寿命为 5 年，采用双倍余额递减法计提折旧。2×16 年 12 月，为提高产能，企业更换性能更好的电动机，新电动机的成本为 36 000 元。企业拆除老电动机，并予以报废，将新电动机安装上设备，发生安装费用 14 000 元以银行存款支付。12 月末新电动机安装完毕，设备达到预定可使用状态。该设备因技术改造，其使用寿命由原来的5年延长为6年，预计净残值率仍为4%，折旧方法不变。

2. 对辅助生产车间一台设备进行日常维修，修理过程中领用修理用备件1 800元，发生修理人员薪酬300元。

（三）要求

1. 根据经济业务1，编制有关固定资产技术改造的会计分录。

2. 根据经济业务1，计算该设备2×19年5月份的折旧额。

3. 根据经济业务2，编制有关固定资产发生日常维修费用的会计分录。

【业务题八】

（一）目的　练习固定资产清查和处置的核算。

（二）资料　某增值税一般纳税人2×19年发生有关经济业务如下：

1. 财产清查时，盘亏一台管理用设备，原始价值为40 000元，已提折旧2 000元，未计提减值准备。报经批准，盘亏损失予以转销。

2. 报废一台性能较差的设备，原始价值为300 000元，已提折旧230 000元，已计提减值准备40 000元。清理过程中，以银行存款支付清理费用，取得的增值税专用发票上注明的价款为6 000元，增值税额为780元。回收残料价值900元作辅助材料入库，该设备已清理完毕。

3. 出售一台机器，原始价值为600 000元，已提折旧150 000元，未计提减值准备。开出的增值税专用发票上注明的价款为520 000元，增值税额为67 600元，款项已收到并存入银行。出售过程中，以银行存款发生清理费用，取得的增值税专用发票上注明的价款为2 000元，增值税额为260元。

（三）要求　根据上述资料，编制相关的会计分录(假定增值税当月已认定可抵扣)。

【业务题九】

（一）目的　练习固定资产综合业务的核算。

（二）资料　某增值税一般纳税人2×19年4月1日，购入一台需要安装的生产设备，取得的增值税专用发票上注明的价款为120 000元，增值税额为15 600元，款项尚未支付。该设备购入后当即交付安装，领用原材料15 000元，发生安装人员薪酬3 600元，负担辅助生产车间提供服务费用3 400元，以银行存款支付安装费用18 000元。该设备于4月30日安装完毕，交付生产车间使用。该设备预计使用年限为5年，预计净残值率为5%，采用双倍余额递减法计提折旧。

该企业将使用了两年的该设备出售，开出的增值税专用发票上注明的价款为100 000元，增值税额为13 000元，款项已收到并存入银行。出售过程中，以现金支付清理费用，取得的增值税普通发票上注明的价款为900元。

（三）要求

1. 编制取得该设备的会计分录。

2. 编制第二年每月计提该设备折旧的会计分录。

3. 编制出售该设备的会计分录。

【业务题十】

（一）目的　练习固定资产综合业务的核算。

（二）资料 某增值税一般纳税人 2×15—2×19 年与固定资产有关的业务资料如下：

1. 2×15 年 10 月 1 日，购进一台需要安装的设备，取得的增值税专用发票上注明的设备价款为 58 500 000 元，增值税额为 994 500 元，另发生保险费 20 000 元，款项以银行存款支付；没有发生其他相关税费。安装设备时，领用原材料一批，成本为 110 000 元，支付安装工人的工资为 120 000 元。该设备于 2×15 年 12 月 31 日达到预定可使用状态并投入生产车间使用，预计使用年限为 10 年，预计净残值为 100 000 元，采用平均年限法计提折旧。

2. 2×16 年 12 月 31 日，对该设备进行检查时发现其已经发生减值，预计可收回金额为 4 600 000 元；计提减值准备后，该设备原预计使用年限、预计净残值、折旧方法保持不变。

3. 2×17 年 9 月 1 日，因生产经营方向调整，决定采用出包方式对该设备进行改良，改良工程验收合格后支付工程价款。该设备于当日停止使用，开始进行改良。

4. 2×18 年 3 月 31 日，改良工程完工并验收合格，以银行存款支付工程总价款 625 000 万元。当日，改良后的设备投入使用，预计尚可使用年限 8 年，采用平均年限法计提折旧，预计净残值为 50 000 元。2×18 年 12 月 31 日，该设备未发生减值。

5. 2×19 年 10 月 31 日，该设备因遭受自然灾害发生严重毁损，该企业决定进行处置，取得残料变价收入，开出的增值税专用发票上注明的价款为 100 000 元，增值税额为 13 000 元；取得保险公司赔偿款，取得的增值税专用发票上注明的价款为 300 000 元，增值税额为 18 000 元；发生清理费用，取得的增值税专用发票上注明的价款为 50 000 元，增值税额为 6 500 元。款项均以银行存款收付，不考虑其他相关税费。

（三）要求 根据上述资料：

1. 编制 2×15 年 10 月 1 日取得该设备的会计分录。
2. 编制设备安装及设备达到预定可使用状态时的会计分录。
3. 计算 2×16 年 12 月 31 日该设备计提的固定资产减值准备，并编制相应的会计分录。
4. 计算 2×17 年度该设备计提的折旧额，并编制相应的会计分录。
5. 编制 2×17 年 9 月 1 日该设备转入改良时的会计分录。
6. 编制 2×18 年 3 月 31 日支付该设备改良价款、结转改良后设备成本的会计分录。
7. 计算 2×19 年 10 月 31 日处置该设备实现的损益。
8. 编制 2×19 年 10 月 31 日处置该设备时的会计分录。

第八章　无形资产及其他资产

一、思考题

1. 简述无形资产的概念及其特征。

2. 房地产开发企业取得土地使用权用于建造对外出售的房屋，相关土地使用权应如何处理？

3. 企业发生的大额广告费用是否应计入商标权的成本？为什么？

4. 简述无形资产转让所有权与使用权的主要区别。

5. 研究费用和开发费用在会计处理上应如何处理？

6. 何谓长期待摊费用？其主要包括哪些内容？

7. 如何确定无形资产的减值准备？

二、名词解释

专利权　非专利技术　商标权　著作权　土地使用权　特许权　研究阶段
开发阶段　研究支出　开发支出　长期待摊费用

三、单项选择题

1. 下列各项中，应列为无形资产的是(　　)。

A. 自行研发专有技术发生的研究费用　　B. 企业自创商标权
C. 一次性支付的大额广告费　　D. 外购专利权的购买款项

2. 企业接受投资者投入的无形资产，其入账价值是(　　)。

A. 根据同类资产市场价格所估计的价值
B. 投资各方所确认并且较为公允的价值
C. 该项无形资产在原投资方的账面价值
D. 预计未来现金流量的现值

3. 某软件开发商开发一项新软件在研究过程中共花费人工费 260 000 元；软件开发过程中又发生符合资本化条件的材料费 30 000 元，人工费 170 000 元。研发成功后，经申请获得专利权，支付申请专利费用 32 000 元，另发生广告支出 70 000 元。则该专利权的入账价值为(　　)元。

A. 232 000　　B. 492 000　　C. 302 000　　D. 270 000

4. 某项无形资产预期不能为企业带来经济利益，不再具有使用价值，则会计上应作的处理是(　　)。

A. 将该项资产的账面价值全部转入当期损益

B. 会计上不作任何处理

C. 将该项无形资产出售

D. 对该项资产计提减值准备

5. 出租无形资产收入应交纳的增值税,应计入(　　)。

A. 营业外支出　　B. 税金及附加

C. 其他业务成本　　D. 管理费用

6. 企业无形资产在确认后发生的后续支出,应计入(　　)。

A. 在建工程　　B. 营业外支出

C. 无形资产　　D. 管理费用

7. 出售无形资产取得的净收益,应计入(　　)。

A. 营业外收入　　B. 其他业务收入

C. 投资收益　　D. 资产处置损益

8. 企业租入固定资产的改良工程支出,应在(　　)内平均摊销。

A. 租赁期限　　B. 租赁资产尚可使用年限

C. 上述 A 或 B 年限孰短者　　D. 10 年

9. 下列无形资产中,无固定使用寿命的无形资产是(　　)。

A. 专利权　　B. 商标权　　C. 土地使用权　　D. 专有技术

10. 出租无形资产取得的收入,应记入的是(　　)账户。

A. "主营业务收入"　　B. "其他业务收入"

C. "投资收益"　　D. "营业外收入"

11. 企业出售一项 4 年前取得的专利权,该专利权取得时的成本为 50 万元,按 10 年采用直线法摊销,假定不考虑残值,出售时取得收入 40 万元,不考虑相关税费,则出售该专利权时影响当期损益金额为(　　)万元。

A. 10　　B. 40　　C. －10　　D. 50

12. 某公司购入一块土地使用权,以银行存款支付 9 000 万元,并在该土地使用权上自行建造厂房等工程,领用工程物资 10 000 万元,发生工程费用 5 200 万元,其他相关费用 10 000 万元,该工程已完工,达到预定可使用状态,则无形资产的成本为(　　)万元。

A. 34 200　　B. 29 000　　C. 9 000　　D. 25 200

13. 企业选择无形资产的摊销方法,应当反映与该无形资产有关的经济利益的预期消耗方式,无法可靠确定预期消耗方式的,则应当采用(　　)进行摊销。

A. 生产总量法　　B. 直线法　　C. 业务量法　　D. 加速摊销法

14. 某企业拥有某项商标权成本 500 万元,已摊销金额 300 万元,已计提减值准备 50 万元,该企业于当期出售该商标权的所有权,取得出售收入 200 万元,应交纳增值税 10 万元,则该业务的资产处置损益为(　　)万元。

A. 40　　B. 300　　C. 200　　D. 190

15. 某公司拥有某项专利权账面余额为 600 万元,该专利权的摊销年限为 10 年,采用直线法摊销,已摊销 5 年,假定残值为零,已计提减值准备 160 万元,该专利权生产的产品已没有市场,预期不能再为企业带来经济利益,则处置后营业外支出为(　　)万元。

A. 300　　B. 600　　C. 140　　D. 160

16. 下列关于无形资产后续计量的说法中,正确的是(　　)。

A. 使用寿命不确定的无形资产应按系统合理的方法摊销

B. 使用寿命不确定的无形资产,应按 10 年摊销

C. 无形资产的摊销方法,应当反映与该项无形资产有关的经济利益的预期消耗方式

D. 无形资产的摊销方法只能采用直线法

17. 企业改变土地使用权的用途用于资本增值的目的,应将土地使用权账面价值转为(　　)。

A. 投资性房地产　　B. 固定资产

C. 房屋建筑物成本　　D. 无形资产

18. 研究开发活动无法区分研究阶段和开发阶段的,当期发生的研究开发支出应当计入(　　)。

A. 无形资产　　B. 营业外支出　　C. 研发支出　　D. 管理费用

19. 某公司年初自行研究某项非专利技术已达到预定可使用状态,累计研究支出为 40 万元,累计开发支出 125 万元,其中符合资本化条件的 100 万元,但该项非专利技术使用寿命不能合理确定,年末该项非专利技术的可收回金额 90 万元。假定不考虑相关税费,该项非专利技术应计提的减值准备应为(　　)万元。

A. 25　　B. 10　　C. 75　　D. 35

20. 2×19 年 1 月 1 日,甲公司以银行存款 500 万元购入一项专利权并投入使用。该项专利权预计使用年限为 10 年,采用直线法摊销。2×19 年年末和 2×20 年末,预计该项专利权的可收回金额分别为 432 万元和 320 万元。甲公司于每年末对无形资产计提减值准备,计提减值准备后,原预计使用年限不变。假定不考虑其他因素,甲公司该项专利权 2×21 年 7 月 1 日的账面价值为(　　)万元。

A. 280　　B. 290　　C. 300　　D. 375

四、多项选择题

1. 下列有关无形资产的说法中,正确的有(　　)。

A. 无实物形态　　B. 属于长期性资产

C. 可单独为企业创造效益　　D. 所能创造的未来收益具有较大不确定性

E. 绝大部分是不可辨认的

2. 下列各项中,会引起无形资产账面价值发生增减变动的有(　　)。

A. 期末计提无形资产减值准备　　B. 发生无形资产的后续支出

C. 摊销无形资产的成本　　D. 转让无形资产的所有权

E. 转让无形资产的使用权

3. 下列各项中,不应作为无形资产入账的有(　　)。

A. 支付的巨额广告费

B. 企业拥有的良好商誉
C. 在开发新技术过程中发生的研究费用
D. 通过吸收投资方式取得的土地使用权
E. 租入固定资产发生的改良支出

4. 下列关于无形资产会计处理的表述中，正确的有（　　）。
A. 自用的土地使用权应确认为无形资产
B. 使用寿命不确定的无形资产应每年进行减值测试
C. 无形资产均应确定其预计使用年限并分期摊销
D. 用于建造厂房的土地使用权的账面价值应计入所建厂房的建造成本
E. 已计提减值准备的无形资产，未来期间其价值得以恢复时可以转回

5. 下列关于无形资产摊销的说法中，正确的有（　　）。
A. 使用寿命不确定的无形资产其成本不应摊销
B. 当月增加的无形资产，当月开始摊销
C. 当月减少的无形资产，当月仍然摊销
D. 无形资产的摊销处理一般不考虑残值因素
E. 摊销的无形资产价值一律应计入管理费用

6. 下述费用支出中，可作为长期待摊费用确认的有（　　）。
A. 筹建期间发生的汇兑损失或收益
B. 发生租赁固定资产改良支出
C. 摊销期 1 年以上的待摊费用
D. 固定资产发生大修理支出
E. 固定资产发生的安装支出

7. 下列关于专门用于产品生产的专利权会计处理的表述中，正确的有（　　）。
A. 该专利权的摊销金额应计入管理费用
B. 该专利权的使用寿命至少应于每年年度终了进行复核
C. 该专利权的摊销方法至少应于每年年度终了进行复核
D. 该专利权应以成本减去累计摊销和减值准备后的余额进行后续计量
E. 该专利权的摊销方法只能采用直线法

8. 下列情况中，应将该项无形资产的账面价值全部转入当期损益的有（　　）。
A. 某项无形资产已被其他新技术所代替，使其创造经济利益的能力受到重大不利影响
B. 某项无形资产的市价当期大幅度下跌，在剩余摊销年限内预期不会恢复
C. 某项无形资产发生了重大的减值损失
D. 某项无形资产已被其他新技术所代替，已无使用价值和转让价值
E. 某项无形资产已超过法律保护期限，已不能为企业带来经济利益

9. 下列各项中，会导致企业当期营业利润减少的有（　　）。
A. 报废无形资产时发生的净损失
B. 计提管理部门固定资产的折旧
C. 向银行支付的手续费

D. 出租无形资产的摊销
E. 计提无形资产的减值准备
10. 关于内部研究开发费用的确认和计量，下列说法中，正确的有（　　）。
A. 企业研究阶段的支出应全部费用化，计入当期损益
B. 企业研究阶段的支出应全部资本化，计入无形资产成本
C. 企业开发阶段的支出应全部费用化，计入当期损益
D. 企业开发阶段的支出应全部资本化，计入无形资产成本
E. 开发成功后的注册登记、法律咨询费用也能资本化
11. 下列各项中，属于企业自行研发无形资产满足资本化的条件有（　　）。
A. 完成该无形资产以使其能够使用或出售在技术上具有可行性
B. 具有完成该无形资产并使用或出售的意图
C. 无形资产产生经济利益的方式
D. 有足够的技术、财务资源和其他资源支持
E. 归属于该无形资产开发阶段的支出能够可靠地计量
12. 下列各项中，属于无形资产特征的有（　　）。
A. 由企业拥有或控制并能带来未来经济利益流入
B. 不具有实物形态
C. 不具有可辨认性
D. 属非货币性资产
E. 具有排他专用性
13. 下列各项中，属于无形资产的有（　　）。
A. 专利权　　B. 商标权
C. 商誉　　D. 著作权
E. 土地使用权
14. 下列表述中，关于无形资产初始取得时入账成本的确定正确的有（　　）。
A. 投资者投入的无形资产的成本一般应根据合同、协议等投资各方确认的价值确定
B. 企业通过非货币性资产交换取得的无形资产，应遵循相关企业会计准则规定处理
C. 企业内部形成的无形资产，应根据研究、开发和取得过程中发生的全部费用确定
D. 超过正常信用条件延期支付款项取得的无形资产，应根据合同金额确定初始成本
E. 通过政府补助取得的无形资产成本，应当按照政府确定的价值作为无形资产成本
15. 企业外购无形资产的成本一般应包括（　　）。
A. 购买价款
B. 相关税费（不包括税法规定可抵扣增值税额）
C. 为引入新产品进行宣传发生的广告费
D. 直接归属于使该项资产达到预定使用状态所发生的其他支出
E. 无形资产已经达到预定用途以后发生的费用
16. 下列关于使用寿命不确定的无形资产的表述中，正确的有（　　）。
A. 有证据表明其使用寿命有限时追溯摊销

B. 至少应当于每年年度终了进行减值测试
C. 每个会计期间应对其使用寿命进行复核
D. 每一期末，一般采用直线法摊销其价值
E. 使用寿命不确定的无形资产不测试复核
17. 下列关于无形资产的说法中，正确的有（　　）。
A. 无形资产研究阶段，由于无法证明是否一定会在将来带来经济利益，应将该阶段的研究费用进行费用化处理
B. 无形资产开发阶段，在很大程度上具备了形成新产品或新技术的基本条件，如企业能够证明开发支出符合无形资产定义的允许资本化
C. 自行开发无形资产时，研究和开发过程中的支出应通过“研发支出”账户进行核算
D. 无形资产的后续计量主要是指无形资产价值的摊销和减值的测试
E. 企业应当在会计期末判断和分析无形资产是否具有使用寿命
18. 下列说法中，关于企业持有的无形资产使用寿命的确定正确的有（　　）。
A. 来源于合同性权利的无形资产，其使用寿命不应超过合同性权利的期限
B. 来源于合同性权利的无形资产，其使用寿命不应低于合同性权利的期限
C. 来源于其他法定权利的无形资产，其使用寿命不应超过其他法定权利的期限
D. 来源于其他法定权利的无形资产，其使用寿命不应低于其他法定权利的期限
E. 合同或法律没有规定使用寿命的，企业应综合各方面情况判断合理估计期限
19. 企业确定无形资产的使用寿命一般应当考虑的因素有（　　）。
A. 该资产通常的产品寿命周期、可获得的类似资产使用寿命的信息
B. 技术、工艺等方面的现阶段情况及对未来发展趋势的估计
C. 以该资产生产的产品（或服务）的市场需求情况
D. 为维持该资产产生未来经济利益能力的预期维护支出
E. 对该资产的控制期限，使用的法律或类似限制
20. 下列关于土地使用权的说法中，正确的有（　　）。
A. 企业取得的土地使用权无论用于何种情形，均应当在取得的当期确认为无形资产
B. 企业外购的房屋建筑物支付的价款能够合理区分地上建筑物与土地使用权价值的应当在地上建筑物与土地使用权之间分配
C. 企业改变土地使用权的用途，用于出租赚取租金或资本增值目的时，应当将其账面价值转为投资性房地产
D. 土地使用权用于自行开发建造厂房等地上建筑物时，土地使用权的账面价值应当转入地上建筑物成本
E. 房地产开发企业取得土地使用权用于建造对外出售的房屋建筑物，相关的土地使用权应当计入所建造的房屋建筑物成本

五、判断题

1. 企业摊销无形资产时，应根据不同的使用部门进行账务处理：生产部门使用的无形资产摊销时，应借记“生产成本”账户，管理部门使用的无形资产摊销时，应借记“管理费用”账户，

出租的无形资产摊销时，应借记“其他业务成本”账户。 （ ）

2. 没有实物形态的都是无形资产，而无形资产肯定没有实物形态。 （ ）

3. 企业在自创专利权过程中所发生的所有研究开发费用、注册费用、律师费用等均应计入专利权成本并按期摊销。 （ ）

4. 某项无形资产的市价当期下跌，如其跌幅明显不高于因时间的推移或者正常使用而预计的下跌，表明该无形资产可能发生了减值。 （ ）

5. 无形资产无论是转让其所有权还是使用权，所得价款均应记入“营业外收入”账户。 （ ）

6. 研究阶段发生的支出应全部直接计入当期管理费用。 （ ）

7. 使用寿命不确定的无形资产不应摊销其成本。 （ ）

8. 无形资产入账后，为确保该无形资产能够为企业带来预定的经济利益会发生一些后续支出，在发生的当期应计入无形资产的账面价值。 （ ）

9. 企业改变土地使用权的用途，将自用的一土地使用权用于对外出租，相关的土地使用权应当计入投资性房地产成本。 （ ）

10. 无形资产的减值损失若在以后会计期间其价值有所回升可以在原确认的减值准备中转回。 （ ）

11. 无形资产是指企业拥有或控制的没有实物形态的非货币性资产，包括可辨认无形资产和不可辨认无形资产。 （ ）

12. 当月增加的无形资产当月开始摊销成本，当月减少的无形资产下月起不再摊销。 （ ）

13. 无形资产的摊销金额一定影响当期损益。 （ ）

14. 若预计某项无形资产已经不能给企业带来未来经济利益，应当将该项无形资产的账面价值全部转销。 （ ）

15. 若无法区分无形资产研究阶段和开发阶段的支出，应当在发生时都作为资本化支出，待能区分时转入无形资产的成本。 （ ）

16. 企业自创的专利权，为了慎重起见，发生的有关支出，可作为技术研究费计入当期损益。待试制成功申请专利权时，再将所发生的费用予以资本化，作为无形资产核算。 （ ）

17. 长期待摊费用指企业发生的不能全部计入当期损益，而是在下一年度内分期摊销的各项预付费用。 （ ）

18. 企业持有的国家批准储备的特种储备物资，应当作为企业的存货核算。 （ ）

19. 无形资产的处置一般指无形资产的转让，其转让包括转让其使用权和转让其所有权两种方式。 （ ）

20. 企业出售无形资产属于企业的日常经营活动，应将出售所得在会计处理时作为收入确认。 （ ）

六、业务题

【业务题一】

（一）目的　练习无形资产的核算。

（二）资料 民港公司发生以下无形资产方面的业务：

1. 购入一项商标权，以银行存款支付买价及有关费用共计 120 000 元。

2. 该商标权的法定有效期限为 10 年，主要用于公司生产产品，预计净残值为零，采用直线法摊销，每年摊销额的账务处理。

3. 公司在使用 3 年后将该项商标权以 90 000 元不含增值税的价格出售转让给其他企业，适用的增值税税率为 6%。

4. 为扩大公司某注册商标产品的销路，以银行存款 350 000 元一次性支付给电视台一笔广告费。

5. 原一项无形资产实际成本 500 000 元，摊销期限 10 年，已摊销 1 年，由于与该无形资产相关的因素发生不利变化，公司估计其可收回金额为 340 000 元。

6. 公司出租商标权每年取得收入 36 000 元(不含增值税款)，存入银行，该商标权账面价值 180 000 元，受益年限为 10 年，已使用 3 年，转让过程中以银行存款支付出租无形资产的相关费用 2 000 元，并按 6%的增值税税率计算出租商标权的应交增值税。

7. 从某公司购入一块土地，以银行存款实际支付价款 2 100 万元，购入的土地用于建造公司厂房。

8. 某项专利权由于科技进步的原因，已失去使用价值，预期不能为企业带来经济利益，决定将该专利权的账面价值予以转销，该专利权账面原价为 100 000 元，已摊销 20 000 元，已计提减值准备 28 000 元。

（三）要求 根据上述资料，编制必要的会计分录。

【业务题二】

（一）目的 练习无形资产的核算。

（二）资料 盛海公司为研究某项新技术，发生以下研究开发的费用：

1. 在研究过程中领用原材料 40 000 元，应付研究人员薪酬 23 000 元，以银行存款支付其他费用 31 000 元。

2. 在开发过程中发生应付开发人员薪酬 45 000 元，以银行存款支付咨询费用 21 000 元。该技术试验已基本成功，开发支出符合资本化条件。

3. 新技术申请专利已通过，以银行存款支付专利登记费用 20 000 元、律师费用 6 000 元，并结转上述的研究开发费用。

（三）要求 根据上述资料，编制必要的会计分录。

【业务题三】

（一）目的 练习长期待摊费用的核算。

（二）资料 宏发公司发生有关业务如下：公司向外单位租入一项管理部门使用的固定资产，公司对该项固定资产进行技术改良，改良工程与固定资产连成一体不可分离，已用存款支付工程支出 96 000 元，当月完工交付使用，租赁期 3 年，经检验该固定资产尚可使用年限为 6 年。

（三）要求 编制发生工程支出和第一年工程摊销的会计分录。

【业务题四】

（一）目的 练习无形资产的核算。

（二）资料　A公司为甲、乙两个股东于2×19年1月共同投资设立的股份有限公司，2×20年1月，另一投资者丙要求加入。经协商，甲、乙同意丙以一套计算机管理软件投入，该软件系丙外购，其账面价值为200万元，甲、乙、丙三方确认其价值为190万元，预计其能带来经济效益的年限为5年，此时A公司注册资本总额为600万元，投资者丙持股比例为30%。

（三）要求　根据上述资料，编制有关的会计分录。

【业务题五】

（一）目的　练习无形资产的核算。

（二）资料　甲公司于2×19年1月购入一项专利权D，实际支付价款18万元（不含增值税款），预计有效使用寿命10年，用于生产产品。2×20年3月，甲公司转让该项专利权的使用权给乙公司，并由乙公司单独使用，当月收取不含增值税的使用费3万元，存入银行。甲公司适用的增值税税率为6%。

（三）要求　根据上述资料，编制有关甲公司购入专利权、2×19年每月摊销以及转让该专利使用权的会计分录。

【业务题六】

（一）目的　练习无形资产的核算。

（二）资料　A公司有关某专利权情况如下：

1. 2×20年1月1日，购入一项专利权实际支付款项45万元，另支付法律咨询费用5万元，均以银行存款支付，该专利权用于公司管理。

2. 2×20年，上述专利权按10年采用直线法摊销，该专利权无残值。

3. 2×20年年末，该无形资产的可收回金额为30万元。

4. 2×21年1月1日，对无形资产的使用寿命和摊销方法进行复核，该无形资产尚可使用年限为5年，摊销方法仍采用直线法摊销。

（三）要求　根据上述资料，编制有关的会计分录。

第九章　投资性房地产

一、思考题

1. 什么是投资性房地产？其包括哪些内容？
2. 投资性房地产确认有哪些条件？
3. 投资性房地产的后续计量模式有几种？这几种计量模式在核算上有哪些特点？
4. 房地产转换有哪几种形式？各种形式的转换日如何确定？
5. 开发产品转换为按成本模式计量的投资性房地产如何核算？
6. 自用房地产转换为按成本模式计量的投资性房地产如何核算？
7. 开发产品转换为按公允价值模式计量的投资性房地产如何核算？
8. 自用房地产转换为按公允价值模式计量的投资性房地产如何核算？
9. 按成本模式计量的投资性房地产转换为开发产品如何核算？
10. 按成本模式计量的投资性房地产转换为自用房地产如何核算？
11. 按公允价值模式计量的投资性房地产转换为开发产品如何核算？
12. 按公允价值模式计量的投资性房地产转换为自用房地产如何核算？
13. 采用成本模式计量的投资性房地产处置时如何核算？
14. 采用公允价值模式计量的投资性房地产处置时如何核算？

二、名词解释

房地产　投资性房地产　成本模式计量　公允价值模式计量　房地产转换　投资性房地产处置

三、单项选择题

1. 下列各项中，不属于投资性房地产的是（　　）。

A. 出租的土地使用权

B. 关联企业之间出租方出租的房地产

C. 房地产开发企业，因市场不景气，而将开发的商品房用于对外出租

D. 闲置土地

2. 下列各项中，不属于将某项资产确认为投资性房地产条件的是（　　）。

A. 该资产应当符合投资性房地产的概念

B. 与该项资产相关的经济利益可能流入企业

C. 该资产的成本能够可靠地计量

D. 与该项资产相关的经济利益很可能流入企业

3. 企业采用成本模式对投资性房地产进行后续计量，下列说法中，正确的是(　　)。

A. 企业应对已出租的建筑物计提折旧

B. 企业不应对已出租的建筑物计提折旧

C. 企业不应对已出租的土地使用权进行摊销

D. 企业不应对投资性房地产计提减值准备

4. 企业对采用成本模式进行后续计量的投资性房地产计提折旧，应借记(　　)账户。

A. “管理费用”　　　　B. “其他业务成本”

C. “销售费用”　　　　D. “主营业务成本”

5. 某增值税一般纳税人于2×19年1月1日开始对其出租厂房进行改扩建，该企业对投资性房地产采用成本模式计量。该厂房原始价值为2 000万元，已提折旧为800万元。该厂房改扩建中发生工程款支出，取得的增值税专用发票上注明的价款为600万元，增值税额为54万元；取得变价收入，开具的增值税普通发票上注明的价款为3万元。该工程于2×19年12月31日完工继续用于对外出租。该工程完工时，正确的账务处理是(　　)。

A. 确认固定资产1 997万元

B. 确认投资性房地产1 800万元

C. 确认固定资产1 800万元

D. 确认投资性房地产1 797万元

6. 企业采用公允价值模式对投资性房地产进行后续计量，下列说法中，不正确的是(　　)。

A. 资产负债表日投资性房地产公允价值作为资产负债表该项目的金额

B. 企业不应对投资性房地产计提减值准备

C. 企业不应对已出租的土地使用权进行摊销

D. 投资性房地产取得时按公允价值计量

7. 下列关于投资性房地产后续计量模式变更的说法中，不正确的是(　　)。

A. 对已采用公允价值模式计量的投资性房地产，不允许从公允价值模式转为成本模式

B. 投资性房地产计量模式从成本模式转为公允价值模式的，应当作为会计估计变更处理

C. 投资性房地产计量模式从成本模式转为公允价值模式的，应当作为会计政策变更处理

D. 企业对投资性房地产的计量模式一经确定不得随意变更

8. 投资性房地产计量模式由成本模式转换为公允价值模式的，转换时公允价值大于账面价值的差额应记入(　　)账户。

A. “投资性房地产——公允价值变动”

B. “公允价值变动损益”

C. “营业外收入”

D. “利润分配——未分配利润”

9. 企业作为存货的房地产转换为按成本模式计量的投资性房地产，应当按照转换日该项存货的(　　)确定投资性房地产的入账价值。

A. 成本　　B. 公允价值　　C. 账面价值　　D. 账面余额

10. 企业作为固定资产的房地产转换为按成本模式计量的投资性房地产，应当按照转换日该项房地产的(　　)确定投资性房地产的入账价值。

A. 成本　　B. 公允价值　　C. 账面价值　　D. 账面余额

11. 自用房地产转换为按公允价值模式计量的投资性房地产，转换日对该房地产(　　)。

A. 按公允价值大于账面价值的差额计入所有者权益

B. 按公允价值与账面价值的差额确认为当期损益

C. 按公允价值小于账面价值的差额计入所有者权益

D. 按公允价值小于账面价值的差额计入营业外支出

12. 按公允价值模式计量的投资性房地产转换为自用房地产，转换日对该房地产(　　)。

A. 按公允价值大于账面价值的差额计入营业外收入

B. 按公允价值与账面价值的差额确认为当期损益

C. 按公允价值小于账面价值的差额计入营业外支出

D. 按公允价值小于账面价值的差额计入所有者权益

13. 企业按成本模式计量的投资性房地产转换为存货，应当按照转换日该项房地产的(　　)确定开发产品的入账价值。

A. 初始成本　　B. 公允价值　　C. 账面价值　　D. 账面余额

14. 企业自用房地产转换为采用公允价值模式计量的投资性房地产时，若转换日的公允价值低于原账面价值，其差额应借记(　　)账户。

A. “其他综合收益”　　B. “公允价值变动损益”

C. “营业外支出”　　D. “投资收益”

15. 某企业于2×18年12月31日将一建筑物对外出租并采用公允价值模式计量，出租时，该建筑物的成本为2 800万元，已提折旧500万元，已计提减值准备300万元，公允价值为2 050万元。2×19年12月31日，该建筑物的公允价值为2 100万元。2×19年12月31日，该企业应确认的公允价值变动损益为(　　)万元。

A. −50　　B. 50　　C. 150　　D. 100

16. 某房地产由自用改为出租，其后续计量采用公允价值模式，转换日的账面价值500万元，公允价值450万元，至本期资产负债表日公允价值为650万元。则该投资性房地产在资产负债表日应确认的公允价值变动损益是(　　)万元。

A. 250　　B. 200　　C. 150　　D. 50

17. 企业对投资性房地产进行日常维修所发生的支出，应计入(　　)。

A. 管理费用　　B. 其他业务成本

C. 投资性房地产　　D. 销售费用

18. 某企业于2×19年1月1日将一项土地使用权对外出租，该土地使用权成本为8 000万元，累计摊销额为2 180万元，租赁开始日公允价值为7 000万元。该企业对投资性房地产采用成本模式计量，租赁开始日确定的投资性房地产入账价值为(　　)万元。

A. 8 000　　B. 5 820　　C. 7 000　　D. 2 180

19. 企业处置某投资性房地产时，“投资性房地产”账户账面余额为300万元，其中“投资性房地产——成本”账户余额为280万元，“投资性房地产——公允价值变动”账户借方余额为

20 万元。则处置时，应转入其他业务成本的金额为(　　)万元。

A. 260　　B. 320　　C. 280　　D. 300

20. 企业处置某投资性房地产时，“投资性房地产”账户账面余额为 590 万元，其中“投资性房地产——成本”账户余额为 600 万元，“投资性房地产——公允价值变动”账户贷方余额为 10 万元。该房地产由自用转换为出租时记入其他综合收益的金额为 18 万元。则处置时，应转入其他业务成本的金额为(　　)万元。

A. 580　　B. 590　　C. 600　　D. 582

四、多项选择题

1. 投资性房地产是指为赚取租金或资本增值，或两者兼有而持有的房地产，按照我国《企业会计准则》的规定，具体包括(　　)。

A. 已出租的土地使用权
B. 已出租的建筑物
C. 持有空置并准备增值后转让的房屋
D. 持有并准备增值后转让的土地使用权
E. 持有准备建造厂房的土地使用权

2. 下列各项中，不属于投资性房地产的有(　　)。

A. 企业已出租并按出租协议向承租人提供保安和维修等其他服务，所提供的其他服务在整个协议中重大的房地产
B. 企业拥有并自行经营的旅馆饭店
C. 用于赚取租金或资本增值的房地产
D. 房地产开发企业正在销售的商品房
E. 企业已出租并按出租协议向承租人提供保安和维修等其他服务，所提供的其他服务在整个协议中不重大的房地产

3. 下列关于投资性房地产初始计量的说法中，正确的有(　　)。

A. 采用成本模式后续计量投资性房地产，应当按照取得时的成本进行初始计量
B. 无论采用成本还是公允价值后续计量投资性房地产，均按照取得时的成本初始计量
C. 外购的投资性房地产成本包括购买价款、相关税费和可直接归属于该资产的其他支出
D. 采用公允价值模式后续计量投资性房地产，应当按照取得时的公允价值进行初始计量
E. 自行建造的投资性房地产成本，由建造该资产达到预定可使用状态前所发生的一切合理必要的支出构成

4. 下列关于投资者投入的投资性房地产的说法中，正确的有(　　)。

A. 在办理了资产移交手续之后才能确认投资性房地产
B. 按投资者的账面价值与相关税费之和作为投资性房地产的入账价值
C. 按投资者确定价值作为投资性房地产的入账价值
D. 按投资合同或协议约定的价值与相关税费之和作为投资性房地产的入账价值
E. 按接受投资当日公允价值与相关税费之和作为投资性房地产的入账价值

5. 下列有关投资性房地产后续支出账务处理的说法中，正确的有(　　)。

A. 投资性房地产后续支出应当计入投资性房地产成本
B. 投资性房地产后续支出应当计入管理费用
C. 投资性房地产后续支出应当计入投资性房地产成本或当期损益
D. 投资性房地产日常维修发生的支出应当计入当期损益
E. 投资性房地产日常维修过程中不应当停止计提折旧

6. 下列有关投资性房地产账务处理的说法中，正确的有（　　）。
A. 企业对于用于赚取租金的房地产应确认为投资性房地产
B. 企业通常应当采用成本模式对投资性房地产进行后续计量
C. 同一企业可以同时采用成本模式和公允价值模式两种计量模式
D. 同一企业不得同时采用两种计量模式，只能采用一种模式对所有投资性房地产进行后续计量
E. 采用公允价值模式对投资性房地产进行后续计量应当满足特定条件

7. 下列有关投资性房地产采用成本模式后续计量的说法中，正确的有（　　）。
A. 投资性房地产应当按月计提折旧或进行摊销
B. 资产负债表日，未发生减值的投资性房地产的账面价值是成本
C. 资产负债表日，发生减值的投资性房地产的账面价值是公允价值
D. 资产负债表日，发生减值的投资性房地产的账面价值是账面余额
E. 资产负债表日，投资性房地产发生减值的应当计提减值准备

8. 在投资性房地产采用成本模式进行后续计量时，涉及（　　）账户。
A. "投资性房地产——成本"　　B. "投资性房地产——公允价值变动"
C. "投资性房地产累计折旧"　　D. "投资性房地产累计摊销"
E. "投资性房地产减值准备"

9. 下列有关投资性房地产采用公允价值模式后续计量的说法中，正确的有（　　）。
A. 投资性房地产所在地有活跃的房地产交易市场
B. 企业存在确凿证据表明投资性房地产的公允价值能够持续可靠取得
C. 企业可以对一部分投资性房地产采用成本计量模式，对另一部分投资性房地产采用公允价值计量模式
D. 企业对其所有投资性房地产只能采用一种模式进行后续计量
E. 企业能够从活跃的房地产交易市场上取得同类或类似房地产的市场价格及其他相关信息，从而对投资性房地产的公允价值作出合理的估计

10. 在投资性房地产采用公允价值模式进行后续计量时，涉及（　　）账户。
A. "投资性房地产减值准备"　　B. "投资性房地产——公允价值变动"
C. "投资性房地产累计折旧"　　D. "投资性房地产累计摊销"
E. "投资性房地产——成本"

11. 下列关于投资性房地产后续计量模式变更的说法中，正确的有（　　）。
A. 对已采用成本模式计量的投资性房地产，不允许从成本模式转为公允价值模式
B. 投资性房地产计量模式从公允价值模式转为成本模式的，应当作为会计政策变更处理
C. 投资性房地产计量模式从成本模式转为公允价值模式的，应当作为会计政策变更处理

D. 企业对投资性房地产的计量模式一经确定不得随意变更

E. 投资性房地产计量模式变更时公允价值与账面价值的差额调整期初留存收益

12. 下列项目中，属于房地产转换形式的有(　　)。

A. 自用的建筑物改为出租　　B. 投资性房地产开始自用

C. 自用土地使用权改为用于资本增值　　D. 自用的土地使用权改为出租

E. 作为存货的房地产改为出租

13. 企业作为存货的房地产转换为按成本模式计量的投资性房地产，转换日账务处理时，可能涉及(　　)账户。

A. “投资性房地产”　　B. “投资性房地产——成本”

C. “投资性房地产减值准备”　　D. “开发产品”

E. “存货跌价准备”

14. 企业自用厂房转换为按成本模式计量的投资性房地产，转换日账务处理时，可能涉及(　　)账户。

A. “投资性房地产”　　B. “固定资产减值准备”

C. “投资性房地产减值准备”　　D. “累计折旧”

E. “投资性房地产累计折旧”

15. 企业作为存货的房地产转换为按公允价值模式计量的投资性房地产，转换日账务处理时，可能涉及(　　)账户。

A. “其他综合收益”　　B. “投资性房地产——成本”

C. “公允价值变动损益”　　D. “开发产品”

E. “存货跌价准备”

16. 企业自用厂房转换为按公允价值模式计量的投资性房地产，转换日账务处理时，可能涉及(　　)账户。

A. “投资性房地产——成本”　　B. “固定资产减值准备”

C. “公允价值变动损益”或“其他综合收益”　　D. “累计折旧”

E. “固定资产”

17. 企业按成本模式计量的投资性房地产转换为存货，下列说法中，正确的有(　　)。

A. 按转换日该项房地产的账面价值，借记“开发产品”账户

B. 按转换日该项房地产的成本，借记“开发产品”账户

C. 按已计提的折旧额，借记“投资性房地产累计折旧”账户

D. 按该项投资性房地产的成本，贷记“投资性房地产”账户

E. 按已计提的跌价准备，借记“投资性房地产减值准备”账户

18. 企业按公允价值模式计量的投资性房地产转换为存货，下列说法中，正确的有(　　)。

A. 按转换日该项房地产的账面价值，借记“开发产品”账户

B. 按转换日该项房地产的公允价值，借记“开发产品”账户

C. 按该项投资性房地产的成本，贷记“投资性房地产——成本”账户

D. 按该项投资性房地产的累计公允价值变动金额借记或贷记“投资性房地产——公允价

值变动”账户

E. 转换日公允价值与账面价值的差额贷记或借记“公允价值变动损益”账户

19. 采用成本模式计量的投资性房地产处置时，下列账务处理中，正确的有（ ）。

A. 将实际收到的价款确认为其他业务收入

B. 按该项投资性房地产的账面价值，借记“其他业务成本”账户

C. 按该项投资性房地产的账面余额，贷记“投资性房地产”账户

D. 按该项投资性房地产已计提的折旧或摊销额，借记“投资性房地产累计折旧”或“投资性房地产累计摊销”账户

E. 按该项投资性房地产已计提减值准备，借记“投资性房地产减值准备”账户

20. 采用公允价值模式计量的投资性房地产处置时，下列账务处理中，正确的有（ ）。

A. 将该项投资性房地产的账面余额转入其他业务成本

B. 将该项投资性房地产的公允价值变动转入其他业务收入

C. 将该项投资性房地产的公允价值变动转入其他业务成本

D. 将该项投资性房地产在转换日计入其他综合收益的金额冲减其他业务成本

E. 将该项投资性房地产在转换日计入其他综合收益的金额转入公允价值变动损益

五、判断题

1. 投资性房地产是指为赚取租金或资本增值，或两者兼有而持有的房地产，不包括用于生产商品、提供劳务或经营管理而持有的房地产。（ ）

2. 一项建筑物，部分用于赚取租金，部分用于生产商品、提供劳务或经营管理，但用于赚取租金的部分不能够单独计量，应将该建筑物确认为固定资产。（ ）

3. 企业持有并准备增值后转让的土地使用权属于投资性房地产。（ ）

4. 与投资性房地产有关的后续支出，不符合投资性房地产确认条件的，在发生时计入管理费用。（ ）

5. 在资本化后续支出的发生期间，该投资性房地产仍然应当计提折旧或者价值摊销。（ ）

6. 采用成本模式对投资性房地产进行后续计量的企业，某项投资性房地产首次取得时有证据表明，该投资性房地产公允价值能够持续可靠取得，企业可以采用公允价值模式对投资性房地产进行后续计量。（ ）

7. 采用成本模式对投资性房地产进行后续计量，应当按照固定资产或无形资产准则的有关规定处理。（ ）

8. 企业对投资性房地产的计量模式一经确定，不得随意变更。成本模式转为公允价值模式的，应当作为会计估计变更处理。（ ）

9. 企业采用公允价值模式对投资性房地产进行后续计量的企业，资产负债表日投资性房地产的公允价值大于账面余额的差额直接计入所有者权益。（ ）

10. 企业采用公允价值模式对投资性房地产进行后续计量的企业，资产负债表日投资性房地产的公允价值小于账面余额的差额直接计入当期损益。（ ）

11. 企业采用公允价值模式对投资性房地产进行后续计量的企业，资产负债表日投资性

房地产的账面价值等于账面余额。（　）

12 企业作为存货的房地产转换为按成本模式计量的投资性房地产，按转换日该项存货的账面余额作为投资性房地产的入账价值。（　）

13. 企业自用房地产转换为按成本模式计量的投资性房地产，按自用房地产转换日的账面价值作为投资性房地产的入账价值。（　）

14. 非投资性房地产转换为按公允价值模式计量的投资性房地产，转换日公允价值与账面价值的差额计入当期损益。（　）

15. 企业按成本模式计量的投资性房地产转换为存货，按转换日该项房地产的账面余额，作为开发产品的入账价值。（　）

16. 企业按成本模式计量的投资性房地产转换为自用房地产，按投资性房地产转换日的账面余额作为固定资产或无形资产的入账价值。（　）

17. 企业按公允价值模式计量的投资性房地产转换为非投资性房地产，按转换日该项资产的公允价值作为相关资产的入账价值。（　）

18. 企业按公允价值模式计量的投资性房地产转换为非投资性房地产，按转换日该项资产的公允价值与账面价值的差额计入所有者权益。（　）

19. 企业出售投资性房地产时，应将处置收入扣除其账面价值和相关税费后的净额计入当期损益。（　）

20. 在投资性房地产处置前，"投资性房地产——成本"账户余额反映其取得时的初始成本。（　）

六、业务题

【业务题一】

（一）目的　练习按成本模式计量的投资性房地产核算。

（二）资料　某企业 2×15 年 12 月 1 日建造的一栋办公楼交付使用，成本为 1 584 万元，预计使用年限为 30 年，预计净残值率为 5%，按平均年限法计提折旧。2×17 年 6 月 1 日，该企业将该办公楼对外出租，每月租金为 7 万元，当月租金已收到并存入银行(不考虑增值税)。该企业投资性房地产后续计量采用成本模式。2×19 年 5 月 31 日，收回该栋办公楼用于企业自身的经营活动。

（三）要求

1. 编制 2×17 年 6 月 1 日房地产转换时的会计分录。
2. 编制 2×17 年 6 月 1 日收到房租时的会计分录。
3. 编制 2×17 年 7 月份计提折旧时的会计分录。
4. 编制 2×19 年 5 月 31 日房地产转换时的会计分录。

【业务题二】

（一）目的　练习按成本模式计量的投资性房地产核算。

（二）资料　某企业为增值税一般纳税人，于 2×16 年 12 月 31 日将一幢办公楼对外出租，租期为 2 年，每月收取租金 2 万元。出租当日该办公楼的成本为 2 900 万元，已提折旧 600 万元，已提减值准备 200 万元，尚可使用年限为 20 年，该企业采用平均年限法计提折旧，不考虑预计净残值。该企业投资性房地产后续计量采用成本模式。2×17 年 12 月 31 日，该办公楼的可收回金额为 1 710 万元。2×18 年 12 月 31 日，该办公楼的可收回金额为 1 680 万元。2×19 年 1 月 1 日，租赁期满，将该办公楼收回交付行政管理部门使用。2×19 年 6 月 1 日，将该办公楼对外出售，开具的增值税专用发票上注明的价款为 1 830 万元，增值税额为 164.70 万元，款项收到并存入银行。假定不考虑其他相关税费。

（三）要求

1. 编制 2×16 年 12 月 31 日房地产转换时的会计分录。
2. 编制每月收到房租时的会计分录。
3. 编制 2×17 年 1 月份计提折旧时的会计分录。
4. 编制 2×17 年 12 月 31 日和 2×18 年 12 月 31 日对办公楼后续计量时的会计分录。
5. 编制 2×19 年 1 月 1 日房地产转换时的会计分录。
6. 编制 2×19 年 6 月 1 日处置办公楼时的会计分录。

【业务题三】

（一）目的 练习按公允价值模式计量的投资性房地产核算。

（二）资料 某房地产开发企业为增值税一般纳税人，于 2×16 年 4 月 1 日将一幢商品房对外出租，租期为 3 年，每年 12 月 31 日收取租金 240 万元。出租当日，该商品房的成本为 6 000万元，未计提减值准备，公允价值为 7 000 万元。2×16 年 12 月 31 日，公允价值为 7 300 万元，2×17 年 12 月 31 日，公允价值为 7 500 万元，2×18 年 12 月 31 日，公允价值为 7 400 万元。2×19 年 4 月 3 日，租赁期满，收回该商品房并对外出售，开具的增值税专用发票上注明的价款为 7 380 万元，增值税额为 664.20 万元，款项收到并存入银行。该企业对投资性房地产的后续计量采用公允价值模式。假定不考虑其他相关税费。

（三）要求

1. 编制 2×16 年 4 月 1 日房地产转换时的会计分录。
2. 编制每月确认房租收入时的会计分录。
3. 编制每年 12 月 31 日收到房租时的会计分录。
4. 编制每年年末对该房地产后续计量时的会计分录。
5. 编制 2×19 年 4 月 3 日房地产出售时的会计分录。

【业务题四】

（一）目的 练习按公允价值模式计量的投资性房地产核算。

（二）资料 某企业为增值税一般纳税人，于 2×17 年 11 月 1 日将一幢厂房对外出租，租期为两年，每月租金为 110 万元。该厂房原始价值为 3 000 万元，已提折旧 712.5 万元 。该企业对投资性房地产的后续计量采用公允价值模式。经确定，该厂房转换日公允价值为 2 400 万元。出租当日，预收 3 个月房租 330 万元存入银行。假定该厂房 2×17 年 12 月 31 日的公允价值为 2 500 万元，2×18 年 12 月 31 日的公允价值为 2 300 万元。2×19 年 11 月 5 日，企业对该厂房终止出租，并于当日将厂房对外出售，开具的增值税专用发票上注明的价款为 2 100 万元，增值税额为 189 万元，款项收到并存入银行。应交纳的其他相关税费为 120 万元。

（三）要求 根据上述资料，作以下处理：

1. 编制 2×17 年 11 月 1 日房地产转换时的会计分录。

2. 编制 2×17 年 11 月 1 日收取房租时的会计分录。

3. 编制 2×17 年 11 月确认房租收入时的会计分录。

4. 编制 2×17 年 12 月 31 日和 2×18 年 12 月 31 日进行后续计量时的会计分录。

5. 编制 2×19 年 11 月 5 日厂房出售时的会计分录。

【业务题五】

（一）目的　练习投资性房地产综合业务的核算。

（二）资料　某企业（一般纳税人）对投资性房地产后续计量采用公允价值模式，有关房地产业务如下：

1. 2×13 年 1 月 1 日，采用自营方式开始建造一栋职工宿舍，于 2×14 年 1 月 31 日完工，免费提供给一线生产工人使用。

2. 自工程开始建造至完工发生的经济业务为：以银行存款购入工程物资，取得的增值税专用发票上注明的价款为 10 000 000 元，增值税额为 900 000 元。所购物资全部投入工程建造；建造工程领用企业生产用原材料一批，实际成本为 200 000 元，其购入时抵扣的增值税额为 26 000 元；分配应付工程人员薪酬 844 000 元；工程应负担的辅助生产车间劳务费 20 000 元；以银行存款支付工程管理费用 10 000 元。

3. 该职工宿舍预计使用年限为 20 年，预计净残值率为 3%，采用平均年限法计提折旧。

4. 2×16 年 11 月，对该职工宿舍已损坏的部分进行修理，以银行存款支付给乙物业公司修理费用 80 000 元。

5. 2×16 年 12 月 30 日，与甲公司签订租赁协议，协议约定租赁期从 2×17 年 1 月 1 日至 2×19 年 12 月 31 日，每月租金为 60 000 元。

6. 2×17 年 1 月 1 日，将该职工宿舍出租给甲公司，当日公允价值为 12 800 000 元。

7. 2×17 年 1 月 1 日，预收甲公司 2011 年第一季度租金 180 000 元存入银行。

8. 2×17 年 12 月 31 日，该房产的公允价值为 13 000 000 元。

9. 2×18 年 12 月 31 日，该房产的公允价值为 12 900 000 元。

10. 2×19 年 12 月 31 日，与甲公司达成协议，决定终止租赁合同，并将该房产转让给甲公司，开具的增值税专用发票上注明的价款为 12 780 000 元，增值税额为 1 150 200 元，款项已收到并存入银行，房产转让手续已办妥，应交纳其他相关税费 650 000 元。

（三）要求

1. 对自工程开始建造至完工发生的经济业务编制会计分录。

2. 编制 2×16 年 9 月计提该房地产折旧时的会计分录。

3. 编制 2×16 年 11 月对该房产进行修理时的会计分录。

4. 编制 2×17 年 1 月 1 日出租该房地产时的会计分录。

5. 编制 2×17 年 1 月 1 日收到房租时的会计分录。

6. 编制 2×17 年 1 月 31 日确认房租收入时的会计分录。

7. 编制 2×17 年 12 月 31 日确认该房产公允价值变动损益时的会计分录。

8. 编制 2×18 年 12 月 31 日确认该房产公允价值变动损益时的会计分录。

9. 编制 2×19 年 12 月 31 日处置该房产时的会计分录。

第十章 流动负债

一、思考题

1. 什么是流动负债？流动负债具有哪些特点？

2. 应付票据到期时，如果付款单位无力支付票款，双方单位应如何处理？

3. 应付账款和其他应付款在核算内容上的区别是什么？

4. 什么是职工薪酬？职工薪酬如何分类？

5. 应付职工薪酬如何确认和计量？

6. 对于不同的短期薪酬应如何分别进行账务处理？

7. 本期各种不同的应交税费如何计算？如何分别进行相关的账务处理？

8. 增值税一般纳税人与小规模纳税人关于增值税的核算在计税方法上有什么不同？

9. 按照我国《增值税暂行条例实施细则》的规定，企业哪些行为应视同销售处理？税法上视同销售的业务，在会计核算上应如何处理？

二、名词解释

流动负债　应付票据　应交税费　应付账款　预收账款　应付利息　应付股利

应付职工薪酬　短期薪酬　离职后福利　辞退福利　其他长期职工福利　累积带薪缺勤　非累积带薪缺勤　设定提存计划　设定受益计划　预期累计福利单位法

三、单项选择题

1. 企业应付账款由于债权单位撤销或其他原因而无法支付，报经批准后应转作(　　)处理。

A. 营业外收入　　B. 其他业务收入

C. 管理费用　　D. 资本公积

2. 我国会计实务中对流动负债一般是按照(　　)计价的。

A. 应付金额(或面值)　　B. 应付金额的现值

C. 估计金额　　D. 应付金额扣除贴现息

3. 我国目前会计实务中，对于带息应付票据的应付利息，在期末计算应付利息时会增加(　　)的账面价值。

A. 应付票据　　B. 其他应付款　　C. 应付账款　　D. 应付利息

4. 对于开出的银行承兑汇票到期无法偿付的款项，企业应当(　　)。

A. 转作应付账款　　B. 转作短期借款
C. 不进行处理　　D. 转作其他应付款

5. 下列各项中,不通过"应付账款"账户核算的是(　　)。
A. 应付货物负担的进项税额　　B. 应付货物的采购价款
C. 应付销货企业代垫的运杂费　　D. 应付租金

6. 下列各项中,不属于职工薪酬中的职工是(　　)。
A. 临时雇员　　B. 独立监事
C. 兼职会计　　D. 为企业提供审计服务的注册会计师

7. 企业交纳当月增值税应通过(　　)账户进行反映。
A. "应交税费——应交增值税"　　B. "预付账款"
C. "其他应付款"　　D. "应交税费——应交增值税(已交税金)"

8. 工业企业销售应税消费品应交纳的消费税,应借记(　　)账户,贷记"应交税费——应交消费税"账户。
A. "其他业务成本"　　B. "管理费用"
C. "税金及附加"　　D. "主营业务成本"

9. 消费税是按照(　　)与适用的消费税税率计算交纳的。
A. 不含增值税但含消费税的销售额　　B. 含增值税和消费税的销售额
C. 不含增值税和消费税的销售额　　D. 含增值税但不含消费税的销售额

10. 委托加工应纳消费税产品收回后,若用于继续生产应税产品的,其由受托方代收代缴的消费税,应记入(　　)账户的借方。
A. "应交税费——应交消费税"　　B. "委托加工物资"
C. "生产成本"　　D. "主营业务成本"

11. 某小规模纳税人"应交税费——应交增值税"账户的月初借方余额为 12 000 元,本月购入材料等物资 40 000 元,支付的增值税额为 6 800 元,销售产品含税收入为 515 000 元,假定其适用的增值税率为 3%,"应交税费——应交增值税"账户月末贷方余额为(　　)元。
A. 3 000　　B. 7 200　　C. 3 900　　D. 13 200

12. 下列各项中,不属于"应交税费"账户核算内容的是(　　)。
A. 个人所得税　　B. 资源税
C. 城市维护建设税　　D. 印花税

13. 下列内容中,不属于短期薪酬核算范围的是(　　)。
A. 养老保险费　　B. 职工福利费
C. 住房公积金　　D. 医疗保险费

14. 企业发放工资时,下列各项中,不通过"应付职工薪酬"账户核算的是(　　)。
A. 加班加点工资　　B. 奖金
C. 劳动保护用品支出　　D. 医务部门人员工资

15. 下列各项中,通过"应付股利"账户核算的是(　　)。
A. 董事会决议分派的股票股利　　B. 董事会决议分派的现金股利
C. 股东大会宣告分派的股票股利　　D. 股东大会宣告分派的现金股利

16. 预收货款业务不多的企业，可以不设置"预收账款"账户，而直接将预收的货款记入(　　)。

A. "应收账款"账户的借方　　B. "其他应收款"账户的借方

C. "其他应收款"账户的贷方　　D. "应收账款"账户的贷方

17. 某企业本期应交房产税 3 万元、土地使用税 3 万元、印花税 1.5 万元、耕地占用税 15 万元、契税 7.5 万元、车船税 1.2 万元，则本期影响"应交税费"账户的金额是(　　)万元。

A. 31.2　　B. 29.7　　C. 6　　D. 7.2

18. 企业因解除与职工的劳动关系给予职工补偿而发生的职工薪酬，应借记(　　)账户。

A. "管理费用"　　B. "财务费用"　　C. "营业外支出"　　D. "销售费用"

19. 下列各项中，不应根据职工提供服务的受益对象分配计入相关资产成本或费用的是(　　)。

A. 职工福利费　　B. 工会经费　　C. 养老保险费　　D. 辞退福利

20. 增值税一般纳税人在月度终了，对本月发生尚未抵扣的增值税进项税额的账务处理方法是(　　)。

A. 保留在"应交增值税"明细账户的借方

B. 保留在"应交增值税"明细账户的贷方

C. 将其转入"未交增值税"明细账户的贷方

D. 将其转入"未交增值税"明细账户的借方

四、多项选择题

1. 下列关于预收账款的说法中，正确的有(　　)。

A. 预收账款是根据合同规定在销售实现前收取的货款

B. 预收账款与应付账款都是负债，两者核算的内容完全一样

C. 企业可以根据实际情况不设置预收账款账户

D. "预收账款"账户的借方余额表示企业应以货物或劳务偿还的负债

E. 企业预收账款业务不论多少，都应设置"预收账款"账户进行核算

2. 企业分配职工薪酬时，可能借记(　　)账户。

A. "生产成本"　　B. "制造费用"　　C. "销售费用"　　D. "财务费用"

E. "营业外支出"

3. 下列各项中，在购进时即能确定其进项税额不能抵扣的有(　　)。

A. 购入用于简易计税方法计税项目的材料　　B. 购入的货物直接用于免税项目

C. 购入原材料用于生产产品　　D. 购入的货物直接用于集体福利

E. 商品流通企业购入商品

4. 按税法规定，下列各项中，可按一定方法计算进项税额，并准予从销项税额中扣除的有(　　)。

A. 购入生产免税产品的物资　　B. 购入免税农产品

C. 从小规模纳税人购入货物　　D. 收购废旧物资

E. 由企业负担的购入商品支付的运输费，并取得运输公司的运输发票

5. 我国会计实务中，当流动负债发生时，均按未来应付的金额(或面值)来计量流动负债，并列示于资产负债表上。这种做法(　　)。

A. 体现了谨慎性原则　　B. 符合最大效益原则
C. 简化流动负债核算　　D. 考虑货币的时间价值
E. 符合实质重于形式的原则

6. 下列经济业务中，税法上视同销售的有(　　)。

A. 用自产的应税消费品换取生产资料　　B. 将自产的应税消费品用于对外投资
C. 将自产的应税消费品用于在建工程　　D. 用自产的应税消费品馈赠他人
E. 将自产的应税消费品对外出售

7. 企业交纳的各种税金中，按照税法规定，可以在净利润前扣除的有(　　)。

A. 增值税销项税额　　B. 所得税　　C. 房产税　　D. 消费税
E. 车船费

8. 下列账务处理中，正确的有(　　)。

A. 购买福利部门使用的设备，所支付的进项税额应计入该固定资产成本
B. 购买货物用于分给股东，购货时支付的进项税额应记入“应付股利”账户的借方
C. 购买免税农产品，按实际支付的价款计入该农产品成本
D. 购买货物用于对外投资，购货时支付的进项税额计入该货物成本
E. 购买货物用于职工福利，购货时支付的进项税额应记入“应付职工薪酬”账户的借方

9. 下列各项中，应按国家规定的计提基础和计提比例，计提应付职工薪酬的有(　　)。

A. 医疗保险费　　B. 养老保险费　　C. 住房公积金　　D. 职工教育经费
E. 职工福利费

10. 下列有关流动负债的表述中，正确的有(　　)。

A. 企业为职工交纳的医疗保险费、养老保险费、失业保险费、工伤保险费、生育保险费等社会保险费和住房公积金，应当在职工为其提供服务的会计期间，根据工资总额的一定比例计算，计入资产成本或当期损益
B. 非货币性薪酬主要为非货币性福利，通常包括企业以自己生产的产品发放给职工作为福利，但不包括向职工无偿提供自己拥有的资产以供其使用、为职工无偿提供类似医疗保健等服务
C. 对于自愿接受裁减的建议，应当按照企业会计准则预计将接受裁减建议的职工数量，根据预计的职工数量和每一职位的辞退补偿等计提辞退福利负债
D. 因被辞退职工不再能给企业带来任何经济利益，辞退福利应当计入当期费用而不应当作为资产成本
E. 委托加工业务中，委托方收回的应税消费品用于连续生产应税消费品的，其被代扣代交的消费税应与委托加工费用分离，单独记入“应交税费——应交消费税”账户的借方核算

11. 下列有关辞退福利的概念、确认和计量的表述中，正确的有(　　)。

A. 符合辞退福利确认条件而产生的预计负债，应当计入当期费用
B. 职工虽然没有与企业解除劳动合同，但未来不再为企业带来经济利益、企业承诺提供实质上具有辞退福利性质的经济补偿，比照辞退福利处理

C. 对于职工没有选择权的辞退计划，应当根据计划规定的拟辞退职工数量、每一职位的辞退补偿等计提辞退福利负债

D. 对于自愿接受裁减的建议，应当按照企业会计准则预计将接受裁减建议的职工数量，根据预计的职工数量和每一职位的辞退补偿等计提辞退福利负债

E. 被辞退职工虽然不再能给企业带来任何经济利益，但企业的承诺实质具有经济补偿作用，所以辞退福利应当计入资产成本

12. 下列有关负债的处理方法中，正确的有(　　)。

A. 企业转让的土地使用权应交的土地增值税，土地使用权与地上建筑物及其附着物一并在“固定资产”等账户核算的，应借记“固定资产清理”账户，贷记“应交税费——应交土地增值税”账户

B. 企业应根据股东大会或类似机构通过的利润分配方案，按应支付的现金股利或利润，借记“利润分配”账户，贷记“应付股利”账户

C. 企业董事会或类似机构通过的利润分配方案中拟分配的现金股利或利润，借记“利润分配”账户，贷记“应付股利”账户

D. 当企业开出票据并办妥承兑手续后，应结合出具票据的目的，按票据面值，借记“材料采购”“应交税费”或“应付账款”等账户，贷记“应付票据”账户，发生的银行承兑汇票手续费，作为一般的金融手续费，记入“财务费用”账户

E. 预收账款是指企业按照合同规定预收的款项。企业在销售商品、提供劳务等交易实现之前按照交易的合同规定预先收取的货款，形成了企业需要以提供商品来偿还的或有义务

13. 职工薪酬的核算范围包括(　　)。

A. 短期薪酬　　B. 离职后福利

C. 辞退福利　　D. 其他长期职工福利

E. 职工本人购买的商业保险

14. 增值税一般纳税人委托加工一批应税消费品，收回后用于连续生产应税消费品。对增值税专用发票上的增值税额和代扣代交的消费税的处理有(　　)。

A. 两者都计入委托加工成本

B. 两者都不能计入委托加工成本

C. 消费税额不计入委托加工成本，增值税应计入委托加工成本

D. 增值税额不计入委托加工成本，消费税应计入委托加工成本

E. 消费税额应记入“应交税费——应交消费税”账户用于抵扣

15. 下列各项中，应在“应付职工薪酬”账户核算的有(　　)。

A. 企业为职工支付的养老、医疗等社会保障费

B. 企业以商业保险形式提供给职工的各种保险待遇

C. 因解除与职工的劳动关系给予的补偿

D. 企业实施的短期利润分享计划

E. 向投资者个人分配的现金股利

16. 下列关于应付职工薪酬中的职工范畴的表述中，正确的有(　　)。

A. 与企业订立劳动合同的全职、兼职和临时职工都属于企业职工范畴

B. 企业职工范畴不包括订立劳动合同的兼职职工

C. 企业职工范畴不包括未与企业订立劳动合同的人员

D. 未与企业订立劳动合同、但由企业正式任命的人员属于企业职工范畴

E. 企业职工范畴不包括订立劳动合同的临时职工

17. 下列各项中，在账务处理时将形成一项流动负债的有（　　）。

A. 股东大会决议分派的现金股利

B. 股东大会决议分派的股票股利

C. 计提应计入本期损益的短期借款利息

D. 计提到期一次还本付息的应付债券利息

E. 计提分期付息到期一次还本的应付债券利息

18. 下列税费中，应计入有关存货成本的有（　　）。

A. 增值税一般纳税人进口货物交纳的增值税

B. 增值税一般纳税人进口货物交纳的关税

C. 交纳的矿产资源补偿费

D. 收购未税矿产品时代扣代交的资源税

E. 企业销售矿产品应交的资源税

19. 下列各项税金中，应通过“应交税费”账户核算的有（　　）。

A. 印花税　　B. 资源税　　C. 增值税　　D. 房产税

E. 耕地占用税

20. 下列各项税金中，应在“税金及附加”账户中列支的有（　　）。

A. 土地使用税　　B. 土地增值税　　C. 印花税　　D. 个人所得税

E. 矿产资源补偿费

五、判断题

1. 预收账款虽然与应付账款都属于负债，但与应付账款不同，它是企业需要以提供商品或劳务来偿还的现时义务。（　　）

2. 如果货物已验收入库而发票账单未到，由于无法确定应付账款的金额，所以不应作为负债反映，也不需要在会计报表中披露。（　　）

3. 企业重新计量设定受益计划净负债或净资产所发生的变动计入的其他综合收益，在后续会计期间不允许转回至损益。（　　）

4. 小规模纳税人销售应税消费品一批，开具的普通发票上价款为 26.5 万元，假定适用的增值税征收率为 6%，消费税税率为 5%。此项业务使该企业“应交税费”账户增加贷方余额 2.75 万元。（　　）

5. 增值税一般纳税人“应交税费——应交增值税”账户月末如有余额，其余额可能在借方，也可能在贷方。（　　）

6. 增值税一般纳税人购入货物支付的增值税，均应先通过“应交税费”账户进行核算，然后再将购入货物不能抵扣的增值税进项税额从“应交税费”账户中转出。（　　）

7. 增值税一般纳税人采购货物支付的增值税，均不构成货物的成本。（　　）

8. 企业购进原材料或商品所支付的增值税额与购买原材料或商品的货款不同，应当直接将其记入“应交税费——应交增值税”账户的贷方，而不应当作为应付账款处理。（　）

9. 增值税一般纳税人改变外购货物的用途，将其用于非应税项目时，应当将该货物的账面成本转入在建工程，同时还应将该货物应负担的进项税额转入在建工程。（　）

10. 消费税和增值税都是流转税，销售商品应交纳的消费税及增值税，均记入“税金及附加”账户。（　）

11. 企业购入货物验收入库后，无论发票是否收到，只要尚未支付货款，均应在月末按照估计的金额确认为负债，并在资产负债表中列示。（　）

12. 带薪缺勤是指职工虽然缺勤但企业仍向其支付报酬的安排，包括年休假、病假、婚假、产假、丧假、探亲假等。（　）

13. 凡是企业支付给职工的款项，均应通过“应付职工薪酬”账户核算。（　）

14. 月末，编制“职工薪酬费用分配表”时，应将本月应付职工薪酬根据受益对象分别计入资产成本或当期费用。（　）

15. 企业如果以其自产产品或外购商品作为非货币性福利发放给职工，应以该产品的账面价值计入相关资产成本或当期损益。（　）

16. 企业无论在什么条件下，在制订了辞退计划后确认由于辞退福利而产生预计负债时，应同时以相等金额计入当期损益。（　）

17. 对于职工没有选择权的辞退计划，应当根据辞退计划条款规定的拟辞退职工数，每一职位的辞退补偿等计提应付职工薪酬。（　）

18. 企业即将被辞退的职工已不能再为企业带来任何经济利益，不存在成本摊销问题，因此，企业辞退福利通过“管理费用”账户核算。（　）

19. 企业根据按规定计算出的城市维护建设税，借记“税金及附加”账户，贷记“应交税费——应交城市维护建设税”账户；实际交纳时，借记“应交税费——应交城市维护建设税”账户，贷记“银行存款”账户。（　）

20. 根据税法的规定，企业购进货物或应税劳务用于非应税项目、集体福利、个人消费，购进货物发生非正常损失等增值税不予抵扣。（　）

六、业务题

【业务题一】

（一）目的　练习增值税一般纳税人的业务核算。

（二）资料　某企业为增值税一般纳税人，适用的增值税税率为13%，原材料按计划成本核算。2×19年6月发生以下业务：

1. 6月1日，向银行借入100 000元，年利率为6%，期限为5个月，到期一次还本付息。该企业按季计提利息，10月30日，连本带息一次偿还借款本息。

2. 出售给小规模纳税人产品一批，价款为26 000元，增值税额为3 380元，收到对方开具的银行汇票一张。

3. 经计算，4月份应付生产工人工资薪酬13 500元、车间管理人员工资薪酬8 000元、厂部管理人员工资薪酬6 000元、在建工程人员工资薪酬5 000元。

4. 假如该企业为增值税小规模纳税人，其适用的增值税税率假定为6%，本期从增值税小规模纳税人购入原材料，发票价款为106 000元，企业开出商业承兑汇票，材料尚未到达。企业本期销售产品一批，开出普通发票，其价款为901 000元，货款尚未收到。

（三）要求　根据以上资料，编制相关会计分录。

【业务题二】

（一）目的　练习应交增值税的核算。

（二）资料　某企业为增值税一般纳税人，适用的增值税税率为13%，材料按实际成本核算。2×19年6月1日，“应交税费——应交增值税”账户有借方余额1 800元。2×19年6月份，该企业发生以下业务：

1. 购进原材料一批，取得的原材料价款10 000元，增值税额为1 300元，价税款项已支付，购买材料取得的增值税专用发票中列示的增值税已经税务机关认证可予抵扣，所购材料已验收入库。

2. 企业销售商品一批，增值税专用发票上注明的价款为100 000元，增值税额为13 000元。

3. 本月福利部门在建工程领用库存商品一批，成本为10 000元，计税价格为15 000元。

4. 以库存商品向股东支付股利。该批库存商品成本为8 500元，计税价格为10 000元。

5. 月末原材料盘亏1 000元，转出增值税130元；经查明属非正常损失，经董事会批准予以转销。

6. 本月交纳本月增值税12 000元。

（三）要求

1. 计算该企业6月份应交纳增值税额。

2. 根据上述资料，编制会计分录。

【业务题三】

（一）目的　练习应付票据、应付账款的核算。

（二）资料　某企业为增值税一般纳税人，适用的增值税税率为13%，材料按实际成本核算。2019年6月份，该企业发生以下经济业务：

1. 从甲企业购入一批原材料，价款为10 000元，增值税额为1 300元，对方代垫运费1 000元，购买材料取得的增值税专用发票中列示的增值税已经税务机关认证可予抵扣，材料已到达并已验收入库。开出为期4个月的银行承兑汇票一张，并以银行存款支付承兑手续费50元。

2. 企业购进一台机器设备时取得普通发票一张，以2 000元的现金支票支付；同时以现金500元支付装卸费等杂费。

3. 从甲企业又购入一批原材料，价款为100 000元，增值税额为13 000元，甲企业给予的现金折扣条件为“2/10，1/20，n/30”（现金折扣不考虑增值税），购买材料取得的增值税专用发票中列示的增值税已经税务机关认证可予抵扣，材料已到达并已验收入库，货款未付。

4. 企业向乙公司销售产品一批，价款为30 000元，增值税额为3 900元，原预收32 000元，不足部分对方开出转账支票付讫。

5. 从甲企业购入的第二批原材料价款，于第九天开出转账支票予以付讫。

6. 上述银行承兑汇票到期，企业账面存款金额不足以支付。会计部门将不足支付的3 000元票款予以转账处理。

（三）要求　根据上述经济业务，编制会计分录。

【业务题四】

（一）目的　练习应付职工薪酬的核算。

（二）资料　某企业为增值税一般纳税人，2×19 年 4 月份发生以下经济业务：2×19 年 4 月份的工资薪酬总额 400 000 元，其中生产产品工人的工资薪酬为 230 000 元，企业管理人员的工资薪酬为70 000 元，在建工程人员的工资薪酬为 40 000 元，产品销售人员的工资薪酬为 20 000 元，新产品研发人员的工资薪酬（非资本化部分）为 30 000 元，医务福利部门人员的工资薪酬为 10 000 元。该企业职工住房公积金由企业负担 50%，职工个人负担 50%，企业按照职工工资薪酬总额的 10%为职工交纳住房公积金，职工个人负担由企业代扣代交。

（三）要求　根据上述经济业务，编制会计分录。

【业务题五】

（一）目的　流动负债业务的综合练习。

（二）资料　甲公司为增值税一般纳税人，适用的增值税税率为 13%。2×19 年 6 月 30 日，"应交税费——应交增值税"账户借方余额为 80 000 元（均可用于下月的销项税额抵扣）。甲公司原材料按实际成本核算，7 月份发生以下经济业务：

1. 福利部门领用生产用原材料一批，实际成本为 10 000 元，原进项税额为 1 300 万元。

2. 免征增值税项目在建工程领用生产用原材料一批，实际成本为 100 000 元，原进项税额 13 000 元。

3. 原材料发生非常损失，其实际成本为 1 000 元，原进项税额 130 元。

4. 将自己生产的应税消费品用于福利用房的建造，产品成本为 90 000 元，计税价格（售价）为 100 000 元，消费税税率为 10%。

5. 将自己生产的应税消费品 300 件发放给 300 名职工作为福利，每人一件，每件产品成本为 1 000 元，计税价格（售价）每件为 2 000 元，该产品消费税税率为 10%。其中生产工人为 200 人，车间管理人员为 60 人，总部管理人员为 40 人。

6. 购入原材料，取得的增值税专用发票上注明的价款为 10 000 元，增值税额为 1 300 元，另支付运杂费 1 000 元，其中可以抵扣增值税 56 元，购买材料取得的增值税专用发票中列示的增值税已经税务机关认证可予抵扣。全部货款已经用银行存款支付。

7. 销售产品一批，销售价格为 20 000 元（不含增值税），提货单和增值税专用发票已交购货方，货款尚未收到。该销售符合收入确认条件。该批产品的实际成本为 12 000 元。

8. 购买原材料一批，增值税专用发票上注明的价款为 100 000 元，增值税额为 13 000 元，公司已开出承兑的商业汇票。购买材料取得的增值税专用发票中列示的增值税已经税务机关认证可予抵扣，该原材料已验收入库。

9. 本月按规定交纳当月增值税 12 000 元。

10. 企业销售应税消费品，不包含增值税的价款为 10 000 元，销售成本为 6 000 元，适用的增值税税率为 13%，消费税税率为 10%。假定价税款均未收到。

（三）要求

1. 根据上述资料编制甲公司 7 月份的有关会计分录（假设不考虑所得税因素）。

2. 月末计算多交或未交增值税，并编制有关会计分录。

第十一章 非流动负债

一、思考题

1. 什么是非流动负债？非流动负债包括哪些内容？
2. 借款费用由哪些内容组成？
3. 什么是符合资本化条件的资产？它包括哪些内容？
4. 借款费用资本化的借款范围包括哪些？
5. 什么是借款费用资本化期间？
6. 借款费用开始资本化应符合哪些条件？
7. 如何确定借款费用停止资本化的时点？
8. 在什么情况下借款费用应暂停资本化？
9. 专门借款费用资本化金额应如何确定？
10. 如何计算资产支出加权平均数？
11. 一般借款费用资本化金额如何确定？
12. 公司债券有哪几种发行价格？为什么？
13. 应付债券发行时、资产负债表日计息时以及到期还本付息时应如何处理？
14. 资产负债表日，对长期借款的利息费用如何处理？
15. 长期应付款包括哪些内容？如何处理？

二、名词解释

非流动负债　借款费用　债券溢价　债券折价　辅助费用　汇兑差额　资本化期间
暂停资本化　专门借款　一般借款　资本化　费用化　累计资产支出加权平均数
资本化率　长期借款　应付债券　长期应付款　未确认融资费用

三、单项选择题

1. 下列关于非流动负债的说法中，不正确的是(　　)。
A. 企业有权自主地将清偿义务展期至自资产负债表日起 1 年以上
B. 企业无权自主地将清偿推迟至资产负债表日后 1 年以上
C. 企业自资产负债表日起超过 1 年到期应予以清偿
D. 偿还期在 1 年或者长于 1 年的一个营业周期以上
2. 下列各项中，不构成借款费用的是(　　)。

A. 企业向银行借入资金发生的利息

B. 企业在借款过程中发生的辅助费用

C. 企业发行债券发生的利息

D. 企业发行债券折价或溢价的摊销

3. 符合资本化条件的资产是指通常需要经过(　　)的购建或者生产活动才能达到预定可使用或者可销售状态的资产。

A. 1年　　B. 1年以上

C. 1年或1年以上　　D. 一个营业周期

4. 符合资本化条件的资产，一般包括需要经过相当长时间购建或者生产活动才能达到预定可使用或者可销售状态的资产，不包括(　　)。

A. 房屋建筑物

B. 购入时即达到预定可使用状态的固定资产

C. 船舶

D. 大型成套设备

5. 专门借款是指(　　)。

A. 为购建符合资本化条件的资产而专门借入的款项

B. 为生产符合资本化条件的资产而专门借入的款项

C. 为购建固定资产而专门借入的款项

D. 为购建或者生产符合资本化条件的资产而专门借入的款项

6. 借款费用资本化期间是指(　　)。

A. 从借款费用开始资本化时点到停止资本化时点的期间

B. 从借款费用开始资本化时点到停止资本化时点的期间，应包括暂停资本化的期间

C. 从借款费用开始资本化时点到停止资本化时点的期间，应扣除暂停资本化的期间

D. 从借款费用开始资本化时点到暂停资本化时点的期间

7. 下列各项中，不属于借款费用开始资本化条件的是(　　)。

A. 为购建或者生产符合资本化条件的资产支出已经发生

B. 签订借款合同

C. 借款费用已经发生

D. 为使资产达到预定可使用或者可销售状态所必要的购建或者生产活动已经开始

8. 下列各项中，不属于为购建或者生产符合资本化条件的资产支出已经发生形式的是(　　)。

A. 以现金发放职工薪酬

B. 将自产商品用于建造厂房

C. 购买建造厂房用物资，交付不带息银行承兑汇票

D. 购买建造厂房用物资，交付带息商业承兑汇票

9. 下列各项中，不属于购建或者生产符合资本化条件的资产达到预定可使用或者可销售状态判断标准的是(　　)。

A. 所购建或者生产的符合资本化条件的资产已交付使用或对外销售

B. 所购建或者生产的符合资本化条件的资产与设计要求、合同规定或者生产要求相符或者基本相符

C. 继续发生在所购建或生产的符合资本化条件的资产上的支出金额很少或者几乎不再发生

D. 符合资本化条件的资产的实体建造(包括安装)或者生产活动已经全部完成或者实质上已经完成

10. 企业符合资本化条件的资产的购建或生产活动发生非正常中断,并且中断时间(　　),应当暂停借款费用资本化,直至资产的购建或生产活动重新开始。

A. 累计超过 3 个月

B. 在 3 个月以上 6 个月以内

C. 在 6 个月以上

D. 连续超过 3 个月

11. 在确定借款费用资本化金额时,尚未动用的专门借款资金存在银行取得的利息收入应(　　)。

A. 作为当期财务费用的减项　　B. 计入当期的其他业务收入

C. 计入当期的营业外收入　　D. 冲减借款费用资本化的金额

12. 某企业为建造厂房于 2×19 年 7 月 1 日向银行借入 3 000 万元的专门借款,期限为 2 年,年利率为 6%。2×19 年 10 月 1 日,以银行存款支付购买工程款 1 800 万元,并于当日用于建造厂房。该企业按年计算资本化金额。假定尚未动用的借款资金存在银行取得的利息为 5 万元。该厂房 2×19 年度应予资本化的利息金额为(　　)万元。

A. 45　　B. 40　　C. 27　　D. 22

13. 某企业于 2×19 年 1 月 1 日向银行借入 6 000 万元的一般借款,期限为 3 年,年利率为 9%。企业建造一栋厂房占用这笔一般借款,该厂房建造采用出包方式,于 2×19 年 1 月 1 日正式动工兴建。建造期间发生支出情况如下:2×19 年 1 月 1 日,1 000 万元;2×19 年 4 月 1 日,900 万元;2×19 年 7 月 1 日,2 000 万元;2×19 年 10 月 1 日,1 200 万元。该企业按年计算资本化金额。2×19 年度累计支出加权平均数为(　　)万元。

A. 5 100　　B. 2 750　　C. 2 865　　D. 2 975

14. 某企业于 2×19 年 1 月 1 日向银行借入 1 000 万元的一般借款,期限为 2 年,年利率为 6%。2×19 年 7 月 1 日,为购建厂房占用这笔一般借款,向承包方支付第一笔工程款,金额为 400 万元。厂房于 2×19 年 7 月 1 日开始建造。该企业按年计算资本化金额。该厂房 2×19 年度应予资本化的利息金额为(　　)万元。

A. 15　　B. 10　　C. 12　　D. 30

15. 某企业于 2×18 年 10 月 1 日向银行借入一项期限为 2 年的一般借款 1 000 万元,年利率为 6%;2×18 年 12 月 1 日,又向银行借入一项期限为 3 年的一般借款 3 000 万元,年利率为 9%。2×19 年 1 月 1 日,购建厂房占用上述两笔一般借款,该企业按年计算资本化金额,则资本化率为(　　)。

A. 8.25%　　B. 7.85%　　C. 7.85%　　D. 7.5%

16. 下列有关外币借款汇兑差额的账务处理中,不正确的是(　　)。

A. 外币专门借款本金及利息的汇兑差额，在资产达到预定可使用或销售状态前计入符合资本化条件的资产的成本

B. 外币一般借款本金及利息的汇兑差额，在发生时根据发生额计入当期损益

C. 除资本化以外的外币专门借款本金及利息的汇兑差额在发生时根据发生额计入当期损益

D. 外币专门借款本金及利息的汇兑差额，在资本化期间内，应当在发生时根据发生额计入符合资本化条件的资产的成本

17. 下列关于应付债券初始计量的说法中，不正确的是（　　）。

A. 应付债券初始计量是发行债券时的入账价值

B. 应付债券按发行价格入账

C. 应付债券按发行价格扣除相关交易费用后的金额入账

D. 应付债券入账价值按发行价格和交易费用确定

18. 某企业为筹集生产经营资金，按面值发行公司债券，发行收入与债券总面值的差额，应（　　）。

A. 借记"应付债券——利息调整"账户　　B. 贷记"应付债券——利息调整"账户

C. 借记"财务费用"账户　　D. 贷记"财务费用"账户

19. 2×18 年 1 月 1 日，某企业经批准为建造流水线发行债券，面值为 80 万元，发行价格为 83 万元，发生发行费用 8 万元，期限为 5 年，票面利率为 5%，每年付息一次。该流水线于 2×18 年年末达到预定可使用状态。该企业债券利息调整的摊销采用实际利率法，经计算实际利率为 6.51%。该债券 2×19 年年初的摊余成本为（　　）元。

A. 729 140　　B. 752 500　　C. 714 033　　D. 758 825

20. 承题 19，上述债券 2×19 年的利息费用为（　　）元。

A. 40 000　　B. 49 400　　C. 50 000　　D. 48 825

四、多项选择题

1. 不满足下列（　　）条件之一的负债归类为非流动负债。

A. 预计在一个正常营业周期中清偿

B. 主要为交易目的而持有

C. 自资产负债表日起 1 年内到期应予以清偿

D. 企业无权自主地将清偿推迟至资产负债表日后 1 年以上

E. 企业在资产负债表日或之前违反了长期借款协议条款，导致贷款人可随时要求清偿的

2. 下列各项中，属于借款费用的有（　　）。

A. 因外币借款发生的汇兑差额　　B. 专门借款辅助费用的摊销

C. 发行公司债券的溢价摊销　　D. 发行公司债券的折价摊销

E. 发行公司债券发生的利息

3. 符合资本化条件的资产包括（　　）。

A. 需要经过相当长时间的购建才能达到预定可使用状态的固定资产

B. 需要经过相当长时间的购建才能达到预定可使用状态的投资性房地产

C. 需要经过相当长时间的生产活动才能达到预定可销售状态的存货

D. 需要经过相当长时间的购建才能达到预定可使用状态的建造合同

E. 需要经过相当长时间的生产活动才能达到预定可销售状态的大型成套机械设备

4. 下列各项中，符合资本化条件的资产包括(　　)。

A. 制造企业生产的批量较大的产品

B. 购入后不需安装即可使用的设备

C. 房地产开发企业开发建造用于出售的商品房

D. 制造企业生产的预计生产周期超过 1 年的大型设备

E. 预计建设期为 2 年的厂房建造

5. 借款费用资本化的借款范围包括(　　)。

A. 为购建需要经过相当长时间才能达到预定可使用状态的固定资产而专门借入的款项

B. 为购建需要经过相当长时间才能达到预定可使用状态的投资性房地产而专门借入的款项

C. 为筹集生产经营资金而发行债券借入的款项

D. 为筹集生产经营资金而向银行借入的款项

E. 为需要经过相当长时间的生产活动才能达到预定可销售状态的存货而专门借入的款项

6. 在同时满足(　　)条件时，借款费用开始资本化。

A. 资产支出已经发生

B. 借款费用已经发生

C. 为使资产达到预定可使用或者可销售状态所必要的购建或者生产活动已经开始

D. 专门借款已经全部用于符合资本化条件资产的购建或生产

E. 符合资本化条件资产的购建或生产达到预定可使用状态

7. 下列关于资产支出已经发生的说法中，正确的有(　　)。

A. 支付现金、转移非现金资产和承担不带息债务是资产支出的形式

B. 支付现金、转移非现金资产和承担带息债务是资产支出的形式

C. 资产支出可能会导致资源流出企业

D. 转移非现金资产和承担带息债务不是资产支出的形式

E. 资产支出会导致资源流出企业

8. 下列关于借款费用停止资本化的说法中，正确的有(　　)。

A. 购建或者生产符合资本化条件的资产达到预定可使用或者可销售状态时，专门借款费用应当停止资本化

B. 购建或者生产符合资本化条件的资产达到预定可使用或者可销售状态时，专门外币借款汇兑差额应当停止资本化

C. 购建或者生产符合资本化条件的资产达到预定可使用或者可销售状态时，一般借款费用应当停止资本化

D. 购建或者生产符合资本化条件的资产达到预定可使用或者可销售状态时，一般外币借款汇兑差额应当停止资本化

E. 确定借款费用停止资本化的时点时应当遵循实质重于形式的原则

9. 企业所购建或生产符合资本化条件的资产达到预定可使用或可销售状态时，借款费用应停止资本化，其判断标准包括（ ）。

A. 符合资本化条件的资产的实体建造（包括安装）或者生产活动已经全部完成或者实质上已经完成

B. 所购建或者生产的符合资本化条件的资产与设计要求、合同规定或者生产要求相符或者基本相符

C. 继续发生在所购建或生产的符合资本化条件的资产上的支出金额很少或者几乎不再发生

D. 购建符合资本化条件的资产试生产结果表明能够正常生产出合格产品

E. 购建符合资本化条件的资产办理竣工决算手续

10. 下列关于借款利息资本化的说法中，正确的有（ ）。

A. 专门借款利息资本化金额的计算应该与资产支出相挂钩

B. 专门借款利息资本化金额应该根据累计资产支出加权平均数计算

C. 一般借款利息资本化金额应该根据借款本金和资本化率计算

D. 一般借款利息资本化金额应与超出专门借款的资产支出相挂钩

E. 每期允许资本化的利息金额不得超过当期借款实际发生的利息金额

11. 下列关于购建或者生产的资产分别建造、分别完工的说法中，正确的有（ ）。

A. 每部分资产完工时应当停止资本化

B. 该资产整体完工时停止借款费用的资本化

C. 应根据实质重于形式原则界定借款费用停止资本化的时点

D. 整体完工后才可使用或者对外销售的，在该资产整体完工时停止借款费用资本化

E. 每部分在其他部分继续建造或者生产过程中可供使用或者可对外销售，停止与该部分资产相关的借款费用的资本化

12. 下列关于暂停借款费用资本化的说法中，正确的有（ ）。

A. 符合资本化条件的资产在购建或者生产过程中发生非正常中断借款费用可能暂停资本化

B. 中断时间累计超过 6 个月暂停借款费用资本化

C. 中断时间累计超过 3 个月暂停借款费用资本化

D. 中断时间连续超过 3 个月暂停借款费用资本化

E. 暂停借款费用资本期间所发生的借款费用计入当期损益

13. 计提长期借款利息费用时，其利息费用可能记入（ ）账户。

A.“在建工程” B.“研发支出” C.“制造费用” D.“固定资产”

E.“财务费用”

14. 下列关于债券发行价格的说法中，正确的有（ ）。

A. 债券票面利率与实际市场利率相同时，债券按面值发行

B. 债券的票面利率低于市场利率时，债券溢价发行

C. 溢价部分是企业为以后多付利息事先得到的一种补偿

D. 债券的票面利率高于市场利率时，债券折价发行
E. 折价部分是企业为以后少付利息事先付出的一种代价

15. “应付债券”账户借方核算的内容有(　　)。
A. 债券到期偿还的本金
B. 发行收入大于面值的差额
C. 发行收入小于面值的差额
D. 应付债券利息调整借差摊销
E. 应付债券利息调整贷差摊销

16. “应付债券”账户贷方核算的内容有(　　)。
A. 应付债券的面值
B. 发行收入大于面值的差额
C. 发行收入小于面值的差额
D. 应付债券利息调整借差摊销
E. 应付债券利息调整贷差摊销

17. 应付债券计提利息时，可能贷记的账户有(　　)。
A. “应付债券——利息调整”
B. “应付债券——应计利息”
C. “资本公积”
D. “应付利息”
E. “应付债券——面值”

18. 下列关于应付债券计息及利息调整摊销的说法中，正确的有(　　)。
A. 资产负债表日应计利息根据债券的面值和票面利率计算
B. 资产负债表日应计利息记入“应付债券——应计利息”或“应付利息”账户的贷方
C. 债券的实际利息费用根据应计利息确定
D. 债券的应计利息与实际的利息费用之差确定为该期利息调整摊销额
E. 债券的实际利息费用根据债券的期初摊余成本乘以实际利率计算确定

19. 下列关于负债的说法中，正确的有(　　)。
A. 负债按偿还期的长短，分为流动负债和非流动负债
B. 递延所得税负债归类为非流动负债
C. 递延所得税负债归类为流动负债
D. 借款费用是指企业因借款而发生的利息及其他相关成本
E. 企业发生的借款费用，可直接归属于资产的购建或者生产的，应当予以资本化，计入相关资产的成本；其他的借款费用应当计入当期损益

20. 下列关于分期付款购入固定资产的说法中，正确的有(　　)。
A. 企业分期付款购入固定资产是一项融资业务
B. 固定资产的入账价值以购买价款为基础确定
C. 固定资产的入账价值以购买价款的现值为基础确定
D. 购买价款与购买价款的现值的差额，借记“财务费用”账户
E. 购买价款与购买价款的现值的差额，借记“未确认融资费用”账户

五、判断题

1. 对于企业自资产负债表日起 1 年内到期的负债，预计能够自主地将清偿义务展期至自资产负债表日起 1 年以上的，应当确认为非流动负债。(　　)

2. 对于企业在资产负债表日或之前违反了长期借款协议条款，导致贷款人可以要求随时

清偿,该项负债应当确认为非流动负债。 ( )

3. 借款费用是企业因借款而发生的利息及其他相关成本,是企业因借入资金所发生的代价。 ( )

4. 符合资本化条件的资产,是指需要经过1年以上的购建或者生产活动才能达到预定可使用或者可销售状态的固定资产、投资性房地产和存货等资产。 ( )

5. 专门借款是指为购建或者生产需要经过1年以上的购建或者生产活动才能达到预定可使用或者可销售的资产而专门借入的款项。 ( )

6. 专门借款的借款费用应当计入相关资产的成本,一般借款的借款费用应当计入当期损益。 ( )

7. 企业只有为购建或生产符合资本化条件的资产而专门借入的款项,其利息费用在资本化期间才允许资本化。 ( )

8. 符合资本化条件的资产所占用一般借款的借款费用在资本化期间应当资本化,其余部分的借款费用应当计入当期损益。 ( )

9. 借款费用资本化期间是指从借款费用开始资本化时点到停止资本化时点的期间,应当包括购建或者生产过程中发生非正常中断,且中断时间连续超过3个月期间发生的借款费用。 ( )

10. 企业为建造厂房借入了专门借款,以银行存款支付了建造厂房的各种物资款项,并且建造工程已经开工,此时专门借款的利息费用符合开始资本化的条件。 ( )

11. 符合资本化条件的资产达到预定可使用或者可销售状态时,借款费用应当停止资本化。 ( )

12. 购建或者生产的资产的各个部分分别完工,必须等到该资产整体完工时停止借款费用的资本化。 ( )

13. 符合资本化条件的资产在购建或者生产过程中因质量或者安全检查发生中断,且中断时间连续累计3个月的,应当暂停借款费用的资本化。 ( )

14. 在资本化期间内,外币一般借款本金及利息的汇兑差额,应当予以资本化,计入符合资本化条件的资产的成本。 ( )

15. 企业债券溢价发行时,实际收到金额大于或者小于债券面值的差额,应在期末计提利息时进行摊销,构成债券的实际利息费用。 ( )

16. “应付债券——利息调整”账户用于核算企业债券的发行价格与债券面值的差额。 ( )

17. 直线法下,每期实际利息费用根据该期按票面利率计算应计利息加上该期利息调整贷差摊销额或者减去该期利息调整借差摊销额确定。 ( )

18. 发行债券的企业,利息调整借差摊销时会增加利息费用,利息调整贷差摊销时会减少利息费用。 ( )

19. 企业发行债券时支付给债券发行商的佣金和手续费,发生时计入当期损益。 ( )

20. 企业采用分期付款方式购入固定资产,按购买价款加上相关的税费计入固定资产成本。 ( )

六、业务题

【业务题一】

（一）目的 练习长期借款和借款费用的核算。

（二）资料 某企业为建造一栋厂房于2×19年1月1日向银行取得专门借款3 000万元，期限为3年，年利率为7%，每年1月1日支付上年度利息。厂房建造采用出包方式，于2×19年6月1日开工建造。2×19年6月1日，支付第一笔工程款，金额为2 000万元；9月1日，支付工程款，金额为800万元。专门借款中尚未动用的价款存入银行，每月存款利率为0.4%。

（三）要求 根据上述资料，计算2×19年利息资本化金额，并编制相应的会计分录。

【业务题二】

（一）目的 练习长期借款和借款费用的核算。

（二）资料 某企业为建造一栋厂房于2×18年1月1日向银行取得专门借款1 000万元，期限为3年，年利率为6%，每年1月1日支付上年度利息。该企业于2×19年1月1日取得一项一般借款，金额为600万元，期限为2年，年利率为7%，每年1月1日支付上年度利息。厂房建造采用出包方式，于2×18年3月1日开工建造。2×18年3月1日，支付工程款，金额为600万元；12月1日，支付工程款，金额为400万元；2×19年4月1日，支付工程款，金额为300万元；10月1日，支付工程款，金额为200万元。2×19年12月31日，厂房建造完毕，达到预定可使用状态。假定该厂房建造过程中发生的超过专门借款的工程支出全部占用上述一般借款。

（三）要求 根据上述资料，计算2×19年利息资本化的金额，并编制相应的会计分录。

【业务题三】

（一）目的 练习长期借款和借款费用的核算。

（二）资料 某企业为建造一栋办公楼于2×18年1月1日向银行取得专门借款3 000万元，期限为3年，年利率为6%，每年1月1日支付上年度利息。办公楼建造采用出包方式，于2×18年4月1日，开工建造。2×18年4月1日，支付第一笔工程款，金额为2 000万元，以后支付的工程款如下：5月1日，支付1 000万元；7月1日，支付600万元。专门借款中尚未动用的价款存入银行，每月存款利率为0.3%。

另外，该企业于2×18年7月1日取得一项一般借款，金额为2 000万元，期限为2年，年利率为8%，每年1月1日支付上年度利息。假定该办公楼建造过程中发生的超过专门借款的工程支出全部占用该一般借款。

由于合同纠纷，工程于2×18年8月1日开始停建，于2×18年12月1日解决纠纷，办公楼重新开始建造，并于2×19年12月31日达到预定可使用状态。

（三）要求

1. 根据上述资料，计算2×18年利息资本化的金额，并编制相应的会计分录。
2. 根据上述资料，计算2×19年利息资本化的金额，并编制相应的会计分录。

【业务题四】

（一）目的 练习借款费用的核算。

（二）资料　某企业采用出包方式于2×19年7月1日开始建造一栋厂房，每月1日支付进度款，2×19年下半年支付的进度款如下：7月1日为400万元；8月1日为300万元；9月1日为900万元；10月1日为600万元；11月1日为300万元；12月1日为300万元。该企业为建造厂房于2×19年1月1日向银行取得专门借款1 000万元，期限为3年，年利率为7.2%，每年1月1日支付上年度利息。资本化期间尚未动用的专门借款存入银行的利息收入为2万元。另外，该企业于2×19年3月1日和4月1日向银行取得两项一般借款，金额分别为800万元和1 200万元，期限分别为3年和2年，年利率分别为8%和6%，每年1月1日支付上年度利息。假定该厂房建造过程中超过专门借款的支出全部占用上述一般借款，该企业按季计算利息资本化金额。

（三）要求

1. 根据上述资料，计算2×19年第三季度利息资本化的金额，并编制相应的会计分录。

2. 根据上述资料，计算2×19年第四季度利息资本化的金额，并编制相应的会计分录。

【业务题五】

（一）目的　练习应付债券的核算。

（二）资料　某企业于2×19年1月1日发行公司债券，所筹资金用于生产经营，总面值为800 000元，期限为5年，年利率为5%，每年1月5日支付上年度利息。发行时，按面值的1%支付给债券发行代理商佣金和手续费，佣金和手续费直接从发行收入中扣除。假定债券的发行价格分别为808 000元、774 336元和843 592元。三种发行价格下，该债券实际利率分别为5%、6%和4%。债券到期归还本金及最后1年利息。

（三）要求　根据上述资料，分别按三种不同的发行价格作账务处理：

1. 编制发行债券收到价款的会计分录。

2. 采用实际利率法编制应付债券利息费用计算表。

3. 根据应付债券利息费用计算表，编制2×19年12月31日计提利息以及摊销利息调整的会计分录。

4. 编制每年1月5日支付利息的会计分录。

5. 编制到期归还本金及利息的会计分录。

【业务题六】

（一）目的　练习应付债券的核算。

（二）资料　某企业为建造厂房于2×18年1月1日以2 010万元的价格发行面值为2 000万元的公司债券，年利率为4%，期限为3年，按年支付利息，每年1月1日支付上年度利息。厂房于2×18年1月1日开始建造，并于2×19年12月31日达到可使用状态并交付使用。假定企业按面值的1.5%支付发行中介机构手续费。经计算该债券的实际利率为4.37%。假定所筹资金于厂房建造当日全部用于支付工程款。

（三）要求　根据上述资料，分别进行账务处理：

1. 编制发行债券收到价款的会计分录。

2. 编制应付债券利息费用计算表。

3. 编制每年年末计提利息以及摊销利息调整的会计分录。

4. 编制每年1月1日支付利息的会计分录。

5. 编制到期归还本金及利息的会计分录。

【业务题七】

（一）目的　练习长期借款、应付债券和借款费用的核算。

（二）资料　某企业为建造办公楼于2×18年1月1日向银行取得专门借款3 000万元，借款期限为2年，年利率为6%，每年1月1日支付上年度利息。2×18年1月1日，动工兴建办公楼，建造期间发生资产支出如下：2×18年1月1日，支出1 000万元；2×18年4月1日，支出1 200万元；2×18年6月1日，支出1 100万元；2×19年1月1日，支出900万元；2×19年3月1日，支出900万元；2×19年10月1日，支出1 400万元。

闲置专门借款存入银行月利率为0.3%。另外，企业于2×17年1月1日发行面值总额为4 000万元的债券，期限为3年，票面利率为5%，每年1月5日支付上年度利息。债券发行价格为4 195万元，发行费用按面值3%计算并直接从发行收入中扣除，债券实际利率为4.324%。建造办公楼超过专门借款的工程支出全部占用该一般借款。由于合同纠纷，工程于2×19年4月1日开始停建，于2×19年7月1日解决纠纷重新开始建造，工程于2×19年12月31日完工达到预定可使用状态。该企业按年计算资本化金额。

（三）要求　根据上述资料，分别进行账务处理：

1. 编制2×17年1月1日发行债券及2×17年12月31日计息的会计分录。
2. 计算2×18年专门借款和一般借款利息资本化金额，并编制年末计息的会计分录。
3. 计算2×19年专门借款和一般借款利息资本化金额，并编制年末计息的会计分录。

第十二章 所有者权益

一、思考题

1. 所有者权益与负债有什么联系和区别？
2. 我国的企业组织形式有哪几种？
3. 所有者权益由哪些内容构成？
4. 投资者投入资本和留存收益有什么意义？
5. 企业税后利润的分配顺序是什么？
6. 不同类型的企业实收资本核算有什么区别？
7. 资本公积的构成内容及其区别是什么？
8. 其他综合收益的含义及其主要核算的内容是什么？
9. 盈余公积的形成及其用途是什么？
10. 未分配利润有什么特点和作用？
11. 用利润弥补亏损和用盈余公积弥补亏损有什么区别？

二、名词解释

所有者权益	股份有限公司	有限责任公司	国有独资企业
实收资本	注册资本	股本	普通股
优先股	资本公积	其他综合收益	留存收益
盈余公积	法定盈余公积	任意盈余公积	未分配利润
以前年度损益调整			

三、单项选择题

1. 企业通过生产经营活动增加的所有者权益是指（　　）。
A. 资本公积　　B. 留存收益　　C. 债券溢价　　D. 实收资本
2. 股东在公司里的出资额属于（　　）。
A. 股东权益总额　　B. 投入资本　　C. 留存收益　　D. 股票面值
3. 企业以法定盈余公积转增资本后，留存的法定盈余公积不得少于注册资本的（　　）。
A. 50%　　B. 25%　　C. 20%　　D. 10%

4. 企业本年度发生以下业务：提取盈余公积 30 万元；用资本公积 10 万元、盈余公积 8 万元转增资本；投资者追加投资 50 万元。所有者权益净增加额应该是（　　）万元。

A. 98　　B. 80　　C. 50　　D. 18

5. 企业用盈余公积弥补亏损时，其账务处理是（　　）。

A. 借记“盈余公积”账户，贷记“本年利润”账户

B. 借记“利润分配”账户，贷记“盈余公积”账户

C. 借记“盈余公积”账户，贷记“利润分配”账户

D. 借记“本年利润”账户，贷记“盈余公积”账户

6. 有限责任公司增资扩股时，新的投资者交纳的出资额大于其在注册资本中所占的份额部分，应记入（　　）账户。

A. “资本公积”　　B. “盈余公积”　　C. “实收资本”　　D. “股本”

7. 股份有限公司溢价发行股票过程中应向代理发行商支付的相关手续费、佣金等交易费用，应（　　）。

A. 计入财务费用　　B. 计入管理费用

C. 从股票溢价中直接扣除　　D. 计入盈余公积

8. 下列业务中，会引起企业所有者权益增加的是（　　）。

A. 提取盈余公积　　B. 分配股票股利

C. 用公积金转增股本　　D. 增发新股

9. 长期股权投资采用权益法核算时，在持股比例不变的情况下，被投资单位除净损益、其他综合收益以及利润分配以外的所有者权益的其他变动，投资企业应按持股比例增减（　　）。

A. 资本公积——其他资本公积　　B. 盈余公积——法定盈余公积

C. 资本公积——资本溢价　　D. 利润分配——未分配利润

10. 企业以每股 6 元的价格从证券市场回购面值为 1 元的普通股 10 000 股作为库存股并予以注销，该业务的结果是（　　）。

A. 对企业的资产没有影响　　B. 对企业的权益没有影响

C. 企业的权益减少了 6 万元　　D. 企业的权益减少了 1 万元

11. 所有者权益总额等于（　　）。

A. 流动资产总额减去流动负债总额　　B. 长期资产总额减去长期负债总额

C. 资产总额减去流动负债总额　　D. 以上三项都不正确

12. 股份公司发放股票股利完成增资手续后，应借记“利润分配——转作股本股利”账户，贷记（　　）账户。

A. “股本”　　B. “资本公积”

C. “盈余公积”　　D. “应付股利”

13. 所有者权益是指企业所有者对企业（　　）的要求权。

A. 全部资产　　B. 全部负债

C. 全部权益　　D. 净资产

14. 根据我国现行法律的规定，股份有限公司的注册资本最低不得少于人民币（　　）万元。

A. 50　　B. 500　　C. 100　　D. 1 000

15. 股份有限公司委托证券公司溢价发行普通股股票筹集资金时，其“股本”账户应记入的金额是（　　）。

A. 实际收到的款项　　B. 股票发行价与股票总数的乘积
C. 股票面值与股票总数的乘积　　D. 实际收到的款项减去相关发行费用

16. 某股份有限公司委托一家证券公司代理发行普通股 2 000 万股，每股面值 1 元，每股按 2.3 元的价格发行。按协议，证券公司从发行收入中收取 2%的手续费，并直接从发行收入中扣除，则该公司计入资本公积的数额为(　　)万元。

A. 2 600　　B. 2 560　　C. 4 508　　D. 2 508

17. 企业所发生的下列事项中，不涉及留存收益总额发生变化的是(　　)。

A. 将盈余公积转增资本　　B. 分配现金股利
C. 以盈余公积弥补亏损　　D. 分配股票股利

18. 如果企业上年度发生亏损，按规定可以用本年度实现的利润予以弥补。当某企业将本年利润结转之后，弥补上年亏损应当作的账务处理为(　　)。

A. 借记“盈余公积”账户，贷记“利润分配——未分配利润”账户
B. 借记“利润分配——盈余公积补亏”账户，贷记“利润分配——未分配利润”账户
C. 借记“利润分配——未分配利润”账户，贷记“实收资本”账户
D. 不必作任何账务处理

19. 某企业年初所有者权益总额为 380 万元。当年实现净利润 100 万元，提取法定盈余公积 10 万元，年中曾经用资本公积 50 万元转增资本，以现金向投资者分配利润 50 万元。该企业年末所有者权益总额为(　　)万元。

A. 480　　B. 430　　C. 370　　D. 380

20. 某企业接受甲单位用一项专利技术投资。该技术在甲单位的账面价值为 20 万元，双方协议确定的价值为 18 万元，获得企业接受投资后注册资本 160 万元的 10%的份额。则某企业应记入“实收资本”账户的金额为(　　)万元。

A. 16　　B. 18　　C. 20　　D. 160

四、多项选择题

1. 下列业务中，会引起企业的所有者权益总额增减变化的有(　　)。

A. 投资者追加投资
B. 作为存货的房地产转换为投资性房地产并采用公允价值计量，且转换日的公允价值大于账面价值时
C. 企业重新计量设定受益计划净负债或净资产所产生的变动额
D. 提取法定盈余公积
E. 用盈余公积弥补亏损

2. 我国股份有限公司采用公开发行股票募集资本时，发行的股票可以按(　　)发行。

A. 面值　　B. 溢价　　C. 折价　　D. 无面值
E. 市价

3. 企业增加资本金的途径有(　　)。

A. 投资者投入资本　　B. 资本公积转增资本
C. 盈余公积转增资本　　D. 分配股票股利

E. 可转换公司债券持有人行使转换权

4. 下列关于所有者权益的表述中，正确的有（　　）。

A. 它是企业投资者对企业净资产的所有权

B. 它等于企业资产总额减去负债总额后的余额

C. 它没有确定的偿还期限

D. 它永远不能被投资者收回

E. 它和负债一样反映了企业资金的来源

5. 企业的资本公积根据其形成的来源不同，可以分为（　　）。

A. 资本溢价　　B. 其他资本公积　　C. 接受捐赠资产　　D. 拨款转入

E. 资本折价

6. 企业的盈余公积可以用于（　　）。

A. 弥补亏损　　B. 转增资本　　C. 转增福利费用　　D. 分配现金股利

E. 冲减已计提的坏账准备

7. 所有者权益与负债都属于权益的组成部分，两者的区别主要有（　　）。

A. 法律地位不同　　B. 偿还期限不同　　C. 计量特性不同　　D. 风险程度不同

E. 性质不同

8. 企业的下列业务中，会引起"资本公积"账户发生增减变化的有（　　）。

A. 处置无法支付的应付账款　　B. 盘盈固定资产

C. 回购并注销本公司股票　　D. 溢价发行股票

E. 接受捐赠

9. 某公司以每股 2 元的价格从市场上回购面值为 1 元的普通股 20 000 股并予以注销。该笔交易的结果是（　　）。

A. 公司的资产减少了 4 万元　　B. 对公司的所有者权益没有影响

C. 公司的所有者权益减少了 4 万元　　D. 公司的所有者权益减少了 2 万元

E. 公司的资产总额并没有发生变化

10. 企业弥补亏损的渠道主要有（　　）。

A. 用资本公积弥补　　B. 用盈余公积弥补

C. 用以后年度实现的税前利润弥补　　D. 用以后年度实现的税后利润弥补

E. 用向银行借入的资金弥补

11. 下列账户中，年终结转后应无余额的账户有（　　）。

A. "主营业务收入"　　B. "投资收益"　　C. "本年利润"　　D. "利润分配"

E. "盈余公积"

12. 下列各项中，属于企业留存收益的有（　　）。

A. 法定盈余公积　　B. 任意盈余公积

C. 资本公积　　D. 未分配利润

E. 股本

13. 某股份有限公司委托证券公司发行普通股股票 100 万股，每股面值 1 元，发行价格 4 元，发生相关发行费用 20 万元，股票款收到存入银行。该笔业务涉及的账户有（　　）。

A. “银行存款” B. “股本” C. “资本公积” D. “财务费用”
E. “管理费用”

14. 下列各项中，不会引起所有者权益减少的有（ ）。
A. 以资本公积转增股本 B. 以盈余公积弥补亏损
C. 发放股票股利 D. 分配现金股利
E. 期末结转本年利润

15. 企业发生的下列业务中，会导致净资产增减变化的有（ ）。
A. 盈余公积转增资本
B. 企业本年度分配现金股利
C. 企业本年度以资本公积转增资本
D. 债权人豁免本企业债务
E. 以高于面值的价格回购并注销公司股票

16. 下列各项中，会涉及企业留存收益总额发生变化的业务有（ ）。
A. 计提盈余公积 B. 分配现金股利
C. 以盈余公积弥补亏损 D. 分配股票股利
E. 固定资产盘盈

17. 下列关于资本公积的理解及其表述中，正确的有（ ）。
A. 资本公积应当区别不同的来源，分别进行会计处理
B. 资本公积具有资本的性质，与企业的净利润无关
C. 资本公积具有特定来源，只是由于法律的规定而无法直接以资本的名义出现
D. 资本公积与盈余公积一样都能用于弥补企业的亏损
E. 并非所有的企业都有“资本公积——资本溢价”账户

18. 下列所有者权益账户中，和企业生产经营无关的有（ ）账户。
A. “利润分配——未分配利润” B. “盈余公积——法定盈余公积”
C. “资本公积——资本溢价” D. “资本公积——其他资本公积”
E. “盈余公积——任意盈余公积”

19. 下列账户中，可以和“实收资本”账户对应的有（ ）账户。
A. “银行存款” B. “原材料”
C. “固定资产” D. “短期借款”
E. “无形资产”

20. 下列各项中，应在“其他综合收益”账户核算的有（ ）。
A. 企业收到的投资者出资额大于其按比例在注册资本中享受的份额
B. 在采用公允价值计量模式下，企业将自用的房地产转换为投资性房地产时，该资产在转换日的公允价值大于账面价值的差额
C. 持有其他权益工具投资的公允价值变动
D. 长期股权投资采用权益法核算时，在持股比例不变的情况下，被投资单位其他综合收益的增加，投资企业按持股比例所享有的份额
E. 直接计入当期损益的利得

五、判断题

1. 不同类型企业的投资者初始出资时都可能形成资本公积。（　　）
2. 资本公积和实收资本一样，都是由投资者对企业直接投资形成的。（　　）
3. 企业用盈余公积转增资本时，不会引起所有者权益总额的增减变化。（　　）
4. 资本公积是指企业收到的投资者出资金额超出其在注册资本或股本中所占份额的部分，以及企业非日常经营活动所形成的直接计入所有者权益的利得和损失等。（　　）
5. 除国家另有规定之外，在一般情况下，企业注册资本和实收资本都是一致的。（　　）
6. 企业作为存货的房地产转换为投资性房地产并采用成本模式计量时，会引起其他综合收益的增减变化。（　　）
7. 股份有限公司的股本扩张必然会引起企业资产和股东权益同时增加。（　　）
8.《企业会计准则》将资本公积分为法定资本公积和任意资本公积两类。（　　）
9. 企业提取的盈余公积必须达到注册资本的50%以上时，可以不再计提。（　　）
10. 企业的未分配利润和盈余公积一样也是属于留存收益。（　　）
11. 企业非日常经营活动所形成的利得和损失都应计入所有者权益。（　　）
12. 我国法律规定，企业应在每年利润总额中提取10%的法定盈余公积。（　　）
13. 以前年度损益调整会影响企业“利润分配”账户的金额。（　　）
14. 企业的未分配利润就是当年实现的净利润尚未分给投资者的那部分金额。（　　）
15. 国有独资企业自始至终不会形成“资本公积——资本溢价”。（　　）
16. 根据现行会计规范规定，当履行一定的程序后，企业的资本公积和盈余公积都能转增资本。（　　）
17. 企业收到投资者投入的资金总额就是企业的注册资本。（　　）
18. 在我国，根据规定，股票可以按面值发行，也可以按溢价发行和折价发行。（　　）
19. “实收资本”“资本公积”“盈余公积”“利润分配”等账户虽然都属于所有者权益类账户，但是期末余额却不一定都在贷方。（　　）
20. 投资者投入的资金中，只有按投资者在企业注册资本中所占比例计算的部分才能记入“实收资本”或“股本”账户。（　　）

六、业务题

【业务题一】

（一）目的　练习实收资本及资本公积的核算。

（二）资料　A有限责任公司曾发生以下业务：

1. 2×19年1月，由甲、乙、两人各出资现金100万元组建了A有限责任公司。出资款全部存入公司开户银行。

2. 2×21年10月，丙、丁两人愿意各出资125万元加入A有限责任公司，每人各占公司新的注册资本的25%。增资手续办理完成，出资款全部存入银行。

（三）要求

1. 指出丙、丁两人各自多出15万元投资额的原因。

2. 根据上述资料，编制相关的会计分录。

【业务题二】

（一）目的　练习股票发行的核算。

（二）资料　B股份有限公司于2×19年1月委托某证券公司承销发行普通股股票1 000万股，每股面值1元，发行价格6元。协议规定，证券公司按发行收入的2%收取承销费用，直接从发行收入中扣除。1月25日，该公司收到证券公司转交的股票发行收入，存入开户银行。

（三）要求　根据上述资料，编制相关的会计分录。

【业务题三】

（一）目的　练习资本公积的核算。

（二）资料　X股份有限公司（以下简称X公司）2×19年度发生相关业务如下：

1. 2月份，公司董事会决议出资100万元现金购入Y公司51%股权（X公司和Y公司属于同一控制下的公司）。Y公司所有者权益账面价值合计为200万元，并已宣告发放现金股利6万元。2月25日，X公司实际取得了Y公司的控制权。

2. 8月份，公司董事会决议出资500万元现金购入Z公司60%股权（X公司和Z公司属于同一控制下的公司）。当时，Z公司所有者权益账面价值合计为800万元；上月末，X公司"资本公积——股本溢价"账户余额为18万元，"盈余公积——法定盈余公积"账户余额为90万元，"利润分配——未分配利润"账户余额为60万元。8月22日，X公司实际取得了Z公司的控制权。

（三）要求　根据上述资料，编制相关的会计分录。

【业务题四】

（一）目的　练习其他综合收益的核算。

（二）资料　A公司（生产制造企业）和B公司（房地产开发企业）的投资性房地产皆采用公允价值模式进行后续计量。2×19年，A、B公司发生下列相关业务：

1. A公司根据企业经营需要，2月份将一栋办公楼转为出租。该大楼的账面原值200万元，已提折旧50万元；经确认，该大楼的公允价值为148万元。2月28日，完成资产转换。

2. B公司根据市场需要，4月份将一处原本准备出售的3号大楼用于出租经营。该项资产账面价值为2 800万元，经评估，其公允价值为3 000万元。4月25日为资产转换日。

（三）要求　根据上述资料，编制资产转换日的会计分录。

【业务题五】

（一）目的　练习其他综合收益的核算。

（二）资料　H股份有限公司（以下简称H公司）是一家上市公司。2×19年，H公司发生下列相关业务：

1. 9月18日，H公司为了筹措资金，决定将一项以摊余成本计量的债券投资（A公司债券）重分类为以公允价值计量且其变动计入其他综合收益的金融资产，该债券为到期一次收回本息的债券，初始投资成本20万元，已有应收未收的利息6万元。经确认，该债券的公允价值为25万元。

2. H公司持有D公司50%的股份，采用权益法进行长期股权投资核算。12月份，接D公司报告，D公司持有的其他债权投资公允价值变动导致其他综合收益增加了60万元。

（三）要求　根据上述资料，编制相关的会计分录。

【业务题六】

（一）目的　练习盈余公积的核算。

（二）资料　H股份有限公司2×19年发生下列相关业务：

1. 年末结转本期实现净利润80万元；并按规定计提法定盈余公积10%。

2. 经股东大会批准，用公司盈余公积弥补以前年度亏损5万元。当时，公司盈余公积账面余额分别是法定盈余公积580万元、任意盈余公积4万元。

3. 经股东大会批准，用盈余公积派送新股。每10股普通股派送4股。公司原有普通股800万股，股票面值1元。

（三）要求　根据上述资料，编制相关的会计分录。

【业务题七】

（一）目的　练习未分配利润的核算。

（二）资料　G公司2×19年年初未分配利润有40万元，本期发生下列业务：

1. 董事会决议并经股东大会批准，对2×18年实现的利润进行分配：发放普通股现金股利40万元；发放普通股股票股利50万元。股票面值1元。（已办理增资手续）

2. 结转2×19年实现的净利润90万元。

3. 本期提取法定盈余公积9万元，提取任意盈余公积6万元。

4. 结转本期全部利润分配额。

（三）要求

1. 根据上述资料，编制相关的会计分录。

2. 计算本期分配后的“未分配利润”余额。

【业务题八】

（一）目的　综合练习期末利润分配的核算。

（二）资料　F股份有限公司2×19年度实现净利润2 000万元，该公司董事会提出如下利润分配方案：提取法定盈余公积10%，分配现金股利600万元，分配股票股利400万元（400万元股，每股面值1元）。以2×19年12月31日的总股本10 000万股为基数，使用资本公积中的股票发行溢价转增股本，每10股转增3股。

2×20年4月5日，该公司召开股东大会，审议董事会提出的议案时，决定将600万元现金股利中的300万元改为股票股利（300万股，每股面值1元），其余利润分配方案及资本公积转增股本方案保持不变。4月28日，股东大会通过的上述利润分配方案及资本公积转增股本方案予以实施（现金股利税金问题忽略不计）。

（三）要求

1. 对2×19年年末结转利润和董事会提出的议案进行账务处理。

2. 对2×20年4月5日股东大会通过的2×19年利润分配方案和资本公积转增股本方案进行账务处理。

3. 对2×20年4月8日实施股东大会通过的2×19年利润分配方案和资本公积转增股本方案进行账务处理。

第十三章　收　入

一、思考题

1. 简述收入的概念及其特征。
2. 简述收入的分类方法。
3. 如何判断客户取得相关商品控制权？
4. 如何识别与客户订立的合同？
5. 简述合同变更的情形及其不同情形下合同变更的处理方法。
6. 简述在某一时段内履行履约义务的收入确认条件及其账务处理的方法。
7. 如何确定合同的交易价格？
8. 为什么每一资产负债表日，企业应当重新估计应计入交易价格的可变对价金额？
9. 合同中存在重大融资成分时，如何进行账务处理？
10. 简述如何将交易价格分摊至各单项履约义务。
11. 采用不同的结算方式销售商品在账务处理上有何不同？
12. 试比较商业折扣、销售折让和销售退回在账务处理上的异同点。
13. 什么是售后代管商品？企业涉及售后代管商品时，应如何判断商品的控制权是否转移？
14. 如何确认提供服务收入？
15. 什么是销售退回？发生销售退回时应如何进行账务处理？
16. 根据我国收入准则的规定，如何区分合同履约成本与合同取得成本？
17. 试述某项建造合同的合同预计总成本超过合同预计总收入时，建造承包商应该作出的账务处理？
18. 简述合同收入与合同费用的确认原则。
19. 简述附有销售退回条件的商品销售的处理原则。
20. 简述附有质量保证条款的销售的处理原则。
21. 根据我国收入准则的规定，简述各种特定交易的账务处理原则和方法。

二、名词解释

收入	日常活动	经济利益	客户取得相关商品控制权		合同
合同合并	合同变更	履约义务	产出法	投入法	交易价格
可变对价	期望值	单独售价	市场调整法	成本加成法	余值法

商品收入 分期收款销售 商业折扣 现金折扣 销售折让 委托代销
售后代管商品 订货销售 合同负债 合同资产 建造合同
合同履约成本 合同取得成本 附有客户额外购买选择权的销售 售后回购
客户未行使的权利 授予知识产权许可 无需退回的初始费

三、单项选择题

1. 合同指双方或多方之间订立有法律约束力的权利义务的协议，下列各项中，不属于合同形式的是（ ）。

A. 书面形式 B. 书面战略合作承诺形式
C. 口头形式 D. 隐含于商业惯例中可验证形式

2. 下列关于合同开始日的说法中，正确的是（ ）。

A. 合同开始日指合同开始执行在客户取得相关商品控制权时的日期
B. 合同开始日指合同各方签订具有法律约束力的权利和义务的日期
C. 合同开始日指合同各方在履行了具有法律约束合同中的履约义务时的日期
D. 合同开始日指合同开始赋予合同各方具有法律约束力的权利和义务的日期

3. 下列关于将合同变更部分作为一项新的合同的说法中，正确的是（ ）。

A. 经合同各方同意对原合同确定的范围或价格（或两者）作出的部分变更导致原合同的终止
B. 合同变更增加了可明确区分的商品及合同价款，且新增合同价款反映了新增商品单独售价
C. 经合同各方同意对原合同确定的商品范围作出的部分变更，但并未导致原商品合同的终止
D. 合同变更增加了可明确区分的商品合同价款，且新增合同价款不能反映新增商品单独售价

4. 根据已转移给客户的商品对于客户的价值确定履约进度的方法是（ ）。

A. 投入法 B. 成本法 C. 产出法 D. 完工法

5. 按照累计实际发生的成本占预计总成本的比例确定履约进度的方法是（ ）。

A. 投入法 B. 完成法 C. 产出法 D. 完工法

6. 当单独售价无法直接观察时，企业应当合理估计单独售价，企业根据某商品或类似商品的市场售价，考虑本企业的成本和毛利等进行适当调整后的金额，确定其单独售价的方法是（ ）。

A. 成本加成法 B. 市场调整法
C. 余值法 D. 市场法

7. 企业因售出商品的质量不合格等原因而在售价上给予的减让是指（ ）。

A. 现金折扣 B. 商业折扣 C. 销售折让 D. 销售返利

8. 企业向甲公司销售商品，不含税售价为 1 000 万元，给予购买方 10%的商业折扣后，又给予 8%的销售折让，现金折扣条件为“3/10，2/20，1/30，n/40”，对方实际在第 15 天付款，假定计算现金折扣不考虑增值税，则发生的现金折扣为（ ）万元。

A. 16.56　　B. 16.4　　C. 18　　D. 20

9. 企业销售商品时为客户代垫的运杂费,应记入(　　)账户。

A.“预付账款”　　B.“应收账款”　　C.“其他应收款”　　D.“应付账款”

10. 某公司为增值税一般纳税人。2×19 年 7 月 8 日,该公司发给乙公司甲商品 1 200 件,增值税专用发票上注明的货款为 200 000 元,增值税额为 26 000 元,代垫运杂费 2 000 元,款项尚未收到。该批商品的成本为 170 000 元。此商品销售时客户取得相关商品控制权,符合收入确认条件。该公司下列相关账务处理中,正确的是(　　)。

A. 借:发出商品　　170 000
　贷:库存商品　　170 000

B. 借:应收账款　　228 000
　贷:主营业务收入　　200 000
　　应交税费——应交增值税(销项税额)　　26 000
　　银行存款　　2 000
借:发出商品　　170 000
　贷:库存商品　　170 000

C. 借:应收账款　　228 000
　贷:主营业务收入　　200 000
　　应交税费——应交增值税(销项税额)　　26 000
　　银行存款　　2 000
借:主营业务成本　　170 000
　贷:库存商品　　170 000

D. 借:应收账款　　228 000
　　银行存款　　2 000
　贷:主营业务收入　　200 000
　　应交税费——应交增值税(销项税额)　　26 000
借:主营业务成本　　170 000
　贷:库存商品　　170 000

11. 销售商品相关的经济利益很可能流入企业,即销售商品价款收回的可能性应是(　　)。

A. 等于 50%　　B. 小于 50%　　C. 小于 100%　　D. 大于 50%

12. 企业因存在与客户的远期安排而负有回购义务或企业享有回购权利,当该交易回购价格低于原售价的,其售后回购交易的性质属于(　　)。

A. 融资交易　　B. 商品交易　　C. 租赁交易　　D. 回购交易

13. 企业销售商品涉及现金折扣的,应当在现金折扣实际发生时计入(　　)。

A. 销售费用　　B. 管理费用　　C. 财务费用　　D. 销售收入

14. 下列阐述中,正确的是(　　)。

A. 销售折让是指企业为了促进商品销售而在商品标价上给予的价格扣除

B. 销售折让是指企业为促进商品销售等原因而向债务人提供的债务扣除

C. 商业折扣是指企业因售出商品质量不合格原因而在售价上给予的减让
D. 商业折扣是指企业为了促进商品销售而在商品标价上给予的价格扣除

15. 采用收取手续费的代销商品方式,委托方确认销售商品收入的时点是( )。

A. 发出商品时
B. 收到受托方开出的代销清单时
C. 受托方商品销售时
D. 签订合同或协议时

16. 某项建造合同,合同总收入为 10 000 000 元,至 2×19 年 12 月 31 日,已发生合同成本 9 360 000 元,预计完成合同还将发生合同成本 1 040 000 元。2×19 年 12 月 31 日,预计合同损失( )元。

A. 400 000
B. 360 000
C. 280 000
D. 40 000

17. 企业在确认商品销售收入后发生的销售折让,在实际发生时( )。

A. 计入财务费用
B. 增加销售成本
C. 冲减当期收入
D. 计入销售费用

18. 下列关于收入的确认和计量表述中,正确的是( )。

A. 对于销售商品同时提供产品质量保证服务的,企业应将销售商品和产品质量保证服务分别确认收入
B. 对于附有销售退回条件的商品销售,企业应在购买方正式接受商品或售出商品退货期满时确认收入
C. 对于附有客户额外购买选择权的销售方式,企业应评估该选择权是否向客户提供了一项重大权利
D. 对于客户未行使的权利,企业应将预收的款项确认为商品收入,未来履行相关履约义务不确认收入

19. 某商店为增值税一般纳税人,适用的增值税税率为 13%。2×19 年 9 月,该商店举行促销活动,规定客户购物每满 100 元给予积分 10 分,不足 100 元部分不积分,积分可在 1 年内兑换与积分数相等金额的商品。本月客户共购买了 7 910 元(含增值税)的商品,该商品的成本为5 800 元。该商店预计客户将在有效期内兑换全部积分。不考虑其他因素,则 2×19 年 9 月,该商店应确认的销售商品收入为( )元。

A. 7 910
B. 7 120
C. 7 000
D. 6 210

20. 2×19 年 1 月 1 日,甲公司与乙公司签订合同,为乙公司大型设备更换 5 部电动机,合计总价格为 100 000 元。截至 2×19 年 12 月 31 日,甲公司共更换了 3 部电动机,剩余 2 部电动机预计在 2×20 年 3 月 1 日之前完成。该合同仅包含一项履约义务,且该履约义务满足在某一时段内履行的条件。甲公司按照已完成的工作量确定履约进度。假定不考虑增值税等其他因素,甲公司 2×19 年年末应确认的收入金额为( )元。

A. 100 000
B. 60 000
C. 40 000
D. 0

四、多项选择题

1. 下列有关收入确认的表述中,正确的有( )。

A. 确认收入的方式应反映其向客户转让商品的模式
B. 企业应当在客户取得相关商品控制权时确认收入

C. 企业应当在履行了相关合同履约义务时确认收入

D. 企业应当按照每一项合同中确定的价格确认收入

E. 存在重大融资成分的合同应按合同价格确认收入

2. 下列各项中，属于收入确认和计量步骤的有（　　）。

A. 识别与客户订立的合同　　B. 识别合同中的单项履约义务

C. 确定交易价格　　D. 将交易价格分摊至各单项履约义务

E. 履行每一单项履约义务时确认收入

3. 下列各项中，属于企业其他业务收入的有（　　）。

A. 出租固定资产租金收入　　B. 出售自制半成品收入

C. 出售多余材料收入　　D. 出租包装物收入

E. 出售无形资产收入

4. 下列方法中，属于采用产出法确定履约进度的方法有（　　）。

A. 按照实际测量的完工进度　　B. 按照计划进度

C. 按照已达到的里程碑　　D. 按照时间进度

E. 评估已经实现的结果

5. 按照累计实际发生的成本占预计总成本的比例确定履约进度时应考虑的因素有（　　）。

A. 企业向客户转移商品过程中所发生的直接人工

B. 企业向客户转移商品过程中所发生的直接材料

C. 企业向客户转移商品过程中所发生的分包成本

D. 企业向客户转移商品过程中所实现的与合同相关的合同收入

E. 企业向客户转移商品过程中所发生的其他与合同相关的成本

6. 对于在某一时点履行的履约义务，判断客户是否已取得商品控制权时，企业应当考虑的迹象有（　　）。

A. 客户就该商品负有现时付款义务

B. 客户已拥有该商品的法定所有权

C. 客户已实物占有该商品

D. 客户已取得该商品所有权上的主要风险和报酬

E. 其他表明客户已取得商品控制权的迹象

7. 企业在确定交易价格时，应当考虑的因素有（　　）。

A. 可变对价　　B. 合同中存在的重大融资成分

C. 非现金对价　　D. 应付客户对价

E. 履约进度

8. 下列各项中，会影响交易价格变更的情形有（　　）。

A. 对于合同变更部分作为一项单独合同　　B. 合同执行过程中合同履约进度的变动

C. 合同变更作原合同终止及新合同订立　　D. 合同执行过程中直接材料价格的变动

E. 合同变更部分作为原合同的组成部分

9. 对于单独售价无法直接观察的，企业应当综合考虑其能够合理取得的全部相关信息合理估计单独售价，可采用的方法有(　　)。

A. 市价法　　B. 市场调整法

C. 余值法　　D. 成本加成法

E. 现值法

10. 企业向客户授予的额外购买选择权的形式主要有(　　)。

A. 销售激励　　B. 客户奖励积分

C. 未来购买商品的折扣券　　D. 合同续约选择权

E. 授予销售商品的退回权

11. 确认提供服务(劳务)交易履约进度，可采用的方法有(　　)。

A. 实际发生成本占服务(劳务)收入的比例

B. 已经完成的合同工作量占合同预计总工作量的比例

C. 累计实际发生的合同成本占合同预计总成本的比例

D. 实际测定的完工进度

E. 实际发生成本占合同预计总工作量的比例

12. 建造承包商发生的下列各项费用中，不应计入合同成本的有(　　)。

A. 企业行政管理部门为组织生产经营活动所发生的费用

B. 企业进行合同建造时发生的施工现场材料的二次搬运费

C. 企业进行合同建造时发生的检验试验费

D. 企业发生的有关项目的投标费用

E. 企业发生的施工单位财产保险费

13. 下列表述中，属于收入特征的有(　　)。

A. 收入是从企业的日常经营活动中产生的

B. 收入包括为第三方或客户代收的款项

C. 收入能够导致企业所有者权益的增加

D. 收入是从企业偶尔发生的交易或者事项中产生的

E. 收入可表现为企业资产的增加或者负债的减少

14. 下列各项中，属于合同收入内容的有(　　)。

A. 合同中确定的初始收入

B. 合同完成后处置残余物质取得的收益

C. 因合同变更形成的收入

D. 因奖励形成的收入

E. 因索赔形成的收入

15. 资产负债表日，企业确定合同履约成本和合同取得成本是否应计提减值准备时，应当考虑的因素有(　　)。

A. 合同履约成本和合同取得成本的账面价值

B. 因转让与该资产相关的商品预期能取得的剩余对价

C. 为转让该相关商品估计将要发生的成本

D. 为转让该相关商品预期将要确认的收入

E. 合同预计总成本已超过合同预计总收入

16. 下列各项关于企业具有融资性质的分期收款销售商品会计处理的表述中，正确的有(　　)。

A. 应收的合同价款与其公允价值之间的差额应计入未实现融资收益

B. 应收的合同价款与其公允价值之间的差额在合同期内摊销时应冲减财务费用

C. 按照合同中约定的收款日期分期确认收入

D. 按照应收的合同价款的公允价值计量收入

E. 应收的合同价款与其公允价值之间的差额应计入未确认融资收益

17. 下列各项中，属于合同履约成本确认为资产应满足的条件有(　　)。

A. 该成本与一份当前取得的合同直接相关

B. 该成本与一份预期取得的合同直接相关

C. 该成本增加了企业未来用于履行履约义务的资源

D. 该成本增加了企业未来持续履行履约义务的资源

E. 该成本预期能够收回

18. 下列各项中，属于企业向客户授予知识产权的有(　　)。

A. 转让特许经营权　　B. 转让商标权

C. 转让土地使用权　　D. 转让专利权

E. 转让音乐的版权

19. 下列关于附有质量保证条款的销售中的质量保证的处理表述中，正确的有(　　)。

A. 对于客户能够选择单独购买质量保证的，表明该质量保证构成单项履约义务

B. 经评估该项质量保证符合既定标准的，则不能作为单项履约义务的质量保证

C. 向客户保证所销售的商品符合既定标准之外提供单独服务的，构成单项履约义务

D. 向客户保证所销售商品符合既定标准的服务的，应当作为或有事项进行处理

E. 向客户保证所销售商品符合法定要求的服务的，销售时不要求进行会计处理

20. 下列各项中，属于判断客户取得相关商品控制权的要素有(　　)。

A. 能力

B. 主导该商品的使用

C. 市场环境

D. 能够获得商品大部分的经济利益

E. 能够获得几乎全部的经济利益

五、判断题

1. 按照《企业会计准则》的规定，企业发生的现金折扣应冲减销售收入。　(　　)

2. 商品发出后，不管是否已满足收入确认的条件，都应将相应的成本进行结转并计入当期损益。　(　　)

3. 在代销商品方式下，委托方应在收到受托方汇来价款时，确认商品销售收入。　(　　)

4. 采用订货销售方式销售商品，销售方一般应在发出商品并在客户取得相关商品控制权，符合收入确认条件时确认收入。　(　　)

5. 销售企业如果销售成本不能可靠计量，相关的收入就不能确认。（　　）

6. 采用收取手续费方式代销商品，受托方在代销商品销售后，均应确认商品销售收入。（　　）

7. 采用售后回购方式销售商品，企业应将商品的回购价格与原销售价格之间的差额，通过"其他应付款"账户核算，并在售后回购时作为理财费用一次计入回购当期损益。（　　）

8. 建造合同的追加收入指因合同变更、索赔、奖励等形成的收入。（　　）

9. 如果企业拥有大量具有类似特征的合同，并估计可能产生多个结果时，通常按照最可能发生金额估计可变对价金额。（　　）

10. 某项目只要满足与收入项目有关的经济利益能够流入企业，以及收入的金额能够可靠地计量就应作为收入加以确认。（　　）

11. 源于企业日常活动以外的活动所形成的收益必要时也可以作为收入确认。（　　）

12. 是否已将商品所有权上的主要风险和报酬转移给了购货方是判断销售商品交易是否已完成的标志。（　　）

13. 对于在某一时段内履行提供服务的履约义务，企业应当在提供该服务的期间内按确定履约进度确认收入，企业应当选取恰当的方法来确定履约进度。（　　）

14. 企业为能反映一项建造合同或一组建造合同的实质，应当将该建造合同作为各单项履约义务进行账务处理。（　　）

15. "合同结算"账户是用来核算建造承包企业或船舶等制造企业根据期末确定的履约进度结算的累计收入金额。（　　）

16. 判断销售商品交易是否已完成的标志是在客户取得相关商品控制权，能够主导该商品的使用并从中获得几乎全部的经济利益，也包括有能力阻止其他方主导该商品的使用并从中获得经济利益。（　　）

17. 附有销售退回条件的商品销售方式下，对于不能合理估计退货可能性的，应在购买方正式接受商品或售出商品退货期满时确认收入。（　　）

18. 企业对于不构成单项履约义务的质量保证，在满足负债确认条件时应当按照估计确认的金额记入"合同负债"账户。（　　）

19. 合同负债指企业已收或应收客户对价而应偿还客户而承担的义务。（　　）

20. 如果企业自该第三方取得商品或其他资产控制权后，再转让给客户的，该企业应作为主要责任人。（　　）

六、业务题

【业务题一】

（一）目的　练习确认收入及现金折扣的核算。

（二）资料　甲公司为增值税一般纳税人，适用的增值税税率为13%，增值税采用一般计税方法核算，不考虑其他相关税费。2×19年6月15日，甲公司向A公司销售商品一批，增值税专用发票上注明的销售价款为100 000元，增值税额为13 000元。提货单和增值税专用发票已交A公司，款项尚未收取。为及时收回货款，销售协议约定的现金折扣条件为"2/10，1/20，n/30"，假定现金折扣按不含增值税额的销售价格计算。该批商品的实际成本为75 000

元，经判断，该商品销售时客户取得相关商品控制权，符合收入确认条件。2×19 年 6 月 20 日，A 公司付清上述款项。

（三）要求 根据上述资料，编制甲公司的会计分录。

【业务题二】

（一）目的 练习合同中存在的重大融资成分销售收入的核算。

（二）资料 甲公司为增值税一般纳税人，适用的增值税税率为 13%，增值税采用一般计税方法核算。甲公司于 2×19 年 1 月 1 日采用分期收款方式销售一台大型设备，该设备不含增值税的合同价格为 1 000 000 元。甲公司在发出该设备时开出增值税专用发票，除首付款支付增值税额 130 000 元以外的其余货款分 5 年于每年年末等额收取，该设备成本为 700 000 元。假定该大型设备不采用分期收款方式时不含增值税的销售价格为 800 000 元。甲公司已于 2×19 年 1 月 1 日收到首付款。甲公司交付该大型设备时客户取得相关商品的控制权，满足销售商品收入确认的条件。甲公司经计算得出的折现率为 7.93%，即为该笔应收款项的实际利率。

（三）要求 根据上述资料，计算甲公司各年分期收款及摊销的未实现融资收益（计算结果元以下四舍五入），并编制甲公司各年与该业务有关的会计分录。甲公司各年分期收款及摊销未实现融资收益的计算表如表 13-1 所示。

表 13-1

甲公司各年分期收款及摊销未实现融资收益的计算表

单位：元

日 期	收款金额	确认的融资收益	应收设备款减少额	应收设备款余额

【业务题三】

（一）目的 练习确认收入及销售退回的核算。

（二）资料 乙公司为增值税一般纳税人，适用的增值税税率为 13%，增值税采用一般计税方法核算。2×19 年 7 月 8 日，向丙公司销售一批商品，开出的增值税专用发票上注明的销售价款为 10 000 元，增值税额为 1 300 元。该批商品成本为 8 000 元。为及早收回货款，乙公司和丙公司约定的现金折扣条件为“2/10，1/20，n/30”。丙公司于 2×19 年 7 月 20 日支付了全部货款。2×19 年 8 月 2 日，该批商品因质量问题丙公司要求退货，经乙公司核查，该批商品确实存在外观质量问题,乙公司同意了丙公司提出的退货要求,当日收到税务机关开具的退货证明单,并开具红字增值税专用发票。乙公司当日支付该批商品的退货款项。假定计算现金折扣时不考虑增值税。该批商品在交付时客户取得相关商品的控制权,满足销售商品收入确认的条件。

(三) 要求　根据上述资料,编制乙公司的会计分录。

【业务题四】

(一) 目的　练习附有销售退回条件的商品销售核算。

(二) 资料　2×19 年 4 月 1 日,甲家电公司向乙商场销售家电产品 1 000 件,单价为 3 000 元,单位成本为 2 500 元,开出的增值税专用发票上注明的销售价款为 3 000 000 元,增值税额为 390 000 元。协议约定,乙商场应于 5 月 1 日之前支付货款,在 8 月 30 日之前有权退还所购家电产品。该批家电产品已经发出,款项尚未收到。假定甲家电公司根据过去的经验,估计该批家电产品退货率约为 5%;该批家电产品发出时纳税义务已经发生;实际发生销售退回时有关的增值税额允许冲减。甲家电公司于 2×19 年 4 月 30 日收到乙商场支付的货款。2×19 年 7 月 8 日,乙商场发现所购该批家电产品中 5 件存在质量问题而办理退货,当日甲家电公司取得与退货有关的凭证并支付了退货款。除上述退货外,至 2×19 年 8 月 30 日止,该批家电产品未发生其他退货。甲家电公司增值税采用一般计税方法核算。

(三) 要求　根据上述资料,编制甲家电公司的会计分录。

【业务题五】

(一) 目的　练习附有销售退回条件的商品销售核算。

(二) 资料　沿用本章[业务题四]的资料。假定甲家电公司无法根据过去的经验估计该批家电产品的退货率;家电产品发出时纳税义务已经发生。

(三) 要求　根据上述资料,编制甲家电公司的会计分录。

【业务题六】

(一) 目的　练习售后回购的核算。

(二) 资料　甲公司和乙公司不存在任何关联方关系,双方均为增值税一般纳税人,适用的增值税税率为 13%,增值税采用一般计税方法核算。2×19 年 8 月 1 日,甲公司以市场销售价格向乙公司销售一批商品,开出的增值税专用发票上注明的销售价款为 200 000 元,增值税额为 26 000 元。该批商品成本为 160 000 元;商品已经发出,款项已经收到。双方协议约定,甲公司应于 11 月 30 日将所售商品购回,不含增值税回购价为 210 000 元。2×19 年 11 月 30 日,甲公司按协议约定回购该批商品,回购时取得的增值税专用发票上注明的商品价款为 210 000 元,增值税额为 27 300 元,取得的增值税专用发票已经税务机关认证其增值税可予抵扣,回购商品已验收入库,款项已经支付。

(三) 要求　根据上述资料,编制甲公司的会计分录(假定回购价大于原售价的差额,在回购期间按直线法计提利息费用)。

【业务题七】

(一) 目的　练习提供服务收入的核算。

(二) 资料　丙设备安装公司为增值税一般纳税人,适用的增值税税率为 9%,增值税采用一般计税方法核算。丙设备安装公司于 2×19 年 11 月接受一项设备安装任务,预计安装期为

15个月，合同总收入为2 000 000元，合同预计总成本为1 580 000元。2×19年11月预收款项300 000元，2×19年实际发生成本150 000元，假定均为安装人员工资。为完成该设备安装任务，预计还将发生成本1 350 000元。

2×20年年初，丙设备安装公司预收款项1 600 000元，余款在安装完成时收取，2×20年实际发生成本1 370 000元，其中安装人员工资350 000元、安装领用原材料1 020 000元。为完成该设备安装任务，预计还将发生成本80 000元。

根据税法规定提供安装服务采取预收款方式的，其纳税义务发生时间为收到预收款的当天。

假定，不考虑除增值税以外的其他相关税费；丙设备安装公司按年确认安装服务收入，采用已经发生的成本占估计总成本的比例确定服务的履约进度。

（三）要求 根据上述资料，编制丙设备安装公司2×19年和2×20年有关的会计分录。

【业务题八】

（一）目的 练习提供服务收入的核算。

（二）资料 甲公司于2×19年11月20日接受乙公司委托，为其安装一项大型设备，预计安装期为6个月，协议约定，2×19年12月1日开始设备安装，乙公司应向甲公司支付的设备安装费总额为120 000元，分三次等额支付，第一次在开始设备安装时预付，第二次在2×20年3月1日支付，第三次在设备安装结束时支付。2×19年12月1日，乙公司预付第一次设备安装费。至2×19年12月31日止，甲公司发生设备安装人员薪酬50 000元。2×19年12月31日，甲公司无法合理确定其提供服务的履约进度。假定不考虑设备安装服务的相关税费。

（三）要求 根据上述资料，编制甲公司2×19年相关的会计分录。

【业务题九】

（一）目的 练习建造合同收入、成本的核算。

（二）资料 乙建筑公司为增值税一般纳税人，适用的增值税税率为9%，采用一般计税方法核算，税法规定企业提供建筑服务在向业主办理工程价款结算时发生纳税义务。乙建筑公司自2×19年1月1日起承建A工程，该合同为2 500 000元的不可撤销固定造价合同。工期2年，A工程的预计总成本为2 000 000元。乙建筑公司负责工程的施工及全面管理，客户按照第三方工程监理公司确认的工程完工量，每年与乙建筑公司结算一次。2×19年，乙建筑公司承建A工程实际发生的成本为1 200 000元，其中：人工费用400 000元，材料费用650 000元，其他直接费用150 000元。经查，A工程领用的材料中有一批虽已运到施工现场但尚未使用，尚未使用的材料成本为100 000元。

2×20年，乙建筑公司承建A工程实际发生的成本为760 000元，其中：人工费用200 000元，材料费用440 000元，其他直接费用120 000元；上年尚未使用的材料2×20年投入A工程使用。A工程于2×20年12月完工并交付。

该建造工程整体构成单项履约义务，并属于在某一时段履行的履约义务，乙建筑公司采用成本法确定履约进度。

假定，不考虑除增值税以外的其他相关税费。

建造该工程的有关资料如表13-2所示。

表 13－2

建造 A 工程的有关资料表

单位:元

项　　目	2×19 年	2×20 年
实际发生成本	1 200 000	760 000
预计完成合同尚需发生成本	800 000	0
结算合同价款	1 300 000	1 200 000
实际收到价款	1 000 000	1 500 000

（三）要求　根据上述资料，编制乙建筑公司各年的会计分录。

【业务题十】

（一）目的　练习建造合同预计损失的核算。

（二）资料　A 建筑公司与 C 公司签订一项总金额为 1 600 000 元的不可撤销固定造价合同，签订合同时预计总成本为 1 400 000 元。该工程于 2×19 年 1 月 1 日开工，，预计 2×20 年 2 月完工。当年实际发生成本 700 000 元，其中，人工费用 300 000 元，材料费用 400 000 元。年末，由于人工费用及材料价格上涨等因素，A 建筑公司预计为完成合同尚需发生成本 1 050 000 元。

该固定造价合同整体构成单项履约义务，并属于在某一时段履行的履约义务，A 建筑公司采用成本法确定履约进度。

假定不考虑相关税费。

（三）要求　根据上述资料，编制 2×19 年 A 建筑公司与该固定造价合同相关的会计分录。

【业务题十一】

（一）目的　练习确认收入的核算。

（二）资料　中华股份有限公司(以下简称中华公司)为增值税一般纳税人，适用的增值税税率为 13%，增值税采用一般计税方法核算。商品销售价格均不含增值税额，所有服务均属于工业性劳务。中华公司销售商品和提供劳务均为主营业务，并于销售实现时结转销售成本。

2×19 年 1 月，中华公司有关销售商品和提供劳务的资料如下：

1. 1 月 1 日，与 A 公司签订协议，向 A 公司销售商品一批，增值税专用发票上注明的销售价格为 800 000 元，增值税额为 104 000 元；该协议规定，中华公司应在当年 5 月 31 日将该批商品购回，回购价为 1 000 000 元(不含增值税)。商品已发出，款项已收到。该批商品的实际成本为 700 000 元。假定中华公司对回购价格与原销售价格之间的差额在售后回购期间内采用直线法按月计提利息费用。

2. 1 月 10 日，对 B 公司销售商品一批，增值税专用发票上注明的销售价格为 2 000 000 元，增值税额为 260 000 元。提货单和增值税专用发票已交 B 公司，B 公司已承诺付款。为及时收回货款，双方协议规定的现金折扣条件为“2/10，1/20，n/30”。该批商品的实际成本为 1 700 000 元，经判断，该商品销售时客户取得相关商品控制权，符合收入确认条件。1 月 18 日，收到 B 公司支付的已扣除所享受现金折扣金额后的款项，并存入银行。假定计算现金折扣时不考虑增值税因素。

3. 1月13日,收到C公司来函,当月5日所购商品外观存在质量问题,要求对该所购商品在价格上给予5%的减让。中华公司经核查,该批商品外观确实存在质量问题,同意C公司提出的减让要求。1月15日,收到C公司交来的税务机关开具的索取折让证明单,并开具红字增值税专用发票和支付折让款项。中华公司在该批商品售出时,客户取得相关商品控制权已经确认销售收入1 000 000元,结转销售成本750 000元,并收到货款。

4. 1月20日,与D公司签订合同,向D公司销售甲设备和乙设备,不含增值税的合同价格为20 000元。合同约定,甲设备于1月30日交付,乙设备于2月15日交付,且在两台设备全部交付后,中华公司才有权收取全部合同对价。设备交付给D公司时,D公司即取得其控制权。上述两台设备的单独售价分别为20 000元和5 000元,均构成单项履约义务。假定,中华公司发出商品时增值税纳税义务尚未发生。

5. 1月20日,委托E公司代销商品一批。代销协议约定:委托E公司销售商品100件,E公司应按每件不含增值税的商品价格200元对外销售,中华公司按售价的10%支付E公司手续费,同时协议标明,如果E公司未将商品售出,可以将商品退回给中华公司。该商品的成本为每件150元,商品已发给E公司。1月31日,中华公司收到E公司开来的代销清单,列明已售出该批商品的30%,款项尚未收到。

6. 1月28日,与F公司签订一项特制商品的合同。该合同规定,商品不含增值税的总价款为600 000元,合同签订日,F公司预付合同价款的50%,余款在交货时结清,自合同签订日起1个月内交货。中华公司已如数收到F公司预付合同价款,并存入银行。假定收到剩余款时出具增值税专用发票。中华公司尚未开始该商品的制造。

7. 1月29日,与G公司签订协议向G公司销售商品一批,增值税专用发票上注明的销售价款为3 000 000元,增值税额为390 000元。商品已发出,款项已收到。该批商品的实际成本为2 000 000元,经判断,该商品销售时客户取得相关商品控制权,符合收入确认条件。

8. 1月30日,因商品存在质量问题,B公司要求退回当月10日所购全部商品。中华公司经核查,该批商品确实存在质量问题,中华公司同意了B公司的退货要求。当日,收到B公司交来的税务机关开具的进货退出证明单,并开具红字增值税专用发票,中华公司以银行存款支付退货款项。

(三) *要求* 根据上述资料,编制中华公司1月份发生上述经济业务的会计分录。

【业务题十二】

(一) *目的* 练习确认特定交易收入的核算。

(二) *资料* 甲上市公司2×19年发生如下交易和事项:

假定,合同均符合企业会计准则,且均经各方管理层批准;甲公司估计转让商品和提供服务存在的对价很可能收回。除资料中特别规定外,不考虑税费及其他因素。

1. 甲公司销售某商品,单独售价为10 000元/件,其向客户A公司承诺,自2×19年1月1日起,凡1年内购买量超过10件,价格按8 000元/件。1月末,A公司已经购买8件商品。

根据以往的经验,A公司对该商品的年需要量为100件,由于甲公司距离A公司很近,在同等价格情况下,A公司在考虑运输成本等因素的情况下会优先选择甲公司的商品,并且甲公司已为A公司独家供货5年,预计上述经验在未来1年内继续有效。

2. 甲公司销售门店自 2×19 年 1 月 1 日起开始实施一项奖励积分计划，约定客户每消费 100 元可积 1 分，积分可在确认收货的下月开始用于抵现，每一积分抵现 1 元。当月共确认销售额 1 000 000 元，确认奖励积分 10 000 分。根据历史经验，甲公司预计该积分当年将有 80% 被使用。

2×19 年 2 月份，该奖励积分共有 5 000 分被使用。

3. 1 月 1 日，甲公司与 B 公司签订合同，向其销售一批产品。合同约定，该批产品将于 2 年之后交货。合同中包含两种可供选择的付款方式，即 B 公司可以在 2 年后交付产品时支付 4 494 400 元，或者在合同签订时支付 4 000 000 元。B 公司选择在合同签订时支付货款。该批产品的控制权在交货时转移。甲公司于 1 月 1 日收到 B 公司支付的货款。B 公司按上述两种付款方式计算的内含利率为 6%。

4. 3 月 1 日，甲公司与 D 公司签订合同，向 D 公司销售一台设备和专用零部件，总价款为 300 000 元。合同约定，生产设备于 10 日内交付，专用零部件于 15 日内交付，且在该设备和专用零部件全部交付后，甲公司才有权收取全部合同对价。假定上述设备和专用零部件分别构成单项履约义务，设备交付给 D 公司时，D 公司即取得其控制权。上述设备的单独售价为 240 000 元，专用零部件的单独售价为 160 000 元。甲公司 3 月 8 日交付设备、3 月 14 日交付专用零部件。

5. 7 月 1 日，甲公司与 E 公司签订一项设备的销售合同，合同约定甲公司向 E 公司销售一批设备，售价为 312 000 元，该批设备的成本为 200 000 元。

甲公司承诺该批设备售出后 1 年内如出现非意外事件造成的故障或质量问题，甲公司免费负责保修(含零部件的更换)，同时甲公司还向 E 公司提供一项延保服务，延保期 2 年。假定延保服务在延保期内按时间进度，于每年年末确认收入。

该批设备和延保服务的单独标价分别为 280 000 元和 32 000 元。甲公司根据以往经验估计在法定保修期内发生的保修费用为 20 000 元。

合同签订当日，甲公司将该批设备交付给 E 公司，同时 E 公司向甲公司支付了 312 000 元价款。

6. 2×19 年，甲公司向客户销售了 1 000 张储值卡，每张卡的面值为 100 元，总额为 100 000 元。客户可在甲公司经营的任何一家门店使用该储值卡进行消费。根据历史经验，甲公司预期客户购买的储值卡中将有大约相对于储值卡面值金额 10% 的部分不会被消费。截至 2×19 年 12 月 31 日，客户使用该储值卡消费的金额为 60 000 元。

(三) 要求　根据上述资料，编制 2×19 年甲公司上述经济业务的会计分录。

第十四章 费　用

一、思考题

1. 什么是费用？费用有哪些特点？
2. 费用按经济内容如何分类？按经济用途分为哪几类？
3. 企业费用的确认应遵循哪些标准？
4. 企业对费用进行计量应遵循哪些原则？
5. 什么是营业成本？其包括哪些内容？
6. 什么是期间费用？其包括哪些内容？
7. 管理费用和制造费用是否都是利润表中的费用？

二、名词解释

费用　生产费用　期间费用　销售费用　管理费用　财务费用

三、单项选择题

1. 下列税金中，不通过“税金及附加”账户核算的是（　　）。

A. 车船税　B. 房产税　C. 印花税　D. 增值税

2. 下列支出中，不属于管理费用内容的是（　　）。

A. 行政管理人员薪酬　B. 无形资产研究阶段发生的支出
C. 存货盘亏经营损失　D. 销售网点经费

3. 企业筹建期间发生的为购建厂房借入的专门借款利息，在所建厂房达到预定可使用状态后应记入（　　）账户。

A. “长期待摊费用”　B. “在建工程”　C. “管理费用”　D. “财务费用”

4. 企业专设销售机构发生的固定资产日常维修费用，应记入（　　）账户。

A. “管理费用”　B. “销售费用”　C. “在建工程”　D. “其他业务成本”

5. 企业基本生产车间发生的固定资产日常维修费用，应记入（　　）账户。

A. “制造费用”　B. “销售费用”　C. “管理费用”　D. “生产成本”

6. 下列账户中，其期末结转时不转入“本年利润”账户借方的是（　　）。

A. “管理费用”　B. “销售费用”　C. “财务费用”　D. “制造费用”

四、多项选择题

1. 下列关于费用的说法中，正确的有（　　）。

A. 费用会使企业资产减少或负债增加
B. 费用如果使资产减少，最终会导致企业所有者权益的减少
C. 费用如果使负债增加，则不会导致企业所有者权益的减少
D. 费用会导致经济利益流出企业
E. 费用一般以交易价格计量
2. 下列各项中，应确认为费用的有（ ）。
A. 企业未使用房屋计提的折旧额
B. 企业专门销售机构的设备计提的折旧额
C. 企业出租的厂房计提的折旧额
D. 企业固定资产发生的日常维修费用
E. 企业对已出租的土地使用权计提的摊销额
3. 下列各项中，确认为财务费用的有（ ）。
A. 不带息商业汇票向银行贴现时发生的贴现息
B. 筹建期间发生的不计入符合资本化条件资产成本的借款利息费用
C. 短期借款利息
D. 收回应收账款时发生的现金折扣
E. 支付给金融机构的银行存兑汇票手续费
4. 下列内容中，属于管理费用的有（ ）。
A. 工会经费
B. 行政管理人员薪酬
C. 未使用固定资产折旧费用
D. 企业自行开发的无形资产在研究阶段发生的各项支出
E. 企业自行开发的无形资产在开发阶段发生的不允许资本化的各项支出
5. 下列内容中，属于销售费用的有（ ）。
A. 产品展览费　　B. 销售网点的日常经费
C. 预计产品质量保证损失　　D. 专设销售机构固定资产折旧费用
E. 专设销售机构人员薪酬
6. 下列税金中，记入“税金及附加”账户的有（ ）。
A. 增值税　　B. 消费税　　C. 印花税　　D. 房产税
E. 车船税

五、判断题

1. 凡是导致企业所有者权益减少支出都应确认为费用。（ ）
2. 费用的发生一定会导致经济利益流出企业。（ ）
3. 费用按经济用途分类称成本项目。（ ）
4. 企业发生的支出没有确凿证据表明会产生经济利益，应当在发生时确认为费用，计入当期损益。（ ）
5. 企业为购建或生产符合资本化条件资产而发生的专门借款利息，在所购建或生产的资

产达到可使用或可销售状态之前，应予以资本化处理，达到可使用或可销售状态之后才应计入当期的财务费用。（ ）

6. 费用只有在经济利益可能流出从而导致企业资产减少或者负债增加且经济利益的流出额能够可靠计量时才能予以确认。（ ）

第十五章　利　　润

一、思考题

1. 期末应如何进行利润的结转?
2. 试说明按照我国《公司法》的规定,公司税后利润的分配顺序。
3. 企业计算所得税时,为什么不能直接以会计报表中列示的利润总额作为纳税依据?
4. 在进行所得税核算时,永久性差异和暂时性差异的形成原因分别是什么?
5. 试述资产计税基础的确定。
6. 试述负债计税基础的确定。
7. 简述应纳税暂时性差异的确定及其类型。
8. 简述可抵扣暂时性差异的确定及其类型。
9. 如何确认递延所得税资产?
10. 如何确认递延所得税负债?
11. 简述所得税费用的确认和计量。

二、名词解释

利润　　净利润　　营业利润　　营业收入　　营业成本
资产减值损失　　公允价值变动收益　　利润总额　　营业外收支　　所得税费用
应纳税所得额　　应纳所得税额　　永久性差异　　暂时性差异　　应纳税暂时性差异
可抵扣暂时性差异　　资产账面价值　　资产计税基础　　负债账面价值
负债计税基础　　资产负债表债务法　　递延所得税资产　　递延所得税负债
利润分配

三、单项选择题

1. 下列各项中,按照税法规定免交所得税的是(　　)。
A. 国库券利息收入　　B. 公司债券利息收入
C. 股票转让净收益　　D. 公司债券转让净收益
2. 下列各项中,应作为营业收入核算的是(　　)。
A. 销售商品收到的增值税　　B. 出售固定资产取得的净收益
C. 出租无形资产取得的收入　　D. 预收其他企业的货款
3. 下列各项中,不影响企业营业利润的是(　　)。

A. 商品销售收入　　　　B. 劳务收入
C. 罚款收入　　　　D. 固定资产出租收入

4. 某公司年初未分配利润为 150 000 元，当年实现净利润 600 000 元，经批准按 10%的比例提取法定盈余公积，按 5%的比例提取任意盈余公积。则当年该公司可供投资者分配的利润为(　　)元。

A. 660 000　　B. 510 000　　C. 750 000　　D. 727 500

5. 某企业一项固定资产原价为 200 万元，累计折旧为 120 万元，按税法规定计算确定的累计折旧额为 100 万元，适用的所得税税率为 25%。该企业这项固定资产由此产生的暂时性差异为(　　)。

A. 应纳税暂时性差异 20 万元　　　　B. 可抵扣暂时性差异 20 万元
C. 应纳税暂时性差异 5 万元　　　　D. 可抵扣暂时性差异 5 万元

6. 某企业采用资产负债表债务法进行所得税核算，适用的所得税税率为 25%。该企业 2×19 年度利润总额为 110 000 元，发生的应纳税暂时性差异为 10 000 元，当年不存在永久性差异。经计算，该企业2×19年度应交所得税为 25 000 元。则该企业 2×19 年度的所得税费用为(　　)元。

A. 22 500　　B. 25 000　　C. 27 500　　D. 30 000

7. 年度终了，结转后“利润分配——未分配利润”账户若为借方余额，表示(　　)。

A. 本年利润　　　　B. 年末累计未弥补亏损
C. 年末历年未分配利润　　　　D. 本年亏损

8. 某企业上年年末“未分配利润”明细账户为借方余额 5 000 元，属 5 年以上亏损，本年利润总额为 100 000 元，适用的所得税税率为 25%，当年不存在永久性差异和暂时性差异，则本年按 10%提取法定盈余公积的应为(　　)元。

A. 7 125　　B. 7 500　　C. 10 000　　D. 9 500

9. 计算企业利润总额时，不包括(　　)。

A. 营业利润　　　　B. 投资收益
C. 所得税费用　　　　D. 营业外收支净额

10. 下列各项中，不会对营业利润产生影响的是(　　)。

A. 处置长期股权投资的收益　　　　B. 转销盘亏固定资产的损失
C. 出租无形资产的收入　　　　D. 计提存货跌价准备确认的损失

11. 某工业企业本期营业收入为 960 万元，营业成本为 650 万元，税金及附加为 130 万元，管理费用为 85 万元，投资收益为 30 万元，所得税费用为 30 万元。假定不考虑其他因素，该企业本期营业利润为(　　)万元。

A. 310　　B. 180　　C. 125　　D. 95

12. 某企业遭受自然灾害，共计损失资产 100 000 元，其中，流动资产损失 60 000 元，固定资产损失 40 000 元。经查事故是由于水灾造成的，企业收到保险公司赔款 55 000 元，其中，流动资产赔款 27 000 元，固定资产赔款 28 000 元。该企业由于这次自然灾害损失而应计入营业外支出的金额是(　　)元。

A. 100 000　　B. 45 000　　C. 40 000　　D. 12 000

13. 对于自然灾害造成的资产损失，在扣除保险公司赔偿后的净损失应作为（　　）处理。

A. 正常损失　　B. 非常损失　　C. 资产盘亏　　D. 管理费用

14. 某公司于2×19年12月30日取得的某项生产用固定资产，原价为800 000元，预计使用寿命为10年，预计净残值为零，会计上采用年限平均法计提折旧。税法规定该生产用固定资产采用双倍余额递减法计提的折旧可予税前扣除，税法规定的预计使用寿命、净残值与会计上一致。2×20年12月31日，该项固定资产的账面价值与其计税基础之间的差额所产生的差异为（　　）。

A. 应纳税暂时性差异　　B. 可抵扣暂时性差异

C. 递延所得税负债　　D. 递延所得税资产

15. 某公司于2×19年1月1日自公开的市场上取得一项债券投资，划分为其他债权投资核算。该投资的成本为1 500万元。2×19年12月31日，其市价为1 400万元。税法规定资产在持有期间公允价值变动不计入应纳税所得额。2×19年12月31日，该项其他债权投资的账面价值与其计税基础之间的差额所产生的差异为（　　）。

A. 应纳税暂时性差异　　B. 可抵扣暂时性差异

C. 递延所得税负债　　D. 递延所得税资产

16. 某公司人2×19年因销售产品承诺提供1年的保修服务，在当年度利润表中确认了10万元的销售费用，同时确认为预计负债，2×19年未发生任何保修支出。税法规定，与产品售后服务相关的费用在实际发生时允许税前扣除。2×19年12月31日，该项预计负债的账面价值与其计税基础之间的差额所产生的差异为（　　）。

A. 应纳税暂时性差异　　B. 可抵扣暂时性差异

C. 递延所得税负债　　D. 递延所得税资产

17. 某企业本年实现的利润总额为100 000元，本年发生违法经营罚款支出2 000元，该企业适用的所得税税率为25%，则本年应交纳的所得税额为（　　）元。

A. 25 000　　B. 25 500　　C. 24 500　　D. 75 000

18. 某公司在会计期末，“主营业务收入”账户贷方余额为100 000元，“主营业务成本”账户借方余额为60 000元，结转损益的会计分录中，正确的是（　　）。

A. 借：主营业务收入　　100 000
　　贷：本年利润　　100 000
　借：本年利润　　60 000
　　贷：主营业务成本　　60 000

B. 借：本年利润　　40 000
　　贷：利润分配——未分配利润　　40 000

C. 借：主营业务收入　　100 000
　　贷：本年利润　　40 000
　　　主营业务成本　　60 000

D. 借：主营业务成本　　60 000
　　贷：主营业务收入　　60 000
　借：主营业务收入　　40 000
　　贷：本年利润　　40 000

19. 甲公司于2×19年1月1日以1 000 000元取得一项投资性房地产，后续计量采用公允价值模式计量。2×19年12月31日，该项投资性房地产的公允价值为1 300 000元，税法规定当年应提折旧额为50 000元。则该项投资性房地产在2×19年12月31日的计税基础为(　)元。

A. 950 000　　B. 1 000 000　　C. 1 300 000　　D. 300 000

20. 某企业所得税采用资产负债表债务法核算，适用的所得税税率为25%。该企业2×19年度利润总额为1 200 000元，发生的可抵扣暂时性差异为300 000元。经计算，该企业2×19年度应交所得税为375 000元，则该企业2×19年度的所得税费用为(　　)元。

A. 75 000　　B. 375 000　　C. 300 000　　D. 450 000

四、多项选择题

1. 下列业务中，影响所有者权益结构变动的有(　　)。

A. 用盈余公积弥补亏损　　B. 经批准提取法定盈余公积

C. 用固定资产对外投资　　D. 经批准用资本公积转增资本

E. 发放股票股利

2. 下列各项中，应作为营业外支出核算的有(　　)。

A. 计提的无形资产减值准备　　B. 支付的租入包装物租金

C. 罚款支出　　D. 出售固定资产的净损失

E. 报废固定资产的净损失

3. 采用资产负债表债务法核算所得税时，当期发生的下列事项中，会影响当期所得税费用的有(　　)。

A. 暂时性差异产生的递延所得税资产

B. 暂时性差异产生的递延所得税负债

C. 税率变动对递延所得税资产账户余额的调整金额

D. 当期产生的永久性差异

E. 当期实现的利润总额

4. 下列各项中，属于营业外收入的有(　　)。

A. 罚款收入　　B. 出租包装物收入

C. 报废固定资产净收益　　D. 保险赔偿收入

E. 存款利息收入

5. 下列各项中，不需要单独进行账务处理的有(　　)。

A. 用盈余公积转增资本　　B. 用资本公积转增资本

C. 用税前利润补亏　　D. 用税后利润补亏

E. 取得股票股利

6. 本期发生的下列费用和损失，会影响企业当期净利润的有(　　)。

A. 计提的坏账准备　　B. 批准处理的固定资产盘亏损失

C. 固定资产的安装费用　　D. 税款滞纳金支出

E. 以公允价值计量且其变动计入当期损益的金融资产公允价值变动损益

7. 下列各项中，可用于弥补企业经营亏损的有（　　）。

A. 资本公积　　B. 法定盈余公积

C. 以后年度实现的税后利润　　D. 任意盈余公积

E. 以后年度实现的税前利润

8. 下列各项中，按我国《公司法》规定属于企业利润分配的有（　　）。

A. 提取法定盈余公积　　B. 提取任意盈余公积

C. 分配现金股利　　D. 交纳所得税

E. 发放职工薪酬

9. 下列各项中，应当作为营业外收入核算的有（　　）。

A. 出售投资性房地产取得的净收益　　B. 报废固定资产净收益

C. 出租无形资产收益　　D. 债务人在债务重组中获得的收益

E. 接受现金资产捐赠

10. 下列各项中，会影响企业营业利润的有（　　）。

A. 按规定程序结转的固定资产盘盈利得

B. 批准核销有确凿证据表明无法收回的应收款项

C. 为管理人员交纳的社会保险金

D. 按规定计提固定资产减值准备确认的损失

E. 权益法下根据被投资单位实现的净利润确认的收益

11. 下列各项经济业务中，影响当期损益的有（　　）。

A. 投资性房地产计提累计折旧

B. 计提销售部门固定资产折旧

C. 费用化的专门借款利息费用

D. 计提生产车间固定资产折旧

E. 研究开发过程发生研发支出

12. 下列各项中，形成本期利润表中所得税费用的有（　　）。

A. 当期所得税费用　　B. 递延所得税费用

C. 递延所得税资产　　D. 递延所得税负债

E. 确认暂时性差异

13. 下列各项资产中，由于该资产公允价值变动形成应计入当期损益的利得或损失的有（　　）。

A. 交易性金融资产　　B. 其他债权投资

C. 固定资产　　D. 无形资产

E. 公允价值模式计量的投资性房地产

14. 下列账户中，年末结转后无余额的有（　　）。

A. “主营业务收入”　　B. “其他业务收入”

C. “营业外收入”　　D. “本年利润”

E. “所得税费用”

15. 下列各项中，产生应纳税暂时性差异的有（　　）。

A. 资产的账面价值大于其计税基础　　B. 资产的账面价值小于其计税基础
C. 负债的账面价值大于其计税基础　　D. 负债的账面价值小于其计税基础
E. 资产的账面价值等于其计税基础

16. 下列各项中,应在递延税款备查登记簿详细记录的有(　　)。
A. 发生暂时性差异的原因　　B. 发生暂时性差异的金额
C. 发生暂时性差异的预计转销期限　　D. 发生永久性差异的原因
E. 发生永久性差异的金额

17. 下列各项中,应在“递延所得税资产”账户贷方登记的有(　　)。
A. 可抵扣暂时性差异产生的所得税资产
B. 本期确认的可抵扣暂时性差异产生的递延所得税资产
C. 本期转回可抵扣暂时性差异产生的递延所得税资产
D. 预计未来很可能无法获得足够的应税所得用以抵扣而减记的递延所得税资产
E. 已确认的递延所得税资产

18. 下列关于企业所得税税率发生变动时的阐述中,正确的有(　　)。
A. 不需要调整原已确认的递延所得税资产或递延所得税负债
B. 对已确认的递延所得税资产进行重新计量
C. 对已确认的递延所得税负债进行重新计量
D. 对影响当期损益的影响数计入税率变动当期的所得税费用
E. 对影响当期权益的影响数计入税率变动当期的所有者权益

19. 对企业实现的净利润按照规定进行利润分配时,应考虑的因素有(　　)。
A. 市场物价指数的变动　　B. 投资者的利益
C. 交纳所得税的税率　　D. 维护企业的财产基础
E. 维护企业的信用能力

20. 企业提取法定盈余公积的目的有(　　)。
A. 向投资者分派利润　　B. 巩固企业财产基础
C. 增强企业信用　　D. 弥补意外亏损
E. 扩大业务规模

五、判断题

1. 企业以前年度亏损未弥补完时,不得向投资者分配利润,但可以按规定比例提取法定盈余公积。(　　)

2. 企业用当年实现的利润弥补以前年度发生的亏损,不需要作专门的账务处理。(　　)

3. 资产负债表债务法注重暂时性差异,要求企业在取得资产和负债时,应当确定其计税基础,资产或负债的账面价值与其计税基础之间的差额为暂时性差异,然后根据确定的所得税税率,确认由这项资产或负债所产生的递延所得税资产或递延所得税负债。(　　)

4. 所得税会计核算的关键在于确定资产和负债的计税基础。资产和负债的计税基础的确定与税收法规的规定密切关联。(　　)

5. 企业在处置资产或偿还负债时,应当确定其计税基础。(　　)

6. “递延所得税负债”账户用来核算企业确认的可抵扣暂时性差异产生的递延所得税负债。（　　）

7. 企业应设置递延税款备查登记簿，详细记录发生的暂时性差异的原因、金额、预计转销期限、已转销数额等。（　　）

8. 当企业适用的所得税税率发生变化时，应按原税率对已确认的全部递延所得税资产和递税所得税负债进行重新计量。（　　）

9. 期末，企业对递延所得税资产的账面价值进行复核发现未来期间很可能无法获得足够的应纳税所得额用以抵扣递延所得税资产利益时，应当减记递延所得税资产的账面价值。（　　）

10. 持有固定资产的期间内，企业在对固定资产计提了减值准备以后，因所计提的减值准备不允许税前扣除，会造成其账面价值与计税基础的差异。（　　）

11. 营业外收支是指企业发生的与其生产经营活动无关系的各项收入和各项支出，是企业利润总额的重要组成部分。（　　）

12.《企业会计准则》规定，企业自行研究开发的无形资产，若开发阶段发生的支出符合资本化条件的可以资本化。税法规定，企业发生的无形资产研究开发支出可以税前扣除。则该项无形资产计税基础等于开发阶段发生的支出数。（　　）

13. 采用资产负债表债务法，企业在本期转回已确认的暂时性差异的影响金额时，应当按照现行所得税税率计算其转回的金额。（　　）

14. 资产或负债账面价值与计税基础之间的差额产生的可抵扣暂时性差异，均应确认递延所得税资产，并分别记入“递延所得税资产”账户的借方或贷方。（　　）

15. 为了正确核算企业利润分配和历年分配后的积存余额的情况，企业应设置“利润分配”账户进行账务处理，但年末结账后，该账户应无余额。（　　）

16. 直接计入所有者权益的交易或者事项产生的递延所得税，无论是对当期所得税的影响还是递延所得税的影响，均应计入所有者权益。（　　）

17. 企业根据“亏损必弥补”的原则，对于以前年度的亏损可以用本年实现的利润弥补，或以历年积累的盈余公积弥补，必要时也可以企业的资本公积弥补以前年度亏损。（　　）

18. 应纳税暂时性差异将导致使用或处置资产、偿付负债的未来期间内增加应纳税所得额，由此产生递延所得税资产的差异。（　　）

19. 企业取得的营业外收入一般不需企业付出代价，而企业发生的营业外支出则从企业实现的利润总额中直接扣除，两者一般彼此相互对应，是同一交易或者事项从两个不同的侧面观察的结果。（　　）

20. 净利润是指企业当期实现的利润总额减去当期所得税费用和递延所得税费用后的金额。（　　）

六、业务题

【业务题一】

（一）目的　练习利润结转和利润分配的核算。

（二）资料　三达公司 2×19 年 12 月 31 日各损益类账户的年末余额如表 15－1 所示。

表 15-1

损益类账户年末余额表

单位：元

账 户 名 称	结账前余额
主营业务收入	60 000 000(贷)
主营业务成本	40 000 000(借)
销售费用	5 000 000(借)
税金及附加	800 000(借)
管理费用	7 700 000(借)
财务费用	2 000 000(借)
其他业务收入	7 000 000(贷)
其他业务成本	4 000 000(借)
投资收益	6 000 000(贷)
营业外收入	500 000(贷)
营业外支出	2 500 000(借)
所得税费用	3 300 000(借)

假定三达公司经批准按 10%提取法定盈余公积，并分派给普通股股东现金股利 2 000 000 元。

（三）要求　根据以上有关资料，编制三达公司 2×19 年年末结转当年实现净利润和利润分配的会计分录，并对“利润分配”账户进行结转。

【业务题二】

（一）目的　练习利润分配的核算。

（二）资料　2×19 年 1 月 1 日，甲股份有限公司（以下简称甲公司）的股东权益总额为 385 000 元，其中，股本总额为 100 000 股，每股面值为 1 元；资本公积为 180 000 元；盈余公积为 90 000 元；未分配利润为 15 000 元。2×19 年度，甲公司实现净利润 40 000 元。2×20 年 3 月 25 日，甲公司董事会提议并经股东大会决定按 2×19 年度实现净利润的 10%提取法定盈余公积，并分派现金股利 30 000 元。

2×20 年 8 月 5 日，甲公司召开股东大会，决定以 2×19 年 12 月 31 日的股本总额为基数，以资本公积转增股本，每 10 股转增 4 股。2×20 年 8 月 16 日，甲公司办妥了上述资本公积转增股本的有关手续。

甲公司 2×20 年度发生净亏损 75 000 元。假定不考虑可抵扣亏损产生的暂时性差异。

（三）要求

1. 根据以上资料，编制甲公司 2×19 年利润分配及年终结转的会计分录。
2. 根据以上资料，编制甲公司 2×20 年转增股本及年终结转的会计分录。

【业务题三】

（一）目的　练习弥补亏损的核算。

（二）资料　沿用本章[业务题二]的资料，2×21 年 4 月 9 日，甲公司股东大会决定以法定盈余公积弥补账面累计未弥补亏损 54 000 元。

（三）要求　根据以上资料，编制甲公司弥补亏损及年终结转的会计分录。

【业务题四】

（一）目的　练习递延所得税资产(负债)的确认。

（二）资料　某公司于 2×19 年 12 月 30 日取得的某项生产用固定资产，原价为 800 000 元，预计使用寿命为 10 年，预计净残值为零，会计上采用年限平均法计提折旧。税法规定该固定资产采用双倍余额递减法计提的折旧可予税前扣除，税法规定的预计使用寿命、净残值与会计上一致。该公司所得税采用资产负债表债务法核算，适用的所得税税率为 25%。假定该公司各会计期间均未对固定资产计提减值准备，除该项固定资产外，不存在其他会计与税收的差异。

（三）要求　根据以上资料，编制该公司 2×20 年 12 月 31 日有关递延所得税的会计分录。

【业务题五】

（一）目的　练习递延所得税资产或递延所得税负债的确认。

（二）资料　某公司于 2×19 年 1 月 1 日自公开的市场上取得一项债券投资，划分为以公允价值计量且其变动计入其他综合收益的金融资产核算。该投资的成本为 150 000 元。2×19 年 12 月 31 日，其市价为 140 000 元。税法规定资产在持有期间公允价值变动不计入应纳税所得额。该企业所得税采用资产负债表债务法核算，适用的所得税税率为 25%。假定该公司除该项债券投资外，不存在其他会计与税收的差异，并估计未来期间能够取得足够的应纳税所得额用以抵扣可抵扣暂时性差异。

（三）要求　根据以上资料，编制该公司 2×19 年 12 月 31 日有关该项债券投资的会计分录。

【业务题六】

（一）目的　练习应交所得税的确认和计算。

（二）资料　某公司所得税采用资产负债表债务法核算，适用的所得税税率为 25%。递延所得税资产及递延所得税负债不存在期初余额。2×19 年年末，该公司对持有的库存商品进行减值测试，该库存商品的可变现净值为 850 000 元。该库存商品的成本为 920 000 元。该公司 2×19 年度利润表中利润总额为 3 000 000 元，假定除该项库存商品外，不存在其他会计与税收的差异，并估计未来期间能够取得足够的应纳税所得额用以抵扣可抵扣暂时性差异。

（三）要求　根据以上资料，编制该公司 2×19 年 12 月 31 日有关该库存商品计提减值准备及当年所得税处理的会计分录。

【业务题七】

（一）目的　练习应交所得税的确认和计算。

（二）资料　某企业所得税采用资产负债表债务法核算，适用的所得税税率为 25%。该企业 2×19 年度利润总额为 110 000 元，发生的应纳税暂时性差异为 10 000 元。假定除该项应纳税暂时性差异外，不存在其他会计与税收的差异。

（三）要求　根据以上资料，编制该企业当年所得税的会计分录。

【业务题八】

（一）目的　练习所得税采用应付税款法的核算。

（二）资料　某公司某年度按税法规定允许计入成本费用的工资薪酬为 1 700 000 元，全年实发工资为 2 100 000 元。当年按会计核算原则计算的税前会计利润为 4 800 000 元，其中包括本年收到的国库券利息收入 300 000 元，适用的所得税税率为 25%，假定全年无其他纳税调整因素。该公司所得税采用应付税款法核算。

（三）要求　根据以上有关资料，编制该公司当年计算和交纳所得税的会计分录。

【业务题九】

（一）目的　练习递延所得税负债、递延所得税资产的确认和计算。

（二）资料　某企业 2×19 年 12 月 31 日资产负债表中有关项目账面价值及其计税基础如表 15－2 所示。

表 15－2

某企业有关项目账面价值及其计税基础

单位：元

项　目	账面价值	计税基础
库存商品	1 300 000	1 700 000
投资性房地产	3 600 000	3 400 000
预计负债	250 000	0
应付职工薪酬	510 000	510 000

除上述项目外，该企业其他资产、负债的账面价值与其计税基础不存在差异，且递延所得税资产和递延所得税负债期初无余额，适用的所得税税率为 25%。

假定当期按照税法规定计算确定的应交所得税为 1 000 000 元。该企业预计在未来期间能够产生足够的应纳税所得额用来抵扣可抵扣暂时性差异。

（三）要求　根据以上有关资料，确定应纳税暂时性差异和可抵扣暂时性差异，并计算确认该企业 2×19 年度的递延所得税资产、递延所得税负债、递延所得税费用以及所得税费用。

【业务题十】

（一）目的　练习所得税采用资产负债表债务法的核算。

（二）资料　A 公司于 2×19 年 12 月购入一台价值 3 000 万元的设备，该设备预计使用寿命 4 年，预计净残值为零，采用直线法计提折旧。税法规定采用年数总和法计提折旧。该设备使用寿命期满仍在继续使用。假定一：A 公司各年实现的会计利润均为 1 000 万元，无其他纳税调整事项。假定二：所得税采用资产负债表债务法核算，适用的所得税税率为 25%；发生的可抵扣暂时性差异预计在以后年度有足够的应税所得予以转回。

（三）要求

1. 计算确定各年的暂时性差异及该项差异对所得税的影响(将计算结果填入表 15－3)。

表 15－3

确定各年的暂时性差异及该项差异对所得税的影响计算表

单位：万元

项　　目	2×19 年	2×20 年	2×21 年	2×22 年	2×23 年
设备账面价值					
设备计税基础					
差额					
税率					
对所得税影响数					

2. 作 A 公司各年有关所得税的账务处理。

第十六章　财务报告

一、思考题

1. 什么是财务报告？财务报告的作用有哪些？
2. 简述我国财务报告体系的组成内容。
3. 财务报告列报有哪些基本要求？
4. 简述资产负债表的内容、结构及编制方法。
5. 简述利润表的内容、结构及编制方法。
6. 简述所有者权益变动表的内容、结构及编制方法。
7. 简述现金流量表中的现金范围及现金流量的分类。
8. 列报经营活动产生的现金流量有哪两种方法？这两种方法所起的作用有何不同？
9. 简述现金流量表补充资料包括的内容。
10. 简述会计报表附注的作用及披露的顺序和内容。

二、名词解释

财务报告　资产负债表　利润表　所有者权益变动表　现金流量　现金流量表
经营活动现金流量　直接法　间接法　投资活动现金流量　筹资活动现金流量
会计报表附注

三、单项选择题

1. “应付账款”所属明细账户中若有借方余额，应将其在资产负债表中的(　　)项目列示。

A. “应收账款”　B. “预付款项”　C. “应付账款”　D. “其他应付款”

2. “预付账款”所属明细账户中若有贷方余额，应将其在资产负债表中的(　　)项目列示。

A. “应收账款”　B. “预付款项”　C. “应付账款”　D. “其他应付款”

3. 2×19 年 12 月 31 日，某企业“应收账款”账户借方余额为 170 000 元，“坏账准备——应收账款”账户贷方余额为 17 000 元。则 2×19 年 12 月 31 日，资产负债表中“应收账款”项目的期末余额为(　　)元。

A. 153 000　B. 170 000
C. 187 000　D. 87 000

4. 某企业 2×19 年 12 月 31 日“预付账款”账户借方余额为 8 000 元，其所属明细账户中有一户为贷方余额 6 000 元；“应付账款”账户贷方余额 70 000 元，其所属明细账户中有一户为借方余额 50 000 元。则 2×19 年 12 月 31 日，资产负债表中“预付款项”项目和“应付账款”项目的期末余额分别为（　　）。

A. 64 000 元和 70 000 元　　B. 78 000 元和 56 000 元

C. 64 000 元和 56 000 元　　D. 64 000 元和 126 000 元

5. 将于 1 年内到期的非流动负债在资产负债表中填列的方法是（　　）。

A. 列入“短期借款”项目　　B. 列入“长期借款”项目

C. 列入“其他应付款”项目　　D. 在流动负债类单设项目列示

6. 2×19 年年初，某企业“应付债券”账户余额为 1 120 万元，其中，面值为贷方余额 1 000 万元，利息调整为借方余额 80 万元，应计利息为贷方余额 200 万元。2×19 年，利息调整摊销 30 万元，计提利息 50 万元，则 2×19 年 12 月 31 日，资产负债表中“应付债券”项目期末余额为（　　）万元。

A. 1 200　　B. 1 140　　C. 1 150　　D. 1 280

7. 资产负债表中“未分配利润”项目（1～11 月末），应根据（　　）填列。

A. “利润分配”账户余额

B. “本年利润”账户余额

C. “本年利润”和“利润分配”账户余额分析计算

D. “利润分配”账户余额分析计算

8. 下列各项中，与计算营业利润无关的是（　　）。

A. 资产减值损失　　B. 公允价值变动收益

C. 固定资产报废净损失　　D. 投资收益

9. 下列各项中，不在所有者权益变动表中反映的是（　　）。

A. 企业宣告分派给股东的现金股利　　B. 企业宣告分派给股东的股票股利

C. 企业提取的法定盈余公积　　D. 企业实际发放给股东的股票股利

10. 现金流量表中的现金，不包括（　　）。

A. 存入的银行汇票存款　　B. 不能随时用于支付的存款

C. 购入时还有 1 个月到期的国债　　D. 外埠存款

11. 下列各项中，能引起现金流量变动的项目是（　　）。

A. 从银行提取现金　　B. 以银行存款购入 2 个月到期的国债

C. 收到货款存入银行　　D. 购买材料款项未付

12. 某企业 2×19 年度商品销售收入为 2 000 万元，增值税销项税额为 260 万元，“应收账款”账户年初余额为 600 万元，年末余额为 500 万元，本年核销坏账损失 20 万元，计提坏账准备 30 万元，本年收回前期核销的坏账损失 50 万元，则 2×19 年度现金流量表中“销售商品、提供劳务收到的现金”项目应填列（　　）万元。

A. 2 580　　B. 2 700　　C. 2 500　　D. 2 390

13. 某企业 2×19 年度实际支付工资 320 000 元，各种奖金 120 000 元，其中生产经营管理人员工资 272 000 元，奖金 100 000 元；在建工程人员工资 48 000 元，奖金 20 000 元。则该企业 2×19 年现金流量表中“支付给职工以及为职工支付的现金”项目应填列（　　）元。

A. 272 000　　B. 320 000　　C. 372 000　　D. 420 000

14. 支付的在建工程人员工资属于(　　)产生的现金流量。

A. 筹资活动　　B. 经营活动　　C. 汇率变动　　D. 投资活动

15. 某企业2×19年度出售一台不需用设备，收到价款30 000元已存入银行，该设备原价为40 000元，已提折旧为15 000元。以现金支付该项设备的清理费用2 800元，则该企业2×19年度现金流量表中“处置固定资产、无形资产和其他长期资产收回的现金净额”项目应填列(　　)元。

A. 27 200　　B. 30 000　　C. 22 000　　D. −2 800

16. 企业支付的专门借款资本化利息在现金流量表(　　)类有关项目中反映。

A. 经营活动　　B. 投资活动　　C. 筹资活动　　D. 生产活动

17. 某企业2×19年度发生财务费用200 000元，其中190 000元为短期借款利息，10 000元为应收票据贴现息。该企业现金流量表补充资料将净利润调节为经营活动的现金流量中“财务费用”项目应填列的金额为(　　)元。

A. 200 000　　B. 190 000　　C. 10 000　　D. −200 000

18. 采用间接法将净利润调节为经营活动的现金流量时，下列各项中，属于调减项目的是(　　)。

A. 经营性应付项目的减少　　B. 存货的减少

C. 经营性应收项目的减少　　D. 递延所得税资产的减少

19. 采用间接法将净利润调节为经营活动的现金流量时，下列各项中，属于调增项目的是(　　)。

A. 经营性应付款项的减少　　B. 出售固定资产的净收益

C. 经营性应收款项的减少　　D. 递延所得税负债的减少

20. 某企业2×19年净利润为6 000 000元，当年其他有关资料为：以现金购买存货600 000元；计提资产减值准备1 000 000元；处置交易性金融资产净收益200 000元；财务费用中利息支出300 000元。则该企业2×19年度“经营活动产生的现金流量净额”为(　　)元。

A. 6 200 000　　B. 6 500 000　　C. 6 600 000　　D. 7 900 000

四、多项选择题

1. 资产负债表能够提供的信息资料有(　　)。

A. 企业经济资源的分布结构　　B. 企业负债和资本的分布结构

C. 企业的偿债能力　　D. 企业财务状况发展趋势

E. 企业的盈利能力

2. 下列资产负债表项目中，可根据总分类账户余额直接填列的项目有(　　)。

A. “递延所得税资产”　　B. “应收票据”

C. “应付债券”　　D. “短期借款”

E. 其他综合收益

3. 下列资产负债表项目中，可根据总分类账户余额计算填列的项目有(　　)。

A. “货币资金”　　B. “存货”

C. “长期借款” D. “应收账款”

E. “债权投资”

4. 下列各项中,应在资产负债表中作为“存货”项目列示的有( )。

A. 生产成本 B. 在途物资

C. 工程物资 D. 发出商品

E. 材料成本差异

5. 资产负债表中,“一年内到期的非流动负债”项目,应根据( )账户期末余额中将于1年内到期部分的数额填列。

A. “长期借款” B. “应付债券”

C. “长期应付款” D. “预计负债”

E. “其他应付款”

6. 下列各项中,会影响利润表中“营业利润”项目金额的有( )。

A. 经批准转销的确实无法支付的应付账款

B. 公允价值变动损失

C. 对外捐赠支出

D. 投资收益

E. 销售应税消费品应负担的消费税

7. 所有者权益变动表能够提供的信息资料有( )。

A. 企业当期所有者权益总量变化

B. 正常生产经营活动及非正常生产经营活动导致的所有者权益变动

C. 直接计入所有者权益的利得和损失

D. 直接计入损益的利得和损失

E. 向所有者分配的利润

8. 下列各项中,会影响所有者权益变动表中“所有者权益合计”项目的有( )。

A. 盈余公积弥补亏损 B. 提取盈余公积

C. 所有者投入资本 D. 盈余公积转增资本

E. 向所有者分配现金股利

9. 下列交易或事项中,不影响经营活动产生的现金流量的有( )。

A. 支付工程建设人员薪酬 B. 支付行政管理人员薪酬

C. 向银行借入3年期借款 D. 交纳增值税

E. 收到销售商品款

10. 下列各项中,属于经营活动产生的现金流量的有( )。

A. 收到的出口退税 B. 收到长期股权投资的现金股利

C. 出售无形资产取得的收入 D. 出租固定资产取得的收入

E. 出售固定资产取得的收入

11. 现金流量表中的“支付给职工以及为职工支付的现金”项目包括( )。

A. 支付给专设销售机构人员的奖金 B. 支付的在建工程人员的工资

C. 支付的生产工人的工资 D. 支付的车间管理人员的工资

E. 支付的行政管理人员的工资

12. 下列各项中，属于投资活动产生的现金流量有(　　)。

A. 为购建固定资产支付的已资本化的利息费用

B. 因自然灾害造成固定资产损失而收到的保险赔偿款

C. 为购建工程物资支付的价款

D. 外购无形资产支付的价款

E. 以银行存款支付所得税

13. 现金流量表中“购建固定资产、无形资产和其他长期资产支付的现金”项目包括支付(　　)等现金支出。

A. 购买工程物资的增值税

B. 与投资活动有关的其他现金支出

C. 购买无形资产

D. 为购建固定资产发生的已资本化的利息费用

E. 支付给在建工程人员的薪酬

14. 下列交易或事项中，属于筹资活动产生的现金流量有(　　)。

A. 购建固定资产发生的利息支出　　B. 向投资者分派现金股利

C. 收到投资企业分来的现金股利　　D. 收到发行债券款

E. 购买专利权发生的现金支出

15. 下列交易或事项中，会引起筹资活动产生的现金流量发生增减变化的有(　　)。

A. 支付的短期借款利息　　B. 向投资者支付现金股利

C. 收到被投资单位分来的现金股利　　D. 支付的已资本化的利息费用

E. 收到的银行存款利息

16. 现金流量表中“分配股利、利润或偿付利息支付的现金”项目包括支付(　　)等现金支出。

A. 向投资者分配的现金股利　　B. 短期借款利息

C. 发行债券利息　　D. 已达到可使用状态的工程借款利息

E. 已资本化的长期借款利息

17. 将本期净利润调节为经营活动现金流量净额时，下列各项中，属于调整内容的有(　　)。

A. 本期计提的固定资产折旧　　B. 本期计提的坏账准备

C. 本期财务费用中利息支出　　D. 本期投资收益

E. 本期处置固定资产净损失

18. 某增值税一般纳税人 2×19 年度一台设备使用期满作报废清理，设备原始价值为 100 000 元，已提折旧 90 000 元，用银行存款支付清理费，取得的增值税普通发票上注明的价款为 2 000 元，收到残料变卖收入存入银行，开具的增值税普通发票上列明价款为 3 800 元，则该企业 2×19 年度现金流量表中，完整、正确的反映是(　　)。

A. “处置固定资产、无形资产及其他长期资产收到的现金净额”项目 1 800 元

B. “处置固定资产、无形资产及其他长期资产收到的现金净额”项目 3 800 元

C. 补充资料中“固定资产报废损失”项目－8 200 元

D. 补充资料中“固定资产报废损失”项目 8 200 元

E. 补充资料中“处置固定资产、无形资产和其他长期资产的损失(收益以‘－’号填列)”项目 8 200 元

19. 将本期净利润调节为经营活动的现金流量时，下列各项中，属于调增内容的有(　　)。

A. 递延所得税负债的增加　　B. 长期待摊费用的增加

C. 计提的资产减值损失　　D. 本期投资损失

E. 固定资产的报废损失

20. 下列各项中，应在会计报表附注中反映的内容有(　　)。

A. 会计报表的编制基础　　B. 重大会计政策和会计估计的说明

C. 资产负债表日后事项的说明　　D. 或有事项的说明

E. 关联方关系及其交易的说明

五、判断题

1. 企业必须对外提供资产负债表、利润表、所有者权益变动表和现金流量表，会计报表附注也是企业必须对外提供的资料。(　　)

2. 资产负债表和所有者权益变动表为静态报表，利润表和现金流量表为动态报表。(　　)

3. 资产负债表“上年年末余额”栏各项目，应根据上年年末资产负债表“期末余额”栏内所列数字填列。(　　)

4. 资产负债表中确认的资产，一定是企业拥有的资产。(　　)

5. 在资产负债表中，各项资产均按账面余额反映。(　　)

6. 资产负债表中，长期负债项目应根据长期负债类账户余额直接填列。(　　)

7. 利润表中“营业利润”项目是根据营业收入减去营业成本、税金及附加、期间费用及资产减值损失加上公允价值变动收益或减去公允价值变动损失后的余额确定。(　　)

8. 所有者权益变动表是反映构成所有者权益的各组成部分当期增减变动情况的会计报表，不反映所有者权益内部结构的变化。(　　)

9. 所有者权益变动表只反映直接计入所有者权益的利得和损失，不反映直接计入损益的利得和损失的信息。(　　)

10. 在所有者权益变动表中，“对所有者(股东)的分配”项目反映企业宣告分配给股东的现金股利和股票股利。(　　)

11. 利润表编制的基础为权责发生制，现金流量表编制的基础为收付实现制。(　　)

12. 企业购入 3 个月即到期的国债，会减少企业现金流量。(　　)

13. 现金流量表除反映与现金有关的经营活动、投资活动和筹资活动外，还反映不涉及现金的重大投资活动和筹资活动。(　　)

14. 对于现金等价物范围内的债券投资，收到其本金和现金利息收入时均不应在现金流量表正表中反映。(　　)

15. 以现金支付给职工的工资，在现金流量表中，不需区分职工的工作性质和服务对象，

均应在经营活动“支付给职工以及为职工支付的现金”项目中反映。（ ）

16. 处置固定资产收到的款项抵减支付清理费用后的余额如为负数，在现金流量表“处置固定资产、无形资产和其他长期资产收回的现金净额”项目中以负数填列。（ ）

17. 以现金方式收回持有至到期投资时，收回的投资本金和投资收益均应在“收回投资收到的现金”项目中反映。（ ）

18. 企业偿付利息支付的现金，不管利息费用列支渠道如何，均在现金流量表筹资活动产生的现金流量中反映。（ ）

19. 现金流量表补充资料中的“固定资产折旧”项目反映的是企业本期计提的固定资产折旧费用。（ ）

20. 将净利润调节为经营活动现金流量时，在净利润基础上应加计经营性应收项目的增加额减去减少额、经营性应付项目的减少额减去增加额。（ ）

六、业务题

【业务题一】

（一）目的　练习资产负债表的部分项目的填列。

（二）资料　甲公司2×19年12月31日资产期末计价前有关账户余额如表16-1所示。

表16-1

有关账户余额表

单位：元

账户名称	借或贷	金额
交易性金融资产	借	60 000
应收账款	借	1 000 000
其他应收款	借	30 000
应收利息	借	100 000
应收股利	借	70 000
坏账准备——应收账款	贷	40 000
材料采购	借	20 000
原材料	借	570 000
包装物	借	6 000
低值易耗品	借	16 000
材料成本差异	贷	9 000
发出商品	借	30 000
存货跌价准备	贷	5 000
应付账款	贷	500 000
应付账款——D公司	贷	800 000
应付账款——E公司	借	300 000

该公司交易性金融资产年末公允价值为 82 000 元。

该公司按应收账款余额的 5%计提坏账准备。

该公司存货年末可变现净值为 580 000 元。

（三）要求　根据上述资料，填列甲公司 2×19 年 12 月 31 日资产负债表下列项目的期末余额：

1. “交易性金融资产”项目。
2. “应收账款”项目。
3. “预付款项”项目。
4. “其他应收款”项目。
5. “存货”项目。
6. “应付账款”项目。

【业务题二】

（一）目的　练习利润表的部分项目的填列。

（二）资料　乙公司所得税税率为 25%，2×19 年 12 月 31 日资产期末计价前有关账户余额如表 16－2 所示。

表 16－2

有关账户余额表

单位：元

账户名称	借或贷	金额
交易性金融资产	借	70 000
应收账款	借	230 000
坏账准备	贷	20 000
主营业务收入	贷	900 000
主营业务成本	借	680 000
税金及附加	借	10 000
销售费用	借	50 000
管理费用	借	120 000
财务费用	借	40 000
投资收益	贷	80 000
营业外收入	贷	9 000
营业外支出	借	3 000

该公司交易性金融资产年末公允价值为 74 000 元。

该公司按应收账款余额的 10%计提坏账准备。

该公司除上述暂时性差异外，未发生其他暂时性差异，本年度发生的可抵减暂时性差异预计未来期间能够产生足够的应纳税所得额予以抵扣。

（三）要求

1. 分别采用应付税款法和资产负债表债务法编制 2×19 年度结算应交所得税的会计分录。

2. 根据上述资料，填列 2×19 年度利润表下列指标的本期金额：

（1）“营业利润”项目。

（2）“利润总额”项目。

（3）“净利润”项目。

【业务题三】

（一）目的　练习现金流量表部分项目的填列。

（二）资料　丙公司为增值税一般纳税人，2×19 年度有关资料如下：

1. “营业收入”项目 4 000 万元，“应交税费”项目中增值税销项税额 520 万元，其中已收到现金 2 920 万元；“应收票据”项目年初余额 32 万元，本年收回前期应收票据 32 万元，本年销售收到票据 136 万元，年末余额 136 万元；“应收账款”项目年初余额 72 万元，本年赊销 1 440 万元，本年收回前期应收账款 1 280 万元，本年核销坏账损失 24 万元，本年收回前期核销的坏账损失 40 万元，年末余额 194.4 万元；“坏账准备——应收账款”账户年初余额为 8 万元，年末余额为 21.6 万元；“预收款项”项目年初余额 24 万元，本年转销 24 万元，本年预收 36.8 万元，年末余额 36.8 万元。

2. “营业成本”项目 1 812 万元；“存货”项目年初余额为 60 万元（无跌价准备），本年购入 1 800 万元，增值税进项税额 234 万元，其中已支付现金 1 800 万元，本年发出 1 812 万元，年末余额为 48 万元（无跌价准备）；“应付票据”项目年初余额 24 万元，本年支付前期应付票据 24 万元，本年购买交付应付票据 12 万元，年末余额 12 万元；“应付账款”项目年初余额 60 万元，本年赊购 180 万元，本年偿还 168 万元，年末余额 72 万元；“预付款项”项目年初余额 48 万元，本年转销 42 万元，预付 48 万元，年末余额 54 万元。

3. 出售旧机器一台，原始价值为 200 000 元，已提折旧额为 80 000 元，开出的增值税专用发票上注明的价款为 138 000 元，增值税额为 17 940 元；发生清理费用，取得的增值税专用发票上注明的价款为 4 800 元，增值税额为 624 元。款项均已通过银行收付。

4. 偿还短期借款本金 100 000 元，并支付利息 5 000 元。偿还长期借款利息 60 000 元，该项借款为专门借款，其利息费用全部计入在建工程成本。

5. 收回到期一次还本付息的 5 年期债券投资的本金 600 000 元，利息 72 000 元，款项已收存银行。

（三）要求　根据上述资料，填列丙公司 2×19 年度现金流量表下列项目的本期金额：

1. “销售商品、提供劳务收到的现金”项目。

2. “购买商品、接受劳务支付的现金”项目。

3. “收回投资收到的现金”项目。

4. “取得投资收益收到的现金”项目。

5. “处置固定资产、无形资产和其他长期资产收回的现金净额”项目。

6. “偿还债务支付的现金”项目。

7. “分配股利、利润、或偿付利息支付的现金”项目。

【业务题四】

（一）目的　练习财务报表的填列。

（二）资料　丁股份有限公司(以下简称丁公司)为增值税一般纳税人，适用的增值税税率为13%。该公司采用资产负债表债务法核算所得税，所得税税率为25%。该公司2×18年12月31日有关账户的余额如表16-3所示。

表16-3

有关账户的余额表

2×18年12月31日　　　　单位：元

账户名称	借方余额	账户名称	贷方余额
库存现金	1 200	短期借款	80 000
银行存款	290 400	应付票据	32 000
其他货币资金	54 000	应付账款	20 000
交易性金融资产(为成本)	104 000	应交税费	80 000
应收票据	200 000	应付利息	3 200
应收账款	551 600	其他应付款	2 400
坏账准备	—55 160	长期借款	520 000
预付账款	47 736	股本	2 800 000
其他应收款	800	资本公积	26 000
原材料	258 800	盈余公积	232 000
包装物	1 600	利润分配	84 566
低值易耗品	2 000		
库存商品	374 400		
长期股权投资	240 000		
长期股权投资减值准备	—28 000		
固定资产	1 128 000		
累计折旧	—240 000		
在建工程	72 000		
无形资产	824 000		
累计摊销	—8 000		
长期待摊费用	40 000		
递延所得税资产	20 790		
合　计	3 880 166	合　计	3 880 166

假设：

一是坏账准备均为应收账款计提的坏账准备。

二是长期借款中将于1年内到期的长期借款为72 000元。

该公司2×19年发生的经济业务如下：

1. 销售商品一批，增值税专用发票上列明的价款为170 000元，增值税额为22 100元，款项尚未收到。该批商品已发出，其实际成本为112 000元。

2. 出售交易性金融资产，其账面余额为54 000元，出售所得款62 000元存入银行。

3. 购入原材料一批，增值税专用发票上列明的价款为80 000元，增值税额为10 400元，款项以银行存款支付，材料已验收入库。

4. 销售商品一批，增值税专用发票上列明的价款为260 000元，增值税额为33 800元，款项已收到并存入银行。该批商品已发出，其实际成本为148 000元。

5. 以银行存款支付到期的银行承兑汇票32 000元。

6. 收到原材料一批，增值税专用发票上列明的价款为40 800元，增值税额为5 304元，材料已验收入库，货款已于上月预付。

7. 购入不需要安装的生产用设备一台，增值税专用发票上列明的价款为20 000元，增值税额为2 600元，款项以银行存款支付。

8. 购入安装生产用设备的物资一批，增值税专用发票上列明的价款为4 000元，增值税额为520元，款项以银行存款支付。

9. 以银行存款归还到期的3年期借款72 000元。

10. 基本生产车间一台车床报废，其原始价值为200 000元，已提折旧额为184 000元。车床报废清理过程中发生清理费用，取得的增值税普通发票上注明的价款为400元；取得残值收入，开具的增值税普通发票上注明的价款为640元，均通过银行存款收支。车床已清理完毕。

11. 销售商品一批，增值税专用发票上列明的价款为72 000元，增值税额为9 360元，收到一张面值为81 360元的不带息商业承兑汇票。该批商品现已发出，其实际成本为52 960元。

12. 从银行借入3年期用于购建固定资产的专门借款80 000元，借款已存入银行。

13. 公司持有的一张面值为20 000元的商业承兑汇票到期，款项已收存银行。

14. 以银行存款归还短期借款本金80 000元，支付以前月份已预提的利息3 200元。

15. 以银行存款支付职工工资357 002.4元，其中支付给在建工程人员的工资为27 360元。

16. 分配当期职工工资357 002.40元，其中基本生产车间工人工资228 000元，基本生产车间管理人员工资18 240元，厂部管理人员工资83 402.4元，在建工程人员工资27 360元。

17. 按合同预收货款80 000元存入银行。

18. 提取应计入本期损益的借款利息10 157.6元，其中短期借款利息4 077.6元，长期借款利息6 080元(采用分期付息方式)。

19. 计提固定资产折旧64 000元，其中基本生产车间固定资产折旧51 200元，行政管理部门固定资产折旧12 800元。

20. 摊销无形资产价值 24 000 元；长期待摊费用摊销计入管理费用 3 600 元。

21. 基本生产车间领用原材料一批，实际成本 160 000 元，其中商品生产耗用 152 000 元，一般耗用 8 000 元。

22. 收到应收账款 123 700 元存入银行。

23. 以银行存款支付商品广告费，取得的增值税普通发票上注明的价款为 10 000 元；支付商品展销费，取得的增值税普通发票上列明的价款为 7 160 元。

24. 以银行存款交纳当期增值税 30 000 元。

25. 按应收账款余额的 10%计提坏账准备。

26. 已投产的商品本期全部完工入库，结转制造费用和完工商品成本。

27. 以银行存款预付购货款 8 000 元。

28. 年末，交易性金融资产的公允价值为 58 680 元，确认公允价值变动损益。年末，长期股权投资可收回金额为 212 000 元。

29. 将损益类账户余额结转至“本年利润”账户。

30. 结算本期应交所得税(假定本期除资产减值损失和交易性金融资产的公允价值变动外，其他交易或事项核算均符合税法规定)，并将所得税费用结转至“本年利润”账户。

31. 以银行存款交纳所得税 54 800 元。

32. 按净利润的 10%、15%的比例提取法定盈余公积和任意盈余公积。

33. 将“本年利润”“利润分配”有关明细账户余额转入“利润分配——未分配利润”账户。

(三) 要求

1. 根据上述资料，编制会计分录(假定增值税当月已认定可抵扣)。

2. 根据 2×18 年 12 月 31 日有关账户的余额及编制的会计分录，编制 2×19 年 12 月 31 日有关账户的余额表。

3. 编制丁公司 2×19 年 12 月 31 日资产负债表。

4. 编制丁公司 2×19 年度利润表。

5. 编制丁公司 2×19 年度所有者权益变动表。

6. 编制丁公司 2×19 年度现金流量表。

第 二 部 分

部分参考答案

第一章 总　论

三、单项选择题

1. A　2. C　3. D　4. B　5. C　6. A　7. B　8. A　9. B　10. D　11. A　12. B　13. C　14. C　15. D　16. C　17. D　18. C　19. D　20. B

四、多项选择题

1. AE　2. ACDE　3. ABCD　4. ACDE　5. BCDE　6. ABCE　7. ACDE　8. BE　9. AB　10. BD　11. ACDE　12. ACD　13. ABD　14. ABCD　15. ADE　16. ADE　17. AC　18. ACD　19. ABCD　20. ACDE

五、判断题

1. √　2. ×　3. ×　4. ×　5. √　6. ×　7. √　8. ×　9. ×　10. √　11. ×　12. ×　13. √　14. √　15. ×　16. ×　17. √　18. √　19. ×　20. √

第二章 货币资金

三、单项选择题

1. B　2. B　3. D　4. D　5. B　6. C　7. D　8. A　9. C　10. A　11. C　12. C　13. D　14. A　15. B　16. D　17. A　18. B　19. C　20. B

四、多项选择题

1. CD　2. ACDE　3. ABCD　4. BCD　5. AB　6. ABC　7. ACDE　8. AB　9. DE　10. ABD　11. CE　12. BCE　13. ABCE　14. ABDE　15. AD　16. ABCD　17. BCE　18. CDE　19. BCDE　20. ABDE

五、判断题

1. ×　2. ×　3. √　4. ×　5. √　6. ×　7. ×　8. √　9. √　10. ×　11. ×　12. √　13. √　14. √　15. ×　16. ×　17. ×　18. √　19. ×　20. √

六、业务题

【业务题一】

1. 甲企业：

借：其他货币资金——银行汇票　　50 000

　贷：银行存款　　50 000

借：原材料——M材料　42 000
　　应交税费——应交增值税（进项税额）　5 460
　贷：其他货币资金——银行汇票　47 460
借：银行存款　2 540
　贷：其他货币资金——银行汇票　2 540
乙企业：
借：银行存款　47 460
　贷：主营业务收入——M材料　42 000
　　　应交税费——应交增值税（销项税额）　5 460

2. 甲企业：
借：其他货币资金——银行本票　30 000
　贷：银行存款　30 000
借：原材料——Y材料　25 000
　　应交税费——应交增值税（进项税额）　3 250
　　其他应收款——丙企业　1 750
　贷：其他货币资金——银行本票　30 000
借：银行存款　1 750
　贷：其他应收款——丙企业　1 750
丙企业：
借：银行存款　30 000
　贷：主营业务收入——Y材料　25 000
　　　应交税费——应交增值税（销项税额）　3 250
　　　其他应付款——甲企业　1 750
借：其他应付款——甲企业　1 750
　贷：银行存款　1 750

【业务题二】

1. 借：待处理财产损溢　80
　贷：库存现金　80
借：其他应收款——出纳　50
　　管理费用　30
　贷：待处理财产损溢　80

2. 借：库存现金　120
　贷：待处理财产损溢　120
借：待处理财产损溢　120
　贷：其他应付款——供应科　100
　　　营业外收入　20

【业务题三】

1. 借：库存现金　5 000
　贷：银行存款　5 000

2. 借：其他货币资金——外埠存款　80 000
　贷：银行存款　80 000
借：其他应收款——黄某　800
　贷：库存现金　800

3. 借：其他应收款——销售科	2 000	
贷：库存现金		2 000
4. 借：生产成本	8 500	
管理费用	600	
销售费用	400	
贷：银行存款		9 500
5. 借：原材料	60 000	
应交税费——应交增值税（进项税额）	7 800	
贷：其他货币资金——外埠存款		67 800
6. 借：银行存款	25 000	
贷：应收账款——A 公司		25 000
7. 借：管理费用	750	
库存现金	50	
贷：其他应收款——黄某		800
借：银行存款	12 200	
贷：其他货币资金——外埠存款		12 200
8. 借：销售费用	1 050	
贷：库存现金		1 050
9. 借：其他货币资金——银行汇票	100 000	
贷：银行存款		100 000
10. 借：原材料	80 000	
应交税费——应交增值税（进项税额）	10 400	
贷：其他货币资金——银行汇票		90 400
11. 借：银行存款	226 000	
贷：主营业务收入		200 000
应交税费——应交增值税（销项税额）		26 000
12. 借：银行存款	9 600	
贷：其他货币资金——银行汇票		9 600
13. 借：管理费用	1 500	
贷：其他货币资金——信用卡		1 500
14. 借：预付账款	23 000	
贷：银行存款		23 000
15. 借：银行存款	100 000	
贷：应收票据		100 000

第三章　应收及预付款项

三、单项选择题

1. A　**2.** D　**3.** B　**4.** D　**5.** D　**6.** A　**7.** C　**8.** C　**9.** C　**10.** D　**11.** C　**12.** A　**13.** A　**14.** A

15. C　**16.** C　**17.** A　**18.** B　**19.** C　**20.** A

四、多项选择题

1. ACD　**2.** ABC　**3.** ADE　**4.** ABCD　**5.** ABCD　**6.** ABE　**7.** AC　**8.** BCE　**9.** ABC　**10.** ABC　**11.** ABCD　**12.** ABCD　**13.** ABC　**14.** ABCDE　**15.** AD　**16.** ABDE　**17.** ABDE　**18.** ABCE

五、判断题

1. √　**2.** √　**3.** √　**4.** ×　**5.** ×　**6.** √　**7.** √　**8.** ×　**9.** ×　**10.** √　**11.** √　**12.** √　**13.** √　**14.** ×　**15.** ×　**16.** ×　**17.** √　**18.** ×　**19.** ×　**20.** ×

六、业务题

【业务题一】

1. 2×19 年 7 月 1 日,销售收到商业汇票时:

借:应收票据　113 000
　贷:主营业务收入　100 000
　　应交税费——应交增值税(销项税额)　13 000

2. 商业汇票持有 3 个月到期收到款项时:

借:银行存款　113 000
　贷:应收票据　113 000

3. 商业汇票持有 3 个月到期无法兑现时:

借:应收账款　113 000
　贷:应收票据　113 000

【业务题二】

1. H 公司销售收到商业汇票时:

借:应收票据　678 000
　贷:主营业务收入　600 000
　　应交税费——应交增值税(销项税额)　78 000

2. 计算 H 公司贴现所得额:

贴现息 = 678 000 × 9% ÷ 12 × 4 = 20 340(元)

贴现额 = 678 000 − 20 340 = 657 660(元)

3. 假定 H 公司对该票据不负有连带责任,应收票据贴现时:

借:银行存款　657 660
　　财务费用　20 340
　贷:应收票据　678 000

4. 假定 H 公司对该票据负有连带责任,应收票据贴现时:

借:银行存款　657 660
　　财务费用　20 340
　贷:短期借款　678 000

票据到期兑现时:

借：短期借款　678 000
　贷：应收票据　678 000

5. 如果票据到期承兑人无法支付款项：

不负连带责任的票据，H 公司不作会计处理。

负有连带责任的票据，H 公司应作会计处理如下：

借：短期借款　678 000
　贷：银行存款　678 000

借：应收账款　678 000
　贷：应收票据　678 000

【业务题三】

1. 2×19 年 9 月 30 日，销售时：

借：应收账款——H 公司　55 935
　贷：主营业务收入　49 500
　　　应交税费——应交增值税（销项税额）　6 435

借：主营业务成本　20 000
　贷：库存商品　20 000

2. 2×19 年 10 月 8 日，收到 H 公司货款时：

借：银行存款　54 945
　　财务费用　990
　贷：应收账款——H 公司　55 935

3. 2×19 年 10 月 18 日，收到 H 公司货款时：

借：银行存款　55 440
　　财务费用　495
　贷：应收账款——H 公司　55 935

4. 2×19 年 10 月 28 日，收到 H 公司货款时：

借：银行存款　55 935
　贷：应收账款——H 公司　55 935

【业务题四】

1. 预付购料款时：

借：预付账款——Y 公司　50 000
　贷：银行存款　50 000

2. 签发现金支票支付包装物押金时：

借：其他应收款　1 600
　贷：银行存款　1 600

3. 购买材料时：

借：原材料　50 000
　　应交税费——应交增值税（进项税额）　6 500
　贷：预付账款——Y 公司　56 500

借：预付账款——Y 公司　6 500
　贷：银行存款　6 500

4. 职工预借差旅费时：

借：其他应收款　1 800
　贷：库存现金　1 800

5. 购买材料时：

借：原材料	30 000
应交税费——应交增值税（进项税额）	3 900
贷：应收票据	30 000
应付账款——T 公司	3 900

6. 职工出差回来报销差旅费时：

借：库存现金	1 800
贷：其他应收款	1 800
借：管理费用	2 000
贷：库存现金	2 000

【业务题五】

第一年年末，计提坏账准备时：

借：信用减值损失	10 000
贷：坏账准备	10 000

第二年，应收账款被确认为坏账时：

借：坏账准备	20 000
贷：应收账款	20 000

第二年年末，计提坏账准备时：

借：信用减值损失	25 000
贷：坏账准备	25 000

第三年，收回上年已转销的应收账款时：

借：应收账款	15 000
贷：坏账准备	15 000
借：银行存款	15 000
贷：应收账款	15 000

或者：

借：银行存款	15 000
贷：坏账准备	15 000

第三年年末，计提坏账准备时：

借：坏账准备	12 000
贷：信用减值损失	12 000

【业务题六】

1. 2×19 年，确认坏账时：

借：坏账准备	100 000
贷：应收账款	100 000

2. 若采用应收账款余额百分比法，H 公司 2×19 年年末计提或冲回减值准备时：

借：坏账准备	11 000
贷：信用减值损失	11 000

3. 若采用账龄分析法，H 公司 2×19 年年末计提或冲回减值准备时：

借：信用减值损失	3 000
贷：坏账准备	3 000

【业务题七】

1. 根据上述资料1～4，编制M公司会计分录：

借：应收账款——H公司　508 500
　贷：主营业务收入　450 000
　　应交税费——应交增值税（销项税额）　58 500
借：坏账准备　232 000
　贷：应收账款——Z公司　232 000
借：银行存款　500 000
　贷：应收账款——S公司　500 000
借：银行存款　200 000
　贷：坏账准备　200 000

2. M公司2×19年年末应调整的减值准备金额：

1 776 500×5%－100 000＋232 000－200 000＝20 825（元）

3. M公司2×19年年末计提减值准备时：

借：信用减值损失　20 825
　贷：坏账准备　20 825

【业务题八】

1. A公司2×19年转销无法收回的应收账款时：

借：坏账准备　200 000
　贷：应收账款　200 000

A公司2×19年收回以前年度已注销应收账款时：

借：银行存款　600 000
　贷：坏账准备　600 000

2. 2×19年年末应调整的坏账准备金额＝200 000＋740 000－450 000＋200 000－600 000＝90 000（元）

2×19年年末，计提坏账准备时：

借：信用减值损失　90 000
　贷：坏账准备　90 000

第四章　存　　货

三、单项选择题

1. D　2. A　3. C　4. C　5. B　6. D　7. A　8. B　9. C　10. C　11. B　12. C　13. A　14. D　15. D　16. A　17. C　18. D　19. D　20. C

四、多项选择题

1. ACE　2. BD　3. ACD　4. ABCD　5. ABD　6. ABCD　7. ACDE　8. AC　9. ABD　10. ACD　11. ABC　12. CE　13. ABC　14. BC　15. AB　16. BC　17. ABDE　18. ACDE　19. ABCE　20. AD

五、判断题

1. ×　2. ×　3. ×　4. √　5. ×　6. ×　7. √　8. √　9. √　10. ×　11. √　12. √　13. ×

14. ×　**15.** ×　**16.** √　**17.** ×　**18.** √　**19.** ×　**20.** √

六、业务题

【业务题一】

存货发出成本

方　法	先进先出法	加权平均法	移动加权平均法
发出成本(元)	285 900	286 060	285 940

原材料明细分类账(先进先出法)

材料类别：　　　名称及规格：乙材料　　　计量单位：件　　　存放地点：

2×19年		凭证号	摘要	收　入			发　出			结　存		
月	日			数量	单价	金额	数量	单价	金额	数量	单价	金额
8	1	(略)	(略)							10 000	5.00	50 000
	3			20 000	5.10	102 000				10 000 20 000	5.00 5.10	50 000 102 000
	5						10 000 14 000	5.00 5.10	50 000 71 400	6 000	5.10	30 600
	18			30 000	5.15	154 500				6 000 30 000	5.10 5.15	30 600 154 500
	20						6 000 26 000	5.10 5.15	30 600 133 900	4 000	5.15	20 600
8	31		本月合计	50 000		256 500	56 000		285 900	4 000	5.15	20 600

原材料明细分类账(月末一次加权平均法)

材料类别：　　　名称及规格：乙材料　　　计量单位：件　　　存放地点：

2×19年		凭证号	摘要	收　入			发　出			结　存		
月	日			数量	单价	金额	数量	单价	金额	数量	单价	金额
8	1	(略)	(略)							10 000	5.00	50 000
	3			20 000	5.10	102 000				30 000		
	5						24 000			6 000		
	18			30 000	5.15	154 500				36 000		
	20						32 000			4 000		
8	31		本月合计	50 000		256 500	56 000		286 060	4 000	5.11	20 440

本月乙材料存货加权平均单价 $=\dfrac{50\,000+256\,500}{10\,000+50\,000}\approx 5.11$(元)

月末结存乙材料成本＝4 000×5.11＝20 440(元)

本月发出乙材料成本＝50 000＋256 500－20 440＝286 060(元)

原材料明细分类账(移动加权平均法)

材料类别： 名称及规格：乙材料 计量单位：件 存放地点：

2×19年		凭证号	摘要	收入			发出			结存		
月	日			数量	单价	金额	数量	单价	金额	数量	单价	金额
8	1	(略)	(略)							10 000	5.00	50 000
	3			20 000	5.10	102 000				30 000	5.07	152 000
	5						24 000	5.07	121 580	6 000	5.07	30 420
	18			30 000	5.15	154 500				36 000	5.14	184 920
	20						32 000	5.14	164 360	4 000	5.14	20 560
8	31		本月合计	50 000		256 500	56 000		285 940	4 000	5.14	20 560

8月3日的乙材料平均单位成本 $=\dfrac{50\ 000+102\ 000}{10\ 000+20\ 000}\approx 5.07$(元)

8月18日的乙材料平均单位成本 $=\dfrac{30\ 420+154\ 500}{6\ 000+30\ 000}\approx 5.14$(元)

【业务题二】

1. 借：原材料——甲材料 150 700
　　应交税费——应交增值税(进项税额) 19 500
　贷：银行存款 170 200

2. 借：原材料——甲材料 2 000
　贷：在途物资 2 000

3. 借：在途物资——丙材料 10 500
　　应交税费——应交增值税(进项税额) 1 300
　贷：银行存款 11 800

4. 借：原材料——乙材料 8 000
　贷：应付账款——暂估应付账款 8 000

5. 借：生产成本——基本生产成本 40 000
　　制造费用 20 000
　　管理费用 6 000
　贷：原材料——乙材料 66 000

【业务题三】

1. 借：应付账款——暂估应付账款 2 400
　贷：原材料——甲材料 2 400

2. 借：原材料——甲材料 20 500
　贷：材料采购——甲材料 20 500
借：材料采购——甲材料 500
　贷：材料成本差异 500

3. 借：材料采购——甲材料 57 600
　　应交税费——应交增值税(进项税额) 7 371
　贷：应付账款——金明工厂 64 971

借：原材料——甲材料　57 400
　贷：材料采购——甲材料　57 400
借：材料成本差异　200
　贷：材料采购——甲材料　200

4. 借：生产成本——基本生产成本　41 000
　　制造费用　16 400
　　管理费用　4 100
　贷：原材料——甲材料　61 500
借：材料成本差异　861.00
　贷：生产成本——基本生产成本　574.00
　　制造费用　229.60
　　管理费用　57.40

$$材料成本差异率=\frac{-1\,527-500+200}{55\,000-2\,400+20\,500+57\,400}\times 100\%=-1.4\%$$

月末库存甲材料实际成本 $=69\,000\times(1-1.4\%)=68\,034$(元)

或：$=69\,000-(1\,527+500-200-861)=69\,000-966=68\,034$(元)

【业务题四】

1. 借：委托加工物资　20 200
　贷：原材料　20 000
　　材料成本差异　200
2. 借：委托加工物资　5 000
　　应交税费——应交增值税(进项税额)　650
　　应交税费——应交消费税　1 200
　贷：银行存款　6 850
3. 借：委托加工物资　500
　贷：银行存款　500
4. 借：库存商品　20 000
　　材料成本差异　5 700
　贷：委托加工物资　25 700

【业务题五】

1. 借：生产成本　2 000
　贷：包装物——A 包装物　2 000
2. 借：银行存款　10 170
　贷：其他业务收入　9 000
　　应交税费——应交增值税(销项税额)　1 170
借：其他业务成本　5 400
　贷：包装物——B 包装物　5 400
3. 借：银行存款　5 000
　贷：其他应付款　5 000
借：销售费用　4 000
　贷：包装物——C 包装物　4 000
4. 领用时：

借：制造费用 1 500

  贷：低值易耗品——摊销 1 500

报废时：

借：制造费用 1 500

  贷：低值易耗品——摊销 1 500

借：库存现金 200

  贷：制造费用 200

借：低值易耗品——摊销 3 000

  贷：低值易耗品——在用 3 000

【业务题六】

1. 2×18 年 6 月 30 日：

借：资产减值损失——计提的存货跌价准备 2 000

  贷：存货跌价准备 2 000

2. 2×18 年 12 月 31 日：

借：资产减值损失——计提的存货跌价准备 1 000

  贷：存货跌价准备 1 000

3. 2×19 年 6 月 30 日：

借：存货跌价准备 2 000

  贷：资产减值损失——计提的存货跌价准备 2 000

4. 2×19 年 12 月 30 日：

借：存货跌价准备 1 000

  贷：资产减值损失——计提的存货跌价准备 1 000

【业务题七】

1. 借：应付账款——暂估应付账款 500

  贷：原材料——乙材料 500

2. 借：材料采购——乙材料 450

  应交税费——应交增值税(进项税额) 52

  贷：银行存款 502

3. 借：其他应收款 110

  贷：材料采购——甲材料$\left(\frac{2\ 200}{800}\times 40\right)$ 110

4. 借：材料采购——甲材料 14 120

  应交税费——应交增值税(进项税额) 1 820

  贷：应付票据 15 940

5. 月末再作账务处理。

6. 借：材料采购——乙材料 2 600

  应交税费——应交增值税(进项税额) 338

  贷：银行存款 2 938

7. 借：材料采购——甲材料 8 800

  应交税费——应交增值税(进项税额) 1 131

  贷：应付账款 9 931

8. 借：原材料——乙材料 2 500

  贷：应付账款——暂估应付账款 2 500

9. 入库甲材料实际成本 $= 14\,120 + 2\,200 - 110 = 16\,210$(元)

入库甲材料计划成本 $= 5\,000 \times 3 + 760 \times 3 = 17\,280$(元)

入库乙材料实际成本 $= 450 + 2\,600 = 3\,050$(元)

入库乙材料计划成本 $= 200 \times 2.50 + 1\,000 \times 2.50 = 3\,000$(元)

总差异 $= (16\,210 + 3\,050) - (17\,280 + 3\,000) = -1\,020$(元)

材料成本差异率 $= \dfrac{787.20 - 1\,020}{(3\,500 - 500) + 20\,280} \times 100\% = -1\%$

借：原材料——甲材料　　17 280
　贷：材料采购——甲材料　　17 280
借：原材料——乙材料　　3 000
　贷：材料采购——乙材料　　3 000
借：材料采购　　1 020
　贷：材料成本差异　　1 020

10. 借：生产成本——基本生产成本　　4 400
　　制造费用　　6 000
　　管理费用　　180
　贷：原材料——甲材料　　8 580
　　　原材料——乙材料　　2 000
借：材料成本差异　　105.80
　贷：生产成本——基本生产成本　　44.00
　　　制造费用　　60.00
　　　管理费用　　1.80

【业务题八】

1.

存货计算表

单位：元

存货种类	6月30日		比较方法		7月1日至12月31日		12月31日		比较方法	
	成本	可变现净值	单项比较	总额比较	收入	发出	成本	可变现净值	单项比较	总额比较
甲种存货	2 900	2 500	2 500		5 000	4 000	3 900	3 800	3 800	
乙种存货	3 000	2 800	2 800		1 000	1 200	2 800	3 050	2 800	
丙种存货	5 000	5 300	5 000		2 500	0	7 500	7 400	7 400	
合　计	10 900	10 600	10 300	10 600	8 500	5 200	14 200	14 250	14 000	14 200

2.

(1) 单项比较法：

2×19 年 6 月 30 日：

借：资产减值损失——计提的存货跌价准备　　600
　贷：存货跌价准备　　600

2×19 年 12 月 31 日：

借：存货跌价准备 400

贷：资产减值损失——计提的存货跌价准备 400

（2）总额比较法：

2×19 年 6 月 30 日：

借：资产减值损失——计提的存货跌价准备 300

贷：存货跌价准备 300

2×19 年 12 月 31 日：

借：存货跌价准备 300

贷：资产减值损失——计提的存货跌价准备 300

第五章 金融资产

三、单项选择题

1. D **2.** A **3.** D **4.** A **5.** B **6.** B **7.** B **8.** A **9.** B **10.** C **11.** D **12.** B **13.** C **14.** D **15.** B **16.** A **17.** C **18.** B **19.** A **20.** C

四、多项选择题

1. AC **2.** ABCDE **3.** ABD **4.** ABD **5.** ACE **6.** BD **7.** ABE **8.** AC **9.** BCD **10.** AC **11.** ABD **12.** ABDE **13.** BCD **14.** ABD **15.** BDE **16.** ABC **17.** ABC **18.** BDE **19.** ABDE **20.** ABC

五、判断题

1. × **2.** × **3.** × **4.** √ **5.** × **6.** √ **7.** × **8.** × **9.** × **10.** × **11.** √ **12.** × **13.** √ **14.** × **15.** √ **16.** × **17.** × **18.** × **19.** × **20.** √

六、业务题

【业务题一】

1. 编制甲公司经济业务的会计分录：

（1）2×19 年 3 月 2 日，购入时：

借：交易性金融资产——A 公司股票（成本） 4000 000

投资收益 80 000

贷：银行存款 4 080 000

（2）2×19 年 6 月 30 日，确认公允价值变动－500 000 元（500 000×7－4 000 000）时：

借：公允价值变动损益 500 000

贷：交易性金融资产——A 公司股票（公允价值变动） 500 000

（3）2×19 年 8 月 10 日，A 公司宣告分派现金股利，甲公司确认 50 000 元（500 000×0.10）时：

借：应收股利 50 000

贷：投资收益 50 000

（4）2×19 年 8 月 20 日，收到股利时：

借：银行存款　50 000

　贷：应收股利　50 000

(5) 2×19 年 12 月 31 日，确认公允价值变动 600 000 元(500 000×8.20－3 500 000)时：

借：交易性金融资产——A 公司股票(公允价值变动)　600 000

贷：公允价值变动损益　600 000

(6) 2×20 年 2 月 8 日，处置时：

借：银行存款　4 900 000

　贷：交易性金融资产——A 公司股票(成本)　4 000 000

　　交易性金融资产——A 公司股票(公允价值变动)　100 000

　　投资收益　800 000

2. 计算该交易性金融资产的累计损益：

该交易性金融资产的累计损益＝－80 000＋50 000＋800 000＝770 000(元)

【业务题二】

1. 2×19 年 7 月 5 日，购入时：

借：交易性金融资产——C 公司股票(成本)　1 170 000

　应收股利　30 000

　投资收益　10 000

　贷：银行存款　1 210 000

2. 2×19 年 7 月 20 日，收到发放的现金股利时：

借：银行存款　30 000

　贷：应收股利　30 000

3. 2×19 年 12 月 31 日，确认公允价值变动 80 000 元(100 000×12.50－1 170 000)时：

借：交易性金融资产——C 公司股票(公允价值变动)　80 000

　贷：公允价值变动损益　80 000

【业务题三】

1. 2×19 年 1 月 1 日，购入债券时：

借：交易性金融资产——H 公司债券(成本)　105 000

　应收利息　5 000

　投资收益　1 000

　贷：银行存款　111 000

2. 2×19 年 1 月 3 日，收到该债券上年利息时：

借：银行存款　5 000

　贷：应收利息　5 000

3. 2×19 年 12 月 31 日，确认该债券公允价值变动和投资收益时：

借：交易性金融资产——H 公司债券(公允价值变动)　15 000

　贷：公允价值变动损益　15 000

借：应收利息　5 000

　贷：投资收益　5 000

4. 2×20 年 1 月 3 日，收到该债券上年利息时：

借：银行存款　5 000

　贷：应收利息　5 000

5. 2×20 年 2 月 1 日，出售该债券时：

借：银行存款 170 000
　贷：交易性金融资产——H公司债券(成本) 105 000
　　交易性金融资产——H公司债券(公允价值变动) 15 000
　　投资收益 50 000

【业务题四】

1. 2×19年1月1日，购入乙公司债券时：

借：交易性金融资产——乙公司债券(成本) 310 000
　应收利息——乙公司 15 000
　投资收益 2 000
　贷：银行存款 327 000

2. 2×19年1月5日，收到债券利息时：

借：银行存款 15 000
　贷：应收利息——乙公司 15 000

3. 2×19年12月31日，计算债券利息时：

借：应收利息——乙公司 15 000
　贷：投资收益 15 000

4. 2×19年12月31日，确认公允价值变动损益时：

借：交易性金融资产——乙公司债券(公允价值变动) 30 000
　贷：公允价值变动损益 30 000

5. 2×20年1月5日，收到债券利息时：

借：银行存款 15 000
　贷：应收利息——乙公司 15 000

6. 2×20年6月30日，出售债券60%时：

借：银行存款 210 000
　贷：交易性金融资产——乙公司债券(成本) 186 000
　　交易性金融资产——乙公司债券(公允价值变动) 18 000
　　投资收益 6 000

7. 2×20年12月31日，计算债券利息时：

借：应收利息——乙公司 6 000
　贷：投资收益 6 000

8. 2×20年12月31日，确认公允价值变动损益时：

借：公允价值变动损益 10 000
　贷：交易性金融资产——乙公司债券(公允价值变动) 10 000

9. 2×21年1月1日，债券到期时：

借：银行存款 126 000
　投资收益 6 000
　贷：交易性金融资产——乙公司债券(成本) 124 000
　　交易性金融资产——乙公司债券(公允价值变动) 2 000
　　应收利息 6 000

【业务题五】

1. 编制长江公司各年实际利息收入计算表。

长江公司各年实际利息收入计算表

单位:元

日 期	年初摊余成本	实际利息收入	应收利息	现金流量	年末摊余成本
2×19 年 12 月 31 日	252 000.00	26 863.20	28 800	28 800	250 063.20
2×20 年 12 月 31 日	250 063.20	26 656.74	28 800	28 800	247 919.94
2×21 年 12 月 31 日	247 919.94	26 428.27	28 800	28 800	245 548.21
2×22 年 12 月 31 日	245 548.21	26 175.44	28 800	28 800	242 923.65
2×23 年 12 月 31 日	242 923.65	25 876.35	28 800	268 800	0
合 计		132 000.00	144 000	384 000	

2. 根据上述资料,编制长江公司各年有关该公司债券的会计分录:

(1) 2×19 年 1 月 3 日,购入债券时:

借:债权投资——甲公司债券(成本)240 000
　　债权投资——甲公司债券(利息调整)　　12 000
　贷:银行存款　　252 000

(2) 2×19 年 12 月 31 日,计算利息时:

借:应收利息　　28 800.00
　贷:投资收益　　26 863.20
　　　债权投资——甲公司债券(利息调整)　　1 936.80
借:银行存款　　28 800
　贷:应收利息　　28 800

(3) 2×20 年 12 月 31 日,计算利息时:

借:应收利息　　28 800.00
　贷:投资收益　　26 656.74
　　　债权投资——甲公司债券(利息调整)　　2 143.26
借:银行存款　　28 800
　贷:应收利息　　28 800

(4) 2×21 年 12 月 31 日,计算利息时:

借:应收利息　　28 800.00
　贷:投资收益　　26 428.27
　　　债权投资——甲公司债券(利息调整)　　2 371.73
借:银行存款　　28 800
　贷:应收利息　　28 800

(5) 2×22 年 12 月 31 日,计算利息时:

借:应收利息　　28 800.00
　贷:投资收益　　26 175.44
　　　债权投资——甲公司债券(利息调整)　　2 624.56
借:银行存款　　28 800
　贷:应收利息　　28 800

(6) 2×23 年 12 月 31 日,计算利息时:

借:应收利息　　28 800.00
　贷:投资收益　　25 876.35
　　　债权投资——甲公司债券(利息调整)　　2 923.65

(7) 2×23 年 12 月 31 日，债券到期还本、并支付最后一年利息时：

借：银行存款　　268 800

　贷：债权投资——甲公司债券(成本)　　240 000

　　　应收利息　　28 800

【业务题六】

1. 2×19 年 1 月 1 日，购入债券时：

借：其他债权投资——乙公司债券(成本)　　20 000

　　其他债权投资——乙公司债券(利息调整)　　420

　贷：银行存款　　20 420

2. 2×19 年 12 月 31 日，确认利息收入时：

借：应收利息　　1 200.00

　贷：投资收益　　1 126.16

　　　其他债权投资——乙公司债券(利息调整)　　73.84

3. 2×19 年 12 月 31 日，确认公允价值变动－46.16 元(20 300－20 346.16)时：

借：其他综合收益　　46.16

　贷：其他债权投资——乙公司债券(公允价值变动)　　46.16

4. 2×19 年 12 月 31 日，收到利息时：

借：银行存款　　1 200

　贷：应收利息　　1 200

5. 2×20 年 12 月 31 日，确认利息收入时：

借：应收利息　　1 200.00

　贷：投资收益　　1 122.09

　　　其他债权投资——乙公司债券(利息调整)　　77.91

6. 2×20 年 12 月 31 日，收到利息时：

借：银行存款　　1 200

　贷：应收利息　　1 200

7. 2×20 年 12 月 31 日，确认公允价值变动 177.91 元(20 400－20 222.09)时：

借：其他债权投资——乙公司债券(公允价值变动)　　177.91

　贷：其他综合收益　　177.91

【业务题七】

1. 2×19 年 10 月 20 日，购入股票时：

借：其他权益工具投资——乙公司股票(成本)　　204 000

　贷：银行存款　　204 000

2. 2×19 年 12 月 31 日，确认股票价格变动时：

借：其他权益工具投资——乙公司股票(公允价值变动)　　36 000

　贷：其他综合收益　　36 000

3. 2×20 年 3 月 18 日，出售股票时：

借：银行存款　　300 000

　贷：其他权益工具投资——乙公司股票(成本)　　204 000

　　　其他权益工具投资——乙公司股票(公允价值变动)　　36 000

　　　盈余公积　　6 000

　　　利润分配——未分配利润　　54 000

借：其他综合收益　36 000
　贷：盈余公积　3 600
　　利润分配——未分配利润　32 400

【业务题八】

1. 2×19 年 6 月 30 日，购入股票时：
借：其他权益工具投资——国际公司股票(成本)　751 000
　贷：银行存款　751 000

2. 2×19 年 12 月 31 日，确认公允价值变动损益时：
借：其他权益工具投资——国际公司股票(公允价值变动)　99 000
　贷：其他综合收益　99 000

3. 2×20 年 12 月 31 日，确认公允价值变动损益时：
该股票公允价值变动损益＝500 000－850 000＝－350 000(元)
借：其他综合收益　350 000
　贷：其他权益工具投资——国际公司股票(公允价值变动)　350 000

4. 2×21 年 4 月 25 日，出售该股票时：
借：银行存款　450 000
　其他权益工具投资——国际公司股票(公允价值变动)　251 000
　盈余公积　30 100
　利润分配——未分配利润　270 900
　贷：其他权益工具投资——国际公司股票(成本)　751 000
　　其他综合收益　251 000

【业务题九】

2×20 年 1 月 1 日，中伟上市公司在重分类日的会计处理如下：
借：其他债权投资——债券投资(成本)　400 000
　其他债权投资——债券投资(利息调整)　30 000
　其他债权投资——债券投资(公允价值变动)　20 000
　贷：债权投资——债券投资(成本)　400 000
　　债权投资——债券投资(利息调整)　30 000
　　其他综合收益——其他债权投资公允价值变动　20 000

【业务题十】

1. 2×19 年 1 月 1 日，购入该债券时：
借：其他债权投资——A 公司债券(成本)　2 000 000
　　　　　　　——A 公司债券(利息调整)　65 000
　贷：银行存款　2 065 000

2. 2×19 年 12 月 31 日，确认当期的利息收入时：
借：应收利息　80 000
　贷：其他债权投资——A 公司债券(利息调整)　18 050
　　投资收益　61 950

3. 2×19 年 12 月 31 日，收到利息收入时：
借：银行存款　80 000
　贷：应收利息　80 000

4. 2×19 年 12 月 31 日，确认公允价值变动时：

借：其他综合收益　　206 950
　贷：其他债权投资——A公司债券(公允价值变动)　　206 950

5. 2×19年12月31日，发生信用减值损失时：
借：信用减值损失　　150 000
　贷：其他综合收益——信用减值准备　　150 000

第六章 长期股权投资

三、单项选择题

1. C **2.** B **3.** B **4.** C **5.** D **6.** B **7.** A **8.** B **9.** D **10.** C **11.** A **12.** C **13.** A **14.** B **15.** C **16.** D **17.** C **18.** A **19.** D **20.** C

四、多项选择题

1. ABDE **2.** ACDE **3.** ABCDE **4.** ABC **5.** ABCDE **6.** ABD **7.** ABCDE **8.** ABC **9.** BCD **10.** CDE **11.** BC **12.** ABC **13.** ABCE **14.** BE **15.** ABE **16.** ABCE **17.** AB **18.** ABCE **19.** ABE **20.** ABC

五、判断题

1. √ **2.** × **3.** × **4.** √ **5.** × **6.** × **7.** × **8.** √ **9.** × **10.** × **11.** × **12.** × **13.** √ **14.** × **15.** × **16.** × **17.** × **18.** × **19.** × **20.** ×

六、业务题

【业务题一】

1. 2×19年1月1日，A公司投资时：
借：长期股权投资——B公司　　10 000 000
　贷：银行存款　　10 000 000

2. 2×19年5月25日，B公司宣告分派现金股利时：
借：应收股利——B公司　　540 000
　贷：投资收益　　540 000

【业务题二】

1. 2×19年：
(1) 投资时：
借：长期股权投资——乙公司　　32 000 000
　贷：股本　　10 000 000
　　资本公积——股本溢价　　22 000 000
(2) 乙公司宣告分派现金股利时：
借：应收股利——乙公司　　2 160 000
　贷：投资收益　　2 160 000
(3) 乙公司发放现金股利时：

借：银行存款　　2 160 000

　贷：应收股利　　2 160 000

2. 2×20 年：

(1) 乙公司宣告分派现金股利时：

借：应收股利　　1 120 000

　贷：投资收益　　1 120 000

(2) 收到现金股利时：

借：银行存款　　1 120 000

　贷：应收股利　　1 120 000

【业务题三】

1. 2×19 年 1 月 1 日，投资时：

借：长期股权投资——丙公司　　50 000 000

　　管理费用　　1 000 000

　贷：银行存款　　51 000 000

2. 2×19 年 3 月 25 日，丙公司宣告分配现金股利时：

借：应收股利——丙公司　　700 000

　贷：投资收益　　700 000

2×19 年 4 月 8 日，收到现金股利时：

借：银行存款　　700 000

　贷：应收股利——丙公司　　700 000

3. 2×20 年 3 月 28 日，丙公司宣告分配现金股利时：

借：应收股利——丙公司　　560 000

　贷：投资收益　　560 000

2×20 年 4 月 12 日，收到现金股利时：

借：银行存款　　560 000

　贷：应收股利——丙公司　　560 000

2×20 年 12 月 31 日，计提减值准备时：

借：资产减值损失　　4 000 000

　贷：长期股权投资减值准备——丙公司　　4 000 000

4. 2×21 年 1 月 20 日，转让该股权时：

借：银行存款　　46 200 000

　　长期投资减值准备——丙公司　　4 000 000

　贷：长期股权投资——丙公司　　50 000 000

　　　投资收益　　200 000

【业务题四】

1. 取得 M 公司长期股权投资时：

借：长期股权投资——M 公司(投资成本)　　4 500 000

　贷：银行存款　　4 500 000

2. 调整初始投资成本时：

应调整初始投资成本 = 4 500 000 − 10 000 000 × 50% = − 500 000(元)

借：长期股权投资——M公司(投资成本)　　500 000
　贷：营业外收入　　500 000

【业务题五】

1. 取得丙公司长期股权投资时：

借：长期股权投资——丙公司(投资成本)　　500 000
　贷：银行存款　　500 000

2. 确认投资收益时：

$$投资收益 = 9\ 000\ 000 \times 30\% = 2\ 700\ 000(元)$$

借：长期股权投资——丙公司(损益调整)　　2 700 000
　贷：投资收益　　2 700 000

【业务题六】

借：投资收益　　3 600 000
　贷：长期股权投资——甲公司(损益调整)　　3 600 000

【业务题七】

1. 确认其他综合收益时：

借：长期股权投资——A公司(其他综合收益)　　200 000
　贷：其他综合收益　　200 000

2. 确认投资损失时：

借：投资收益　　7 000 000
　贷：长期股权投资——A公司(损益调整)　　6 200 000
　　　长期应收款——A公司　　800 000

3. 未确认的亏损为200 000元，应备查登记。

【业务题八】

1. 上海公司收购广中公司股权交易中的股权转让日为2×20年1月1日。

2. 根据资料，上海公司应作的账务处理如下：

(1) 2×20年1月1日，股权转让日购买时：

借：长期股权投资——广中公司(投资成本)　　2 500 000
　贷：银行存款　　2 500 000

股权转让日，调整初始投资成本时：

$$初始投资成本 = 250 + 0 = 250(万元)$$

$$应享有被投资单位可辨认净资产公允价值份额 = 900 \times 30\% = 270(万元)$$

借：长期股权投资——广中公司(投资成本)　　200 000
　贷：营业外收入　　200 000

(2) 不作账务处理。

(3) 2×20年4月1日，广中公司宣告分配现金股利时：

借：应收股利——广中公司　　600 000
　贷：长期股权投资——广中公司(损益调整)　　600 000

(4) 2×20年4月25日，收到广中公司分派的现金股利时：

借：银行存款　　600 000
　贷：应收股利——广中公司　　600 000

(5) 2×20 年，广中公司持有的金融资产公允价值变动，确认其他综合收益时：

借：长期股权投资——广中公司(其他综合收益)　240 000

　贷：其他综合收益　240 000

(6) 广中公司 2×20 年度实现净利润时：

$$净利润 = (400 - 100 \div 10) \times 30\% = 117(万元)$$

借：长期股权投资——广中公司(损益调整)　1 170 000

　贷：投资收益　1 170 000

(7) 不作账务处理。

(8) 广中公司 2×21 年度发生净亏损时：

$$净亏损 = (350 + 100 \div 10) \times 30\% = 108(万元)$$

借：投资收益　1 080 000

　贷：长期股权投资——广中公司(损益调整)　1 080 000

(9) 2×21 年 12 月 31 日，计提对广中公司投资的减值准备时：

$$长期股权投资的账面价值 = 250 + 20 - 60 + 24 + 117 - 108 = 243(万元)$$

$$长期股权投资的预计可收回金额 = 185(万元)$$

借：资产减值损失　580 000

　贷：长期股权投资减值准备——广中公司　580 000

(10) 2×22 年 1 月 3 日，全部对外转让广中公司股份，转让价款为 205 万元时：

借：银行存款　2 050 000

　　长期投资减值准备——广中公司　580 000

　　长期股权投资——广中公司(损益调整)　510 000

　贷：长期股权投资——广中公司(投资成本)　2 700 000

　　　长期股权投资——广中公司(其他综合收益)　240 000

　　　投资收益　200 000

同时，结转原计入其他综合收益的金额时：

借：其他综合收益　240 000

　贷：投资收益　240 000

第七章　固 定 资 产

三、单项选择题

1. B　**2.** C　**3.** C　**4.** C　**5.** A　**6.** B　**7.** D　**8.** D　**9.** D　**10.** B　**11.** C　**12.** A　**13.** B　**14.** B　**15.** D　**16.** A　**17.** A　**18.** D　**19.** A　**20.** B

四、多项选择题

1. ACDE　**2.** AB　**3.** ABCDE　**4.** CDE　**5.** ACE　**6.** CE　**7.** ACDE　**8.** ABCDE　**9.** ABDE　**10.** ABE　**11.** AD　**12.** ABC　**13.** ACE　**14.** ACD　**15.** ABCE　**16.** ACE　**17.** ABCE　**18.** ACD　**19.** ABCDE　**20.** ABD

五、判断题

1. × **2.** × **3.** × **4.** × **5.** √ **6.** × **7.** × **8.** × **9.** × **10.** × **11.** × **12.** × **13.** √ **14.** × **15.** √ **16.** × **17.** × **18.** × **19.** √ **20.** ×

六、业务题

【业务题一】

1. 各项固定资产的入账价值如下：

(1) 不需安装的设备：507 000 元

(2) 需要安装的设备：229 900 元

(3) 自营建造方式购建的流水线：163 640 元

(4) 收到甲公司投入的不需安装设备：511 000 元

(5) 接受乙公司捐赠不需安装的机器：370 000 元

2. (1) 借：固定资产 507 000

应交税费——应交增值税(进项税额) 65 630

贷：银行存款 572 630

(2) 借：在建工程 200 000

应交税费——应交增值税(进项税额) 26 000

贷：银行存款 226 000

借：在建工程 29 900

贷：原材料 28 000

应付职工薪酬 1 900

借：固定资产 229 900

贷：在建工程 229 900

(3) 借：工程物资 103 000

应交税费——应交增值税(进项税额) 13 270

贷：银行存款 116 270

借：在建工程 103 000

贷：工程物资 103 000

借：在建工程 51 400

贷：原材料 51 400

借：在建工程 6 000

贷：应付职工薪酬 6 000

借：在建工程 2 040

贷：生产成本——辅助生产 2 040

借：在建工程 1 200

贷：银行存款 1 200

借：固定资产 163 640

贷：在建工程 163 640

(4) 借：固定资产 511 000

应交税费——应交增值税(进项税额) 990

贷：实收资本 400 000

资本公积——资本溢价　100 000
银行存款　11 990

(5) 借：固定资产　370 000
应交税费——应交增值税(进项税额)　900
贷：营业外收入　360 000
银行存款　10 900

【业务题二】

1. (1) 购入工程物资时：

借：工程物资　2 340 000
应交税费——应交增值税(进项税额)　304 200
贷：银行存款　2 644 200

(2) 工程领用物资时：

借：在建工程　2 106 000
贷：工程物资　2 106 000

(3) 工程领用生产用材料时：

借：在建工程　902 000
贷：原材料　902 000

(4) 分配应付工程人员薪酬时：

借：在建工程　120 000
贷：应付职工薪酬　120 000

(5) 分配辅助生产车间为工程提供劳务费用时：

借：在建工程　25 000
贷：生产成本——辅助生产成本　25 000

(6) 支付工程管理费用时：

借：在建工程　20 000
应交税费——应交增值税(进项税额)　1 200
贷：银行存款　21 200

(7) 工程完工达到可使用状态时：

借：固定资产　3 173 000
贷：在建工程　3 173 000

(8) 多余物资转作生产用材料：

借：原材料　234 000
贷：工程物资　234 000

2. (1) 预付工程价款时：

借：预付账款　600 000
应交税费——应交增值税(进项税额)　78 000
贷：银行存款　678 000

(2) 工程进度达到50%结算工程价款时：

借：在建工程　620 000
应交税费——应交增值税(进项税额)　2 600
贷：预付账款　600 000
银行存款　22 600

（3）补付工程款时：

借：在建工程　680 000

　　应交税费——应交增值税（进项税额）　88 400

　　贷：银行存款　768 400

（4）工程完工，交付使用时：

借：固定资产　1 300 000

　　贷：在建工程　1 300 000

【业务题三】

1. 2×17 年折旧额：

平均年限法　500 000 × 97% ÷ 5 = 97 000(元)

工作量法　500 000 × 97% ÷ 200 000 × 39 000 = 94 575(元)

双倍余额递减法　2×16 年折旧额 = 500 000 × 2 ÷ 5 = 200 000(元)

2×17 年折旧额 = (500 000 − 200 000) × 2 ÷ 5 = 120 000(元)

年数总和法　500 000 × 97% × 4 ÷ 15 = 129 333.33(元)

2×19 年折旧额：

平均年限法　500 000 × 97% ÷ 5 = 97 000(元)

工作量法　500 000 × 97% ÷ 200 000 × 36 000 = 87 300(元)

双倍余额递减法　2×18 年折旧额 = (300 000 − 120 000) × 2 ÷ 5 = 72 000(元)

2×19 年折旧额 = [500 000 × 97% − (200 000 + 120 000 + 72 000)] ÷ 2

= 46 500(元)

年数总和法　500 000 × 97% × 2 ÷ 15 = 64 666.67(元)

2. 借：制造费用　3 875

　　贷：累计折旧　3 875

【业务题四】

1. (1) 平均年限法：

2×14 年折旧额 = 450 000 × (1 − 4%) ÷ (5 × 12) × 3 = 21 600(元)

2×15 年、2×16 年、2×17 年、2×18 年折旧额均为 86 400(元)

2×19 年折旧额 = 450 000 × (1 − 4%) ÷ (5 × 12) × 9 = 64 800(元)

(2) 双倍余额递减法：

年折旧率 = 2 ÷ 5 = 40%

2×14 年折旧额 = 450 000 × 40% ÷ 12 × 3 = 45 000(元)

2×15 年折旧额 = 450 000 × 40% ÷ 12 × 9 + 270 000 × 40% ÷ 12 × 3 = 162 000(元)

2×16 年折旧额 = 270 000 × 40% ÷ 12 × 9 + 162 000 × 40% ÷ 12 × 3 = 97 200(元)

2×17 年折旧额 = 162 000 × 40% ÷ 12 × 9 + (450 000 × 96% − 180 000 − 108 000 − 64 800) ÷ (2 × 12) × 3 = 58 500(元)

2×18 年折旧额 = (450 000 × 96% − 180 000 − 108 000 − 64 800) ÷ 2 = 39 600(元)

2×19 年折旧额 = 39 600 ÷ 12 × 9 = 29 700(元)

(3) 年数总和法：

2×14 年折旧额 = 450 000 × 96% × 5 ÷ (15 × 12) × 3 = 36 000(元)

2×15 年折旧额 = 432 000 × 5 ÷ (15 × 12) × 9 + 432 000 × 4 ÷ (15 × 12) × 3 = 136 800(元)

2×16 年折旧额 = 432 000 × 4 ÷ (15 × 12) × 9 + 432 000 × 3 ÷ (15 × 12) × 3 = 108 000(元)

2×17 年折旧额 = 432 000 × 3 ÷ (15 × 12) × 9 + 432 000 × 2 ÷ (15 × 12) × 3 = 79 200(元)

2×18 年折旧额 = 432 000 × 2 ÷ (15 × 12) × 9 + 432 000 × 1 ÷ (15 × 12) × 3 = 50 400(元)

2×19 年折旧额 = 432 000 × 1 ÷ (15 × 12) × 9 = 21 600(元)

2. 借：管理费用　　2 400

　贷：累计折旧　　2 400

【业务题五】

1.

固定资产折旧计算表

2×19 年 12 月　　单位：元

使用部门或用途	固定资产项目	上月折旧额	上月增加固定资产		上月减少固定资产		本月折旧额
			原始价值	折旧额	原始价值	折旧额	
第一车间	厂房	88 020					88 020
	机器设备	17 730	18 000	475	30 000	200	18 005
	工具器具	6 030					6 030
	小计	111 780	18 000	475	30 000	200	112 055
第二车间	厂房	77 670					77 670
	机器设备	17 640	24 000	800	100 000	1 000	17 440
	工具器具	1 630					1 630
	小计	96 940	24 000	800	100 000	1 000	96 740
厂部管理部门	办公楼	83 996	1 800 000	4 750			88 746
	管理用具	23 650					23 650
	小计	107 646	1 800 000	4 750			112 396
经营性出租	设备	34 500					34 500
	小计	34 500					34 500
未使用	机器	820					820
	小计	820					820
合　计		351 686	1 842 000	6 025	130 000	1 200	356 511

2. 借：制造费用——第一车间　　112 055

　　制造费用——第二车间　　96 740

　　管理费用　　113 216

　　其他业务成本　　34 500

　贷：累计折旧　　356 511

【业务题六】

1. 交付技术改造时生产流水线已提折旧额 = 2 000 000 × (1 − 3%) ÷ (1 + 2 + 3 + 4) × (4 + 3 + 2)

= 1 746 000(元)

交付技术改造时生产流水线账面价值 = 2 000 000 − 1 746 000 = 254 000(元)

借：在建工程 254 000
　累计折旧 1 746 000
　贷：固定资产 2 000 000

借：在建工程 298 000
　应交税费——应交增值税(进项税额) 26 820
　贷：银行存款 324 820

借：原材料 12 000
　贷：在建工程 12 000

借：固定资产 540 000
　贷：在建工程 540 000

2. 该流水线技术改造后月折旧额 = 540 000 × (1 − 3%) ÷ (4 × 12)
= 10 912.50(元)

【业务题七】

1. (1) 2×16 年 12 月，该设备已计提折旧额为 120 000 元(300 000 × 40%)

固定资产账面价值转入在建工程时：

借：在建工程——设备改良工程 180 000
　累计折旧 120 000
　贷：固定资产 300 000

(2) 报废老电动机时：

借：营业外支出 12 000
　贷：在建工程——设备改良工程 12 000

(3) 安装新电动机时：

借：在建工程 50 000
　贷：工程物资 36 000
　　银行存款 14 000

(4) 新电动机安装完毕，设备达到预定可使用状态时：

借：固定资产 218 000
　贷：在建工程——设备改良工程 218 000

2. 2×17 年计提折旧额 = 218 000 × 40% = 87 200(元)

2×18 年计提折旧额 = (218 000 − 87 200) × 40% = 52 320(元)

2×19 年计提折旧额 = (218 000 − 87 200 − 52 320) × 40% = 31 392(元)

2×19 年 5 月计提折旧额 = 31 392 ÷ 12 = 2 616(元)

3. 借：管理费用 2 100
　贷：原材料 1 800
　　应付职工薪酬 300

【业务题八】

1. 借：待处理财产损溢 38 000
　累计折旧 2 000
　贷：固定资产 40 000

借：营业外支出 38 000
　贷：待处理财产损溢 38 000

2. 借：固定资产清理　30 000
　　累计折旧　230 000
　　固定资产减值准备　40 000
　贷：固定资产　300 000
借：固定资产清理　6 000
　　应交税费——应交增值税（进项税额）　780
　贷：银行存款　6 780
借：原材料　900
　贷：固定资产清理　900
借：营业外支出　35 100
　贷：固定资产清理　35 100

3. 借：固定资产清理　450 000
　　累计折旧　150 000
　贷：固定资产　600 000
借：银行存款　587 600
　贷：固定资产清理　520 000
　　应交税费——应交增值税（销项税额）　67 600
借：固定资产清理　2 000
　　应交税费——应交增值税（进项税额）　260
　贷：银行存款　2 260
借：固定资产清理　68 000
　贷：资产处置损益　68 000

【业务题九】

1. 借：在建工程　120 000
　　应交税费——应交增值税（进项税额）　15 600
　贷：应付账款　135 600
借：在建工程　40 000
　贷：原材料　15 000
　　应付职工薪酬　3 600
　　生产成本——辅助生产　3 400
　　银行存款　18 000
借：固定资产　160 000
　贷：在建工程　160 000

2. 第一年折旧额 $= 160\,000 \times 2 \div 5 = 64\,000$（元）
第二年折旧额 $= (160\,000 - 64\,000) \times 2 \div 5 = 38\,400$（元）
第二年每月计提折旧额 $= 38\,400 \div 12 = 3\,200$（元）
借：制造费用　3 200
　贷：累计折旧　3 200

3. 该设备出售时已提折旧额 $= 64\,000 + 38\,400 = 102\,400$（元）
借：固定资产清理　57 600
　　累计折旧　102 400
　贷：固定资产　160 000

借：银行存款 113 000

贷：固定资产清理 100 000

应交税费——应交增值税(销项税额) 13 000

借：固定资产清理 900

贷：库存现金 900

借：固定资产清理 41 500

贷：资产处置损益 41 500

【业务题十】

1. 2×15 年 10 月 1 日，取得该设备时：

借：在建工程 5 870 000

应交税费——应交增值税(进项税额) 994 500

贷：银行存款 6 864 500

2. 设备安装时：

借：在建工程 230 000

贷：原材料 110 000

应付职工薪酬 120 000

设备达到预定可使用状态时：

借：固定资产 6 100 000

贷：在建工程 6 100 000

3. 2×16 年度该设备计提的折旧额 = (6 100 000 − 100 000) ÷ 10 = 600 000(元)

2×16 年 12 月 31 日，该设备计提减值准备前账面价值 = 6 100 000 − 600 000 = 5 500 000(元)

2×16 年 12 月 31 日，该设备计提的固定资产减值准备 = 5 500 000 − 4 600 000 = 900 000(元)

借：资产减值损失 900 000

贷：固定资产减值准备 900 000

4. 2×17 年度该设备计提的折旧额 = (4 600 000 − 100 000) ÷ (9 × 12) × 9 = 375 000(元)

借：制造费用 375 000

贷：累计折旧 375 000

5. 2×17 年 9 月 1 日，该设备转入改良时：

借：在建工程 4 225 000

累计折旧 975 000

固定资产减值准备 900 000

贷：固定资产 6 100 000

6. 2×18 年 3 月 31 日，支付该设备改良价款：

借：在建工程 625 000

贷：银行存款 625 000

结转改良后设备成本：

借：固定资产 4 850 000

贷：在建工程 4 850 000

7. 计算 2×19 年 10 月 31 日处置该设备实现的净损益：

2×18 年度该设备计提的折旧额 = (4 850 000 − 50 000) ÷ (8 × 12) × 9 = 450 000(元)

2×19 年度该设备计提的折旧额 = (4 850 000 − 50 000) ÷ (8 × 12) × 10 = 500 000(元)

处置时该设备的账面价值 = 4 850 000 − 450 000 − 500 000 = 3 900 000(元)

处置该设备实现的净损失 = 3 900 000 + 50 000 − 400 000 = 3 550 000(元)

8. 处置该设备时：

借：固定资产清理　3 900 000
　累计折旧　950 000
　贷：固定资产　4 850 000
借：银行存款　113 000
　贷：固定资产清理　100 000
　　应交税费——应交增值税（销项税额）　13 000
借：银行存款　318 000
　贷：固定资产清理　300 000
　　应交税费——应交增值税（销项税额）　18 000
借：固定资产清理　50 000
　应交税费——应交增值税（进项税额）　6 500
　贷：银行存款　56 500
借：营业外支出　3 550 000
　贷：固定资产清理　3 550 000

第八章　无形资产及其他资产

三、单项选择题

1. D **2.** B **3.** A **4.** A **5.** B **6.** D **7.** D **8.** C **9.** D **10.** B **11.** A **12.** C **13.** B **14.** A **15.** C **16.** C **17.** A **18.** D **19.** B **20.** C

四、多项选择题

1. ABD **2.** ACD **3.** ABCE **4.** AB **5.** ABD **6.** BC **7.** BCD **8.** DE **9.** BCDE **10.** AE **11.** ABCDE **12.** ABDE **13.** ABDE **14.** AB **15.** ABD **16.** BC **17.** AC **18.** ACE **19.** ABCDE **20.** BCE

五、判断题

1. × **2.** × **3.** × **4.** × **5.** × **6.** × **7.** √ **8.** × **9.** √ **10.** × **11.** × **12.** × **13.** × **14.** √ **15.** × **16.** × **17.** × **18.** × **19.** √ **20.** ×

六、业务题

【业务题一】

1. 借：无形资产　120 000
　贷：银行存款　120 000
2. 借：制造费用　12 000
　贷：累计摊销　12 000
3. 借：银行存款　95 400
　　累计摊销　36 000
　贷：无形资产　120 000
　　应交税费——应交增值税（销项税额）　5 400
　　资产处置损益　6 000
4. 借：销售费用　350 000
　贷：银行存款　350 000

5. 借：资产减值损失——无形资产减值损失	110 000	
贷：无形资产减值准备		110 000
6. 借：银行存款	38 160	
贷：其他业务收入		36 000
应交税费——应交增值税（销项税额）		2 160
借：其他业务成本	20 000	
贷：累计摊销		18 000
银行存款		2 000
7. 借：无形资产	21 000 000	
贷：银行存款		21 000 000
8. 借：无形资产减值准备	28 000	
累计摊销	20 000	
营业外支出	52 000	
贷：无形资产		100 000

【业务题二】

1. 借：研发支出——费用化支出	94 000	
贷：原材料		40 000
应付职工薪酬		23 000
银行存款		31 000
2. 借：研发支出——资本化支出	66 000	
贷：应付职工薪酬		45 000
银行存款		21 000
3. 借：研发支出——资本化支出	26 000	
贷：银行存款		26 000
借：无形资产	92 000	
贷：研发支出——资本化支出		92 000
借：管理费用	94 000	
贷：研发支出——费用化支出		94 000

【业务题三】

借：长期待摊费用	96 000	
贷：银行存款		96 000
借：管理费用	32 000	
贷：长期待摊费用		32 000

【业务题四】

2×20 年 1 月，接受投资时：

借：无形资产——计算机软件	1 900 000	
贷：股本——丙		1 800 000
资本公积		100 000

【业务题五】

1. 2×19 年 1 月，购入专利权时：

借：无形资产——专利权 D	180 000	
贷：银行存款		180 000

2. 2×19 年，每月摊销时：

借：制造费用——无形资产摊销 1 500

贷：累计摊销 1 500

3. 2×20 年 3 月，转让该项专利权的使用权：

借：银行存款 31 800

贷：其他业务收入 30 000

应交税费——应交增值税（销项税额） 1 800

借：其他业务成本 1 500

贷：累计摊销 1 500

【业务题六】

1. 借：无形资产 500 000

贷：银行存款 500 000

2. 借：管理费用 50 000

贷：累计摊销 50 000

3. 借：资产减值损失 150 000

贷：无形资产减值准备 150 000

4. 借：管理费用 60 000

贷：累计摊销 60 000

第九章 投资性房地产

三、单项选择题

1. D 2. B 3. A 4. B 5. D 6. D 7. B 8. D 9. C 10. D 11. A 12. B 13. C 14. B 15. B 16. B 17. B 18. A 19. C 20. D

四、多项选择题

1. ABD 2. ABD 3. ABCE 4. AD 5. CDE 6. ABDE 7. AE 8. CDE 9. ABDE 10. BE 11. CDE 12. ABCDE 13. ADE 14. ABCDE 15. ABCDE 16. ABCDE 17. ACDE 18. BCDE 19. ABCDE 20. ACD

五、判断题

1. √ 2. √ 3. √ 4. × 5. × 6. × 7. √ 8. × 9. × 10. √ 11. √ 12. × 13. × 14. × 15. × 16. √ 17. √ 18. × 19. × 20. √

六、业务题

【业务题一】

1. 该房地产至 2×17 年 6 月已计提折旧额 ＝ 15 840 000 × 95% ÷ (30 × 12) × 18 ＝ 752 400(元)

借：投资性房地产 15 840 000

累计折旧 752 400

贷：固定资产 15 840 000

投资性房地产累计折旧 752 400

2. 借：银行存款　70 000
　贷：其他业务收入　70 000
3. 借：其他业务成本　41 800
　贷：投资性房地产累计折旧　41 800
4. 借：固定资产　15 840 000
　　投资性房地产累计折旧　1 713 800
　贷：投资性房地产　15 840 000
　　累计折旧　1 713 800

【业务题二】

1. 2×16 年 12 月 31 日，房地产转换时：
借：投资性房地产　29 000 000
　　累计折旧　6 000 000
　　固定资产减值准备　2 000 000
　贷：固定资产　29 000 000
　　投资性房地产累计折旧　6 000 000
　　投资性房地产减值准备　2 000 000
2. 每月收到房租时：
借：银行存款　20 000
　贷：其他业务收入　20 000
3. 月折旧额 = 21 000 000 ÷ (20 × 12) = 87 500(元)
2×17 年 1 月份计提折旧时：
借：其他业务成本　87 500
　贷：投资性房地产累计折旧　87 500
4. 2×17 年 12 月 31 日，该办公楼账面价值为 19 950 000 元(21 000 000－21 000 000÷20×1)，可收回金额为 1 710 万元，小于账面价值 1 995 万元的差额为 285 万元，应当计提减值准备。
借：资产减值损失　2 850 000
　贷：投资性房地产减值准备　2 850 000
2×18 年 12 月 31 日，该办公楼账面价值为 16 200 000 元(17 100 000－17 100 000÷19×1)，可收回金额为 1 680 万元，大于账面价值 1 620 万元，已计提的减值准备不得转回。
5. 2×19 年 1 月 1 日，房地产转换时：
借：固定资产　29 000 000
　　投资性房地产累计折旧　7 950 000
　　投资性房地产减值准备　4 850 000
　贷：投资性房地产　29 000 000
　　累计折旧　7 950 000
　　固定资产减值准备　4 850 000
6. 2×19 年 6 月 1 日，处置办公楼时：
借：固定资产清理　15 750 000
　　累计折旧　8 400 000
　　固定资产减值准备　4 850 000
　贷：固定资产　29 000 000
借：银行存款　19 947 000
　贷：固定资产清理　18 300 000
　　应交税费——应交增值税(销项税额)　1 647 000

借：固定资产清理 2 550 000

贷：资产处置损益 2 550 000

【业务题三】

1. 2×16 年 4 月 1 日，房地产转换时：

借：投资性房地产——成本 70 000 000

贷：开发产品 60 000 000

其他综合收益 10 000 000

2. 每月确认房租收入时：

借：其他应收款 200 000

贷：其他业务收入 200 000

3. 每年 12 月 31 日收到房租时：

借：银行存款 2 400 000

贷：其他应收款 2 400 000

4. 2×16 年 12 月 31 日：

借：投资性房地产——公允价值变动 3 000 000

贷：公允价值变动损益 3 000 000

2×17 年 12 月 31 日：

借：投资性房地产——公允价值变动 2 000 000

贷：公允价值变动损益 2 000 000

2×18 年 12 月 31 日：

借：公允价值变动损益 1 000 000

贷：投资性房地产——公允价值变动 1 000 000

5. 2×19 年 4 月 3 日，商品房对外出售时：

借：银行存款 80 442 000

贷：其他业务收入 73 800 000

应交税费——应交增值税（销项税额） 6 642 000

借：其他业务成本 74 000 000

贷：投资性房地产——成本 70 000 000

投资性房地产——公允价值变动 4 000 000

借：公允价值变动损益 4 000 000

贷：其他业务成本 4 000 000

借：其他综合收益 10 000 000

贷：其他业务成本 10 000 000

【业务题四】

1. 借：投资性房地产——成本 24 000 000

累计折旧 7 125 000

贷：固定资产 30 000 000

其他综合收益 1 125 000

2. 借：银行存款 3 300 000

贷：预收账款 3 300 000

3. 借：预收账款 1 100 000

贷：其他业务收入 1 100 000

4. 2×17 年 12 月 31 日：

借：投资性房地产——公允价值变动	1 000 000	
贷：公允价值变动损益		1 000 000

2×18 年 12 月 31 日：

借：公允价值变动损益	2 000 000	
贷：投资性房地产——公允价值变动		2 000 000

5.

借：银行存款	22 890 000	
贷：其他业务收入		21 000 000
应交税费——应交增值税（销项税额）		1 890 000
借：其他业务成本	23 000 000	
投资性房地产——公允价值变动	1 000 000	
贷：投资性房地产——成本		24 000 000
借：其他业务成本	1 000 000	
贷：公允价值变动损益		1 000 000
借：其他综合收益	1 125 000	
贷：其他业务成本		1 125 000
借：税金及附加	1 200 000	
贷：应交税费		1 200 000

【业务题五】

1. （1）购入工程物资时：

借：工程物资	10 900 000	
贷：银行存款		10 900 000

（2）工程领用物资时：

借：在建工程	10 900 000	
贷：工程物资		10 900 000

（3）工程领用生产用材料时：

借：在建工程	226 000	
贷：原材料		200 000
应交税费——应交增值税（进项税额转出）		26 000

（4）分配应付工程人员薪酬时：

借：在建工程	844 000	
贷：应付职工薪酬		844 000

（5）分配辅助生产车间为工程提供劳务费用时：

借：在建工程	20 000	
贷：生产成本——辅助生产成本		20 000

（6）支付工程管理费用时：

借：在建工程	10 000	
贷：银行存款		10 000

（7）工程完工达到可使用状态时：

借：固定资产	12 000 000	
贷：在建工程		12 000 000

2. 2×16 年 9 月，计提该房地产折旧时：

借：制造费用　48 500
　贷：累计折旧　48 500

3. 2×16 年 11 月，对该房地产进行修理时：

借：管理费用　80 000
　贷：银行存款　80 000

4. 2×17 年 1 月 1 日，出租该房地产时：

借：投资性房地产——成本　12 800 000
　　累计折旧　1 746 000
　贷：固定资产　12 000 000
　　其他综合收益　2 546 000

5. 2×17 年 1 月 1 日，收到房租时：

借：银行存款　180 000
　贷：预收账款　180 000

6. 2×17 年 1 月 31 日，确认房租收入时：

借：预收账款　60 000
　贷：其他业务收入　60 000

7. 2×17 年 12 月 31 日，确认该房地产公允价值变动损益时：

借：投资性房地产——公允价值变动　200 000
　贷：公允价值变动损益　200 000

8. 2×18 年 12 月 31 日，确认该房产公允价值变动损益时：

借：公允价值变动损益　100 000
　贷：投资性房地产——公允价值变动　100 000

9. 2×19 年 12 月 31 日，处置该房地产时：

借：银行存款　13 930 200
　贷：其他业务收入　12 780 000
　　应交税费——应交增值税（销项税额）　1 150 200
借：其他业务成本　12 900 000
　贷：投资性房地产——成本　12 800 000
　　投资性房地产——公允价值变动　100 000
借：公允价值变动损益　100 000
　贷：其他业务成本　100 000
借：其他综合收益　2 546 000
　贷：其他业务成本　2 546 000
借：税金及附加　650 000
　贷：应交税费　650 000

第十章　流 动 负 债

三、单项选择题

1. A　**2.** A　**3.** A　**4.** B　**5.** D　**6.** D　**7.** D　**8.** C　**9.** A　**10.** A　**11.** A　**12.** D　**13.** A　**14.** C

15. D **16.** D **17.** D **18.** A **19.** D **20.** A

四、多项选择题

1. AC **2.** ABC **3.** ABD **4.** BDE **5.** ACE **6.** ABCD **7.** BCDE **8.** AD **9.** ABCD **10.** ACDE **11.** ABCD **12.** ABD **13.** ABCD **14.** BE **15.** ABCD **16.** AD **17.** ACE **18.** BD **19.** BCD **20.** AC

五、判断题

1. √ **2.** × **3.** √ **4.** √ **5.** × **6.** × **7.** × **8.** × **9.** √ **10.** × **11.** × **12.** √ **13.** × **14.** √ **15.** × **16.** × **17.** √ **18.** √ **19.** √ **20.** √

六、业务题

【业务题一】

1. 借：银行存款	100 000	
贷：短期借款		100 000
2. 借：银行存款	30 420	
贷：主营业务收入		26 000
应交税费——应交增值税(销项税额)		3 380
3. 借：生产成本	13 500	
制造费用	8 000	
管理费用	6 000	
在建工程	5 000	
贷：应付职工薪酬		32 500
4. 借：材料采购	106 000	
贷：应付票据		106 000
借：应收账款	901 000	
贷：主营业务收入		850 000
应交税费——应交增值税		51 000

【业务题二】

1. 6 月份应交纳的增值税 ＝ (13 000＋1 950＋1 300＋130)－(1 800＋1 300) ＝ 13 280(元)

2. 编制相应的会计分录：

(1) 借：原材料	10 000	
应交税费——应交增值税(进项税额)	1 300	
贷：银行存款		11 300
(2) 借：银行存款	113 000	
贷：主营业务收入		100 000
应交税费——应交增值税(销项税额)		13 000
(3) 借：在建工程	11 950	
贷：库存商品		10 000
应交税金——应交增值税(销项税额)		1 950
(4) 借：应付股利	11 300	
贷：主营业务收入		10 000
应交税费——应交增值税(销项税额)		1 300

借：利润分配——应付投资者股利　11 300
　贷：应付股利　11 300
借：主营业务成本　8 500
　贷：库存商品　8 500
(5) 借：待处理财产损溢——待处理流动资产损溢　1 130
　贷：原材料　1 000
　　应交税费——应交增值税（进项税额转出）　130
借：管理费用　1 130
　贷：待处理财产损溢——待处理流动资产损溢　1 130
(6) 借：应交税费——应交增值税（已交税金）　12 000
　贷：银行存款　12 000

【业务题三】

1. 借：原材料　11 000
　　应交税费——应交增值税（进项税额）　1 300
　贷：应付票据　12 300
借：财务费用　50
　贷：银行存款　50
2. 借：固定资产　2 500
　贷：银行存款　2 000
　　库存现金　500
3. 借：原材料　100 000
　　应交税费——应交增值税（进项税额）　13 000
　贷：应付账款　113 000
4. 借：预收账款　33 900
　贷：主营业务收入　30 000
　　应交税费——应交增值税（销项税额）　3 900
借：银行存款　1 900
　贷：预收账款　1 900
5. 借：应付账款　113 000
　贷：财务费用　2 000
　　银行存款　111 000
6. 借：应付票据　12 300
　贷：银行存款　9 300
　　短期借款　3 000

【业务题四】

借：生产成本——基本生产成本　230 000
　管理费用　80 000
　在建工程　40 000
　销售费用　20 000
　研发支出——费用化支出　30 000
　贷：应付职工薪酬——工资　400 000

借：生产成本——基本生产成本　11 500
　　管理费用　4 000
　　在建工程　2 000
　　销售费用　1 000
　　研发支出——费用化支出　1 500
　贷：应付职工薪酬——住房公积金　20 000
借：应付职工薪酬——工资　20 000
　贷：其他应付款——住房公积金　20 000
借：应付职工薪酬——住房公积金　20 000
　　其他应付款——职工　20 000
　贷：银行存款　40 000

【业务题五】

1. (1) 借：应付职工薪酬　11 300
　　贷：原材料　10 000
　　　　应交税费——应交增值税(进项税额转出)　1 300
(2) 借：在建工程　113 000
　　贷：原材料　100 000
　　　　应交税费——应交增值税(进项税额转出)　13 000
(3) 借：待处理财产损溢——待处理流动资产损溢　1 130
　　贷：原材料　1 000
　　　　应交税费——应交增值税(进项税额转出)　130
(4) 借：在建工程　113 000
　　贷：库存商品　90 000
　　　　应交税费——应交增值税(销项税额)　13 000
　　　　应交税费——应交消费税　10 000
(5) 借：生产成本　452 000
　　　　制造费用　135 600
　　　　管理费用　90 400
　　贷：应付职工薪酬　678 000
　借：应付职工薪酬　678 000
　　贷：主营业务收入　600 000
　　　　应交税费——应交增值税(销项税额)　78 000
　借：主营业务成本　300 000
　　贷：库存商品　300 000
　借：税金及附加　60 000
　　贷：应交税费——应交消费税　60 000
(6) 借：原材料　10 944
　　　　应交税费——应交增值税(进项税额)　1 356
　　贷：银行存款　12 300
(7) 借：应收账款　22 600
　　贷：主营业务收入　20 000
　　　　应交税费——应交增值税(销项税额)　2 600

借：主营业务成本　12 000
　贷：库存商品　12 000

(8) 借：原材料　100 000
　　应交税费——应交增值税(进项税额)　13 000
　贷：应付票据　113 000

(9) 借：应交税费——应交增值税(已交税金)　12 000
　贷：银行存款　12 000

(10) 借：应收账款　11 300
　贷：主营业务收入　10 000
　　应交税费——应交增值税(销项税额)　1 300
借：主营业务成本　6 000
　贷：库存商品　6 000
借：税金及附加　1 000
　贷：应交税费——应交消费税　1 000

2. 月末计算应交增值税 = (1 300 + 13 000 + 130 + 13 000 + 78 000 + 2 600 + 1 300) − (80 000 + 1 356 + 13 000) = 14 974(元)

未交增值税 = 14 974 − 12 000 = 2 974(元)

借：应交税费——应交增值税(未交增值税)　2 974
　贷：应交税费——未交增值税　2 974

第十一章　非流动负债

三、单项选择题

1. B　**2.** B　**3.** C　**4.** B　**5.** D　**6.** C　**7.** B　**8.** C　**9.** A　**10.** D　**11.** D　**12.** B　**13.** D　**14.** C　**15.** A　**16.** A　**17.** B　**18.** A　**19.** D　**20.** B

四、多项选择题

1. ABCDE　**2.** ABCDE　**3.** ABCDE　**4.** CDE　**5.** ABCDE　**6.** ABC　**7.** BE　**8.** ABCE　**9.** ABCD　**10.** DE　**11.** CDE　**12.** ADE　**13.** ABCE　**14.** ACE　**15.** ACE　**16.** ABD　**17.** ABD　**18.** ABDE　**19.** ABD　**20.** ACE

五、判断题

1. √　**2.** ×　**3.** √　**4.** ×　**5.** ×　**6.** ×　**7.** ×　**8.** √　**9.** ×　**10.** √　**11.** √　**12.** ×　**13.** ×　**14.** ×　**15.** √　**16.** ×　**17.** ×　**18.** √　**19.** ×　**20.** ×

六、业务题

【业务题一】

该企业 2×19 年度专门借款利息 = 3 000 × 7% = 210(万元)

资本化期间专门借款利息 = 3 000 × 7% ÷ 12 × 7 = 122.50(万元)

资本化期间尚未动用的借款资金存入银行取得的利息收入 = (3 000 − 2 000) × 0.4% × 3 + (1 000 − 800) × 0.4% × 4 = 15.20(万元)

专门借款利息资本化的金额 = 122.50 − 15.20 = 107.30(万元)

费用化期间专门借款利息 = 3 000 × 7% ÷ 12 × 5 = 87.50(万元)

费用化期间尚未动用的借款资金存入银行取得的利息收入 = 3 000 × 0.4% × 5 = 60(万元)

专门借款利息费用化的金额 = 87.50 − 60 = 27.50(万元)

借：在建工程	1 073 000	
财务费用	275 000	
应收利息	752 000	
贷：应付利息		2 100 000

【业务题二】

该企业 2×19 年度专门借款利息资本化金额 = 1 000 × 6% = 60(万元)

该企业 2×19 年度一般借款利息金额计算如下：

一般借款利息金额 = 600 × 7% = 42(万元)

累计资产支出加权平均数 = 300 ÷ 360 × 270 + 200 ÷ 360 × 90 = 275(万元)

一般借款利息资本化的金额 = 275 × 7% = 19.25(万元)

一般借款利息费用化的金额 = 42 − 19.25 = 22.75(万元)

该企业 2×19 年年末计提利息时，账务处理如下：

借：在建工程	792 500	
财务费用	227 500	
贷：应付利息		1 020 000

【业务题三】

1. 该企业 2×18 年度专门借款利息金额计算如下：

专门借款利息金额 = 3 000 × 6% = 180(万元)

资本化期间专门借款利息 = 3 000 × 6% ÷ 12 × (9 − 4) = 75(万元)

资本化期间尚未动用的借款资金存入银行取得的利息收入 = (3 000 − 2 000) × 0.3% × 1 = 3(万元)

专门借款利息资本化的金额 = 75 − 3 = 72(万元)

费用化期间专门借款利息 = 3 000 × 6% ÷ 12 × 7 = 105(万元)

费用化期间尚未动用的借款资金存入银行取得的利息收入 = 3 000 × 0.3% × 3 = 27(万元)

专门借款利息费用化的金额 = 105 − 27 = 78(万元)

该企业 2×18 年度一般借款利息金额计算如下：

一般借款利息金额 = 2 000 × 8% ÷ 12 × 6 = 80(万元)

累计资产支出加权平均数 = 600 ÷ 360 × (180 − 120) = 100(万元)

一般借款利息资本化的金额 = 100 × 8% = 8(万元)

一般借款利息费用化的金额 = 80 − 8 = 72(万元)

该企业 2×18 年年末计提利息时，账务处理如下：

借：在建工程	800 000	
财务费用	1 500 000	
应收利息	300 000	
贷：应付利息		2 600 000

2. 该企业 2×19 年度专门借款利息金额计算如下：

专门借款利息资本化金额 = 3 000 × 6% = 180(万元)

该企业 2×19 年度一般借款利息金额计算如下：

一般借款利息金额 = 2 000 × 8% = 160(万元)

累计资产支出加权平均数 = 600 ÷ 360 × 360 = 600(万元)

一般借款利息资本化的金额 = 600 × 8% = 48(万元)

一般借款利息费用化的金额 = 160 − 48 = 112(万元)

该企业 2×19 年年末计提利息时，账务处理如下：

借：在建工程　　2 280 000

　　财务费用　　1 120 000

　贷：应付利息　　3 400 000

【业务题四】

1. 该企业 2×19 年第三季度专门借款利息金额计算如下：

专门借款利息金额 = 1 000 × 7.2% ÷ 12 × 3 = 18(万元)

专门借款利息资本化的金额 = 18 − 2 = 16(万元)

该企业 2×19 年第三季度一般借款利息金额计算如下：

一般借款利息金额 = 800 × 8% ÷ 12 × 3 + 1 200 × 6% ÷ 12 × 3 = 34(万元)

累计资产支出加权平均数 = 600 ÷ 90 × 30 = 200(万元)

资本化率 = 34 ÷ (800 + 1 200) = 1.7%

一般借款利息资本化的金额 = 200 × 1.7% = 3.4(万元)

一般借款利息费用化的金额 = 34 − 3.4 = 30.6(万元)

该企业 2×19 年第三季度计提利息时，账务处理如下：

借：在建工程　　194 000

　　应收利息　　20 000

　　财务费用　　306 000

　贷：应付利息　　520 000

2. 该企业 2×19 年第四季度专门借款利息金额计算如下：

专门借款利息资本化的金额 = 1 000 × 7.2% ÷ 12 × 3 = 18(万元)

该企业 2×19 年第四季度一般借款利息金额计算如下：

累计资产支出加权平均数 = 600 ÷ 90 × 90 + 600 ÷ 90 × 90 + 300 ÷ 90 × 60 + 300 ÷ 90 × 30 = 1 500(万元)

一般借款利息资本化的金额 = 1 500 × 1.7% = 25.5(万元)

一般借款利息费用化的金额 = 34 − 25.5 = 8.5(万元)

该企业 2×19 年第四季度计提利息时，账务处理如下：

借：在建工程　　435 000

　　财务费用　　85 000

　贷：应付利息　　520 000

【业务题五】

1. 分三种发行价格：

(1) 发行价格为 808 000 元时：

借：银行存款　　800 000

　贷：应付债券——面值　　800 000

(2) 发行价格为 774 336 元时：

借：银行存款 766 336
  应付债券——利息调整 33 664
 贷：应付债券——面值 800 000

（3）发行价格为 843 592 元时：

借：银行存款 835 592
 贷：应付债券——面值 800 000
  应付债券——利息调整 35 592

2. 分三种发行价格：

（1）发行价格为 808 000 元时。

应付债券利息费用计算表

单位：元

计息期次	应计利息	利息费用	差额摊销	未摊销差额	债券摊余成本
发行				0	800 000
1	40 000	40 000	0	0	800 000
2	40 000	40 000	0	0	800 000
3	40 000	40 000	0	0	800 000
4	40 000	40 000	0	0	800 000
5	40 000	40 000	0	0	800 000
合计	200 000	200 000	0		

（2）发行价格为 774 336 元时。

应付债券利息费用计算表

单位：元

计息期次	应计利息	利息费用	差额摊销	未摊销差额	债券摊余成本
发行				33 664	766 336
1	40 000	45 980	5 980	27 684	772 316
2	40 000	46 339	6 339	21 345	778 655
3	40 000	46 719	6 719	14 626	785 374
4	40 000	47 122	7 122	7 504	792 496
5	40 000	47 504	7 504	0	800 000
合计	200 000	233 664	33 664		800 000

（3）发行价格为 843 592 元时。

应付债券利息费用计算表

单位：元

计息期次	应计利息	利息费用	差额摊销	未摊销差额	债券摊余成本
发行				35 592	835 592
1	40 000	33 424	6 576	29 016	829 016
2	40 000	33 161	6 839	22 177	822 177
3	40 000	32 887	7 113	15 064	815 064
4	40 000	32 603	7 397	7 667	807 667
5	40 000	32 333	7 667	0	800 000
合计	200 000	164 408	35 592	0	800 000

3. 分三种发行价格：

(1) 发行价格为 808 000 元时：

借：财务费用　40 000

　贷：应付利息　40 000

(2) 发行价格为 774 336 元时：

借：财务费用　45 980

　贷：应付利息　40 000

　　应付债券——利息调整　5 980

(3) 发行价格为 843 592 元时：

借：财务费用　33 424

　应付债券——利息调整　6 576

　贷：应付利息　40 000

4. 每年 1 月 5 日支付利息时：

借：应付利息　40 000

　贷：银行存款　40 000

5. 债券到期归还本金及利息时：

借：应付债券——面值　800 000

　应付利息　40 000

　贷：银行存款　840 000

【业务题六】

1. 2×18 年 1 月 1 日，发行债券时：

借：银行存款　19 800 000

　应付债券——利息调整　200 000

　贷：应付债券——面值　20 000 000

2.

应付债券利息费用计算表

单位：元

计息期次	应计利息	利息费用	差额摊销	未摊销差额	债券摊余成本
发行				200 000	19 800 000
1	800 000	865 260	65 260	134 740	19 865 260
2	800 000	868 112	68 112	66 628	19 933 372
3	800 000	866 628	66 628	0	20 000 000
合计	2 400 000	2 600 000	200 000	0	20 000 000

3. (1) 第一年末，计息及摊销利息调整时：

借：在建工程　　865 260

　贷：应付债券——利息调整　　65 260

　　应付利息　　800 000

(2) 第二年末，计息及摊销利息调整时：

借：在建工程　　868 112

　贷：应付债券——利息调整　　68 112

　　应付利息　　800 000

(3) 第三年末，计息及摊销利息调整时：

借：财务费用　　866 628

　贷：应付债券——利息调整　　66 628

　　应付利息　　800 000

4. 每年1月1日支付利息时：

借：应付利息　　800 000

　贷：银行存款　　800 000

5. 到期归还本金及利息时：

借：应付债券——面值　　20 000 000

　应付利息　　800 000

　贷：银行存款　　20 800 000

【业务题七】

1. 2×17年1月1日，发行债券时：

借：银行存款　　40 750 000

　贷：应付债券——面值　　40 000 000

　　应付债券——利息调整　　750 000

2×17年12月31日，计息时：

借：财务费用　　1 762 030

　应付债券——利息调整　　237 970

　贷：应付利息　　2 000 000

2. 2×18年，专门借款利息资本化金额计算如下：

专门借款利息金额 = 3 000 × 6% = 180(万元)

闲置专门借款存入银行利息收入 = 2 000 × 0.3% × 3 + 800 × 0.3% × 2 = 22.80(万元)

专门借款利息资本化金额 = 180 − 22.80 = 157.20(万元)

2×18 年一般借款利息资本化金额计算如下：

一般借款实际利息费用 = (4 075 − 23.797) × 4.324% = 175.174(万元)

累计资产支出加权平均数 = 300 ÷ 360 × 210 = 175(万元)

一般借款利息资本化金额 = 175 × 4.324% = 7.567(万元)

一般借款利息费用化金额 = 175.174 − 7.567 = 167.607(万元)

借：在建工程	1 647 670
应收利息	228 000
财务费用	1 676 070
应付债券——利息调整	248 260
贷：应付利息	3 800 000

3. 2×19 年，专门借款利息资本化金额计算如下：

专门借款利息金额 = 3 000 × 6% = 180(万元)

专门借款利息资本化金额 = 3 000 × 6% ÷ 12 × 9 = 135(万元)

专门借款利息费用化金额 = 3 000 × 6% ÷ 12 × 3 = 45(万元)

2×19 年一般借款利息资本化金额计算如下：

一般借款利息调整摊销额 = 75 − 23.797 − 24.826 = 26.377(万元)

一般借款实际利息费用 = 200 − 26.377 = 173.623(万元)

累计资产支出加权平均数 = 300 ÷ 360 × 270 + 900 ÷ 360 × 270 + 900 ÷ 360 × 210 + 1 400 ÷ 360 × 90 = 1 775(万元)

一般借款利息资本化金额 = 1 775 × 4.324% = 76.751(万元)

一般借款利息费用化金额 = 173.623 − 76.751 = 96.872(万元)

借：在建工程	2 117 510
财务费用	1 418 720
应付债券——利息调整	263 770
贷：应付利息	3 800 000

第十二章　所有者权益

三、单项选择题

1. B　**2.** B　**3.** B　**4.** C　**5.** C　**6.** A　**7.** C　**8.** D　**9.** A　**10.** C　**11.** D　**12.** A　**13.** D　**14.** B　**15.** C　**16.** D　**17.** C　**18.** D　**19.** B　**20.** A

四、多项选择题

1. ABC　**2.** AB　**3.** ABCDE　**4.** ABCE　**5.** AB　**6.** AB　**7.** ABCDE　**8.** CD　**9.** AC　**10.** BCD　**11.** ABC　**12.** ABD　**13.** ABC　**14.** ABCE　**15.** BDE　**16.** BDE　**17.** ABCE　**18.** CD　**19.** ABCE

20. BCD

五、判断题

1. × **2.** × **3.** √ **4.** √ **5.** √ **6.** × **7.** × **8.** × **9.** √ **10.** √ **11.** × **12.** × **13.** √ **14.** × **15.** √ **16.** × **17.** × **18.** × **19.** √ **20.** √

六、业务题

【业务题一】

1. 丙、丁两人各自出15万元投资额的原因可能有以下两点：一是公司的净资产已经超过资本金；二是公司的盈利能力超过了初创期。

2. 会计分录：

2×19年：

借：银行存款	2 000 000	
贷：实收资本——甲		1 000 000
实收资本——乙		1 000 000

2×21年：

借：银行存款	2 500 000	
贷：实收资本——丙		1 000 000
实收资本——丁		1 000 000
资本公积——资本溢价		500 000

【业务题二】

借：银行存款	58 800 000	
贷：股本		10 000 000
资本公积——股本溢价		48 800 000

【业务题三】

1. 2月25日，X公司实际取得了Y公司的控制权时：

借：长期股权投资——Y公司(投资成本)	1 020 000	
应收股利	30 600	
贷：银行存款		1 000 000
资本公积——资本溢价		50 600

2. 8月22日，X公司实际取得了Z公司的控制权时：

借：长期股权投资——Z公司(投资成本)	4 800 000	
资本公积——资本溢价	180 000	
盈余公积——法定盈余公积	20 000	
贷：银行存款		5 000 000

【业务题四】

1. 2月28日，A公司进行资产转换时：

借：投资性房地产——成本	1 480 000	
累计折旧	500 000	
公允价值变动损益	20 000	
贷：固定资产		2 000 000

2. 4 月 25 日，B 公司将作为存货的房地产用于出租经营时：

借：投资性房地产——3 号楼(成本)　　30 000 000
　贷：开发产品——房屋(3 号楼)　　28 000 000
　　其他综合收益　　2 000 000

【业务题五】

1. 9 月 18 日，H 公司将持有至到期投资重分类时：

借：其他债权投资——A 公司债券　　250 000
　其他综合收益　　10 000
　贷：债权投资——A 公司债券(成本)　　200 000
　　债权投资——A 公司债券(应计利息)　　60 000

2. H 公司 12 月获知 D 公司所有者权益增加时，根据享有的份额：

借：长期股权投资——D 公司(其他综合收益)　　300 000
　贷：其他综合收益　　300 000

【业务题六】

1. 借：本年利润　　800 000
　贷：利润分配——未分配利润　　800 000
借：利润分配——提取法定盈余公积　　80 000
　贷：盈余公积——法定盈余公积　　80 000

2. 借：盈余公积——法定盈余公积　　10 000
　盈余公积——任意盈余公积　　40 000
　贷：利润分配——盈余公积补亏　　50 000

3. 借：盈余公积——法定盈余公积　　3 200 000
　贷：股本　　3 200 000

【业务题七】

1. 会计分录：

(1) 借：利润分配——应付现金股利　　400 000
　贷：应付股利——应付普通股股利　　400 000
借：利润分配——转作股本的股利　　500 000
　贷：股本　　500 000

(2) 借：本年利润　　900 000
　贷：利润分配——未分配利润　　900 000

(3) 借：利润分配——提取法定盈余公积　　90 000
　利润分配——提取任意盈余公积　　60 000
　贷：盈余公积——法定盈余公积　　90 000
　　盈余公积——任意盈余公积　　60 000

(4) 借：利润分配——未分配利润　　1 050 000
　贷：利润分配——提取法定盈余公积　　90 000
　　利润分配——提取任意盈余公积　　60 000
　　利润分配——应付现金股利　　400 000
　　利润分配——转作股本的股利　　500 000

2. 本期分配后的“利润分配——未分配利润”账户余额 ＝ 40 ＋ 90 － 105 ＝ 25(万元)

【业务题八】

(1) 2×19 年年末,进行的账务处理:

借:本年利润	20 000 000	
贷:利润分配——未分配利润		20 000 000
借:利润分配——提取法定盈余公积	2 000 000	
贷:盈余公积——法定盈余公积		2 000 000
借:利润分配——未分配利润	2 000 000	
贷:利润分配——提取法定盈余公积		2 000 000

(2) 2×20 年 4 月 5 日,对股东大会通过的 2×19 年议案进行的账务处理:

借:利润分配——应付现金股利	3 000 000	
贷:应付股利		3 000 000

(3) 对实施股东大会通过的议案进行的账务处理:

借:应付股利	3 000 000	
贷:银行存款		3 000 000
借:利润分配——转作股本的股利	7 000 000	
贷:股本		7 000 000
借:资本公积——股本溢价	30 000 000	
贷:股本		30 000 000

第十三章　收　　入

三、单项选择题

1. B　**2.** D　**3.** B　**4.** C　**5.** A　**6.** B　**7.** C　**8.** A　**9.** B　**10.** C　**11.** D　**12.** C　**13.** C　**14.** D　**15.** B　**16.** D　**17.** C　**18.** C　**19.** D　**20.** B

四、多项选择题

1. AB　**2.** ABCDE　**3.** ACD　**4.** ACDE　**5.** ABCE　**6.** ABCDE　**7.** ABCD　**8.** ACE　**9.** BCD　**10.** ABCD　**11.** BCD　**12.** ADE　**13.** ACE　**14.** ACDE　**15.** ABC　**16.** ABD　**17.** ABCDE　**18.** ABDE　**19.** ABCD　**20.** ABE

五、判断题

1. ×　**2.** ×　**3.** ×　**4.** √　**5.** √　**6.** ×　**7.** ×　**8.** √　**9.** ×　**10.** ×　**11.** ×　**12.** ×　**13.** √　**14.** ×　**15.** ×　**16.** √　**17.** √　**18.** ×　**19.** ×　**20.** √

六、业务题

【业务题一】

1. 销售商品时:

借:应收账款——A 公司	113 000	
贷:主营业务收入		100 000

应交税费——应交增值税(销项税额)　13 000

借:主营业务成本　75 000

贷:库存商品　75 000

2. 收到A公司货款时:

A公司应享受的现金折扣=100 000×2%=2 000(元)

借:银行存款　111 000

财务费用　2 000

贷:应收账款——A公司　113 000

【业务题二】

1. 甲公司于2×19年1月1日采用分期收款方式销售时的会计处理:

借:长期应收款　1 000 000

银行存款　130 000

贷:主营业务收入　800 000

应交税费——应交增值税(销项税额)　130 000

未实现融资收益　200 000

借:主营业务成本　700 000

贷:库存商品　700 000

2. 甲公司各年分期收款及摊销未实现融资收益的计算表如下:

甲公司各年分期收款及摊销未实现融资收益计算表

单位:元

日　期	收款金额	确认的融资收益	应收设备款减少额	应收设备款余额
2×19年1月1日				800 000
2×19年12月31日	200 000	63 440	136 560	663 440
2×20年12月31日	200 000	52 611	147 389	516 051
2×21年12月31日	200 000	40 923	159 077	356 974
2×22年12月31日	200 000	28 308	171 692	185 282
2×23年12月31日	200 000	14 718	185 282	0
合　计	1 000 000	200 000	800 000	

3. 2×19年12月31日分期收款及摊销未实现融资收益时:

借:银行存款　200 000

贷:长期应收款　200 000

借:未实现融资收益　63 440

贷:财务费用　63 440

4. 2×20年12月31日分期收款及摊销未实现融资收益时:

借:银行存款　200 000

贷:长期应收款　200 000

借:未实现融资收益　52 611

贷:财务费用　52 611

5. 2×21 年 12 月 31 日分期收款及摊销未实现融资收益时：

借：银行存款　　200 000
　贷：长期应收款　　200 000
借：未实现融资收益　　40 923
　贷：财务费用　　40 923

6. 2×22 年 12 月 31 日分期收款及摊销未实现融资收益时：

借：银行存款　　200 000
　贷：长期应收款　　200 000
借：未实现融资收益　　28 308
　贷：财务费用　　28 308

7. 2×23 年 12 月 31 日分期收款及摊销未实现融资收益时：

借：银行存款　　200 000
　贷：长期应收款　　200 000
借：未实现融资收益　　14 718
　贷：财务费用　　14 718

【业务题三】

1. 2×19 年 7 月 8 日，销售实现时：

借：应收账款　　11 300
　贷：主营业务收入　　10 000
　　　应交税费——应交增值税（销项税额）　　1 300
借：主营业务成本　　8 000
　贷：库存商品　　8 000

2. 2×19 年 7 月 20 日，收到货款时：

现金折扣＝10 000×1%＝100（元）

借：银行存款　　11 200
　　财务费用　　100
　贷：应收账款　　11 300

3. 2×19 年 8 月 2 日，发生销售退回时：

借：主营业务收入　　10 000
　　应交税费——应交增值税（销项税额）　　1 300
　贷：银行存款　　11 200
　　　财务费用　　100
借：库存商品　　8 000
　贷：主营业务成本　　8 000

【业务题四】

1. 4 月 1 日，发出家电产品时：

借：应收账款　　3 390 000
　贷：主营业务收入　　2 850 000
　　　预计负债——应付退货款　　150 000
　　　应交税费——应交增值税（销项税额）　　390 000
借：主营业务成本　　2 375 000
　　应收退货成本　　125 000
　贷：库存商品　　2 500 000

2. 4月30日,收到货款时:

借:银行存款　3 390 000
　贷:应收账款　3 390 000

3. 7月8日,发生销售退回(实际退货量为5件,款项已经支付)时:

借:库存商品　12 500
　　应交税费——应交增值税(销项税额)　1 950
　　预计负债——应付退货款　15 000
　贷:银行存款　16 950
　　　应收退货成本　12 500

4. 8月30日,退货期满时:

借:预计负债　135 000
　贷:主营业务收入　135 000
借:主营业务成本　112 500
　贷:应收退货成本　112 500

【业务题五】

1. 4月1日,发出家电产品时:

借:应收账款　3 390 000
　贷:合同负债　3 000 000
　　　应交税费——应交增值税(销项税额)　390 000
借:发出商品　2 500 000
　贷:库存商品　2 500 000

2. 4月30日,收到货款时:

借:银行存款　3 390 000
　贷:应收账款　3 390 000

3. 7月8日,发生销售退回(实际退货量为5件,款项已经支付)时:

借:合同负债　15 000
　　应交税费——应交增值税(销项税额)　1 950
　贷:银行存款　16 950
借:库存商品　12 500
　贷:发出商品　12 500

4. 8月30日,退货期满时:

借:合同负债　135 000
　贷:主营业务收入　135 000
借:主营业务成本　112 500
　贷:发出商品　112 500

【业务题六】

1. 8月1日,发出商品时:

借:银行存款　226 000
　贷:其他应付款　200 000
　　　应交税费——应交增值税(销项税额)　26 000
借:发出商品　160 000
　贷:库存商品　160 000

2. 8～11 月，每月计提利息费用时：

借：财务费用　　2 500

　贷：其他应付款　　2 500

3. 11 月 30 日，回购商品时：

借：其他应付款　　210 000

　　应交税费——应交增值税（进项税额）　　27 300

　贷：银行存款　　237 300

借：库存商品　　160 000

　贷：发出商品　　160 000

【业务题七】

1. 2×19 年 12 月 31 日，确定该安装服务的履约进度：

该安装服务的履约进度＝15/(15＋135)×100%＝10%

2×19 年应确认的服务收入、成本：

本年确认的服务收入＝200×10%－0＝20(万元)

本年确认的服务成本＝(15＋135)×10%－0＝15(万元)

丙设备安装公司应做的账务处理：

(1) 预收合同价款时：

借：银行存款　　327 000

　贷：合同负债　　300 000

　　　应交税费——应交增值税（销项税额）　　27 000

(2) 发生安装成本时：

借：合同履约成本　　150 000

　贷：应付职工薪酬　　150 000

(3) 确认服务收入时：

借：合同负债　　200 000

　贷：主营业务收入　　200 000

(4) 结转服务成本时：

借：主营业务成本　　150 000

　贷：合同履约成本　　150 000

2. 2×20 年 12 月 31 日，确定该安装服务的履约进度：

该安装服务的履约进度＝(15＋137)/(15＋137＋8)×100%＝95%

2×20 年应确认的服务收入、成本：

本年确认的服务收入＝200×95%－20＝170(万元)

本年确认的服务成本＝(15＋137＋8)×95%－15＝137(万元)

丙设备安装公司应做的账务处理：

(1) 预收合同价款时：

借：银行存款　　1 744 000

　贷：合同负债　　1 600 000

　　　应交税费——应交增值税（销项税额）　　144 000

(2) 发生安装成本时：

借：合同履约成本　　1 370 000

　贷：应付职工薪酬　　350 000

　　　原材料　　1 020 000

(3) 确认服务收入时：

借：合同负债　1 700 000

　贷：主营业务收入　1 700 000

(4) 结转服务成本时：

借：主营业务成本　1 370 000

　贷：合同履约成本　1 370 000

(5) 安装完成收取余款时：

借：银行存款　109 000

　贷：主营业务收入　100 000

　　应交税费——应交增值税(销项税额)　9 000

【业务题八】

1. 2×19 年 12 月 1 日，收到乙公司预付的设备安装费时：

借：银行存款　40 000

　贷：合同负债　40 000

2. 实际发生设备安装费时：

借：合同履约成本　50 000

　贷：应付职工薪酬　50 000

3. 2×19 年 12 月 31 日，确认提供服务收入并结转服务成本时：

借：合同负债　40 000

　贷：主营业务收入　40 000

借：主营业务成本　50 000

　贷：合同履约成本　50 000

【业务题九】

1. 2×19 年

(1) 确认实际发生的工程施工成本时：

借：合同履约成本——A 工程(工程施工)　1 100 000

　贷：应付职工薪酬　400 000

　　原材料　550 000

　　银行存款　150 000

(2) 确认已结算合同价款时：

借：应收账款　1 417 000

　贷：合同结算——A 工程　1 300 000

　　应交税费——应交增值税(销项税额)　117 000

(3) 收到工程价款时：

借：银行存款　1 000 000

　贷：应收账款　1 000 000

(4) 确认本年合同收入和合同成本时：

2×19 年的履约进度＝(120－10)/200×100%＝55%

2×19 年确认的合同收入＝250×55%－0＝137.5(万元)

2×19 年确认的合同成本＝(120＋80)×55%－0＝110(万元)

借：合同结算——A 工程　1 375 000

　贷：主营业务收入　1 375 000

借：主营业务成本　　1 100 000

　　贷：合同履约成本——A 工程（工程施工）　　1 100 000

2. 2×20 年

（1）确认实际发生的合同成本时：

借：合同履约成本——A 工程（工程施工）　　860 000

　　贷：应付职工薪酬　　200 000

　　　　原材料　　540 000

　　　　银行存款　　120 000

（2）确认已结算合同价款时：

借：应收账款　　1 308 000

　　贷：合同结算——A 工程　　1 200 000

　　　　应交税费——应交增值税（销项税额）　　108 000

（3）收到工程价款：

借：银行存款　　1 500 000

　　贷：应收账款　　1 500 000

（4）确认本期合同收入和合同成本时：

2×20 年的履约进度＝100％

2×20 年确认的合同收入＝250－137.5＝112.5（万元）

2×20 年确认的合同成本＝196－110＝86（万元）

借：合同结算——A 工程　　1 125 000

　　贷：主营业务收入　　1 125 000

借：主营业务成本　　860 000

　　贷：合同履约成本——A 工程（工程施工）　　860 000

【业务题十】

1. 计算 2×19 年的完工进度＝70/（70＋105）×100％＝40％

2×19 年确认的合同收入＝160×40％－0＝64（万元）

2×19 年确认的合同费用＝（70＋105）×40％－0＝70（万元）

（1）确认实际发生的合同成本时：

借：合同履约成本——×工程（工程施工）　　700 000

　　贷：应付职工薪酬　　300 000

　　　　原材料　　400 000

（2）确认本期合同收入和合同成本时：

借：合同结算——×工程　　640 000

　　贷：主营业务收入　　640 000

借：主营业务成本　　700 000

　　贷：合同履约成本——×工程（工程施工）　　700 000

2. 合同预计损失＝（175－160）×（1－40％）＝9（万元）

借：主营业务成本　　90 000

　　贷：预计负债　　90 000

【业务题十一】

1. 1 月 1 日，向 C 公司发出商品时：

借：银行存款 904 000
贷：其他应付款 800 000
应交税费——应交增值税（销项税额） 104 000
借：发出商品 700 000
贷：库存商品 700 000
1月31日，计提利息费用时：
借：财务费用 40 000
贷：其他应付款 40 000

2. 1月10日，向A公司销售商品时：
借：应收账款 2 260 000
贷：主营业务收入 2 000 000
应交税费——应交增值税（销项税额） 260 000
借：主营业务成本 1 700 000
贷：库存商品 1 700 000
1月18日，收到A公司支付货款时：
借：银行存款 2 220 000
财务费用 40 000
贷：应收账款 2 260 000

3. 1月15日，发生销售折让时：
借：主营业务收入 50 000
应交税费——应交增值税（销项税额） 6 500
贷：银行存款 56 500

4. 1月30日，交付甲设备时：
借：合同资产 18 080
贷：主营业务收入 16 000
应交税费——待转销项税额 2 080

5. 1月20日，发出代销商品时：
借：委托代销商品 15 000
贷：库存商品 15 000
1月31日，收到E公司的代销清单时：
借：应收账款 6 780
贷：主营业务收入 6 000
应交税费——应交增值税（销项税额） 780
借：主营业务成本 4 500
贷：委托代销商品 4 500
借：销售费用——代销手续费 600
贷：应收账款——E公司 600

6. 1月28日，收到F公司预付货款时：
借：银行存款 300 000
贷：合同负债 300 000

7. 1月29日，销售商品时：

借：银行存款　　3 390 000
　贷：主营业务收入　　3 000 000
　　　应交税费——应交增值税(销项税额)　　390 000
借：主营业务成本　　2 000 000
　贷：库存商品　　2 000 000

8. 1 月 30 日，发生销售退回时：
借：主营业务收入　　2 000 000
　　应交税费——应交增值税(销项税额)　　260 000
　贷：银行存款　　2 220 000
　　　财务费用　　40 000
借：库存商品　　1 700 000
　贷：主营业务成本　　1 700 000

【业务题十二】

1. 借：应收账款　　80 000
　贷：主营业务收入　　64 000
　　　合同负债　　16 000

2. 1 月份：销售商品的单独售价＝100(万元)
积分的单独售价＝1×10 000×80%/10 000＝0.8(万元)
分摊至商品销售的交易价格＝100/(100＋0.8)×100＝99.21(万元)
分摊至积分的交易价格＝0.8/(100＋0.8)×100＝0.79(万元)
借：银行存款　　1 000 000
　贷：主营业务收入　　992 100
　　　合同负债　　7 900
2 月份：积分确认收入＝0.79×5 000/(10 000×80%)＝0.49(万元)
借：合同负债　　4 900
　贷：主营业务收入　　4 900

3. 借：银行存款　　4 000 000
　　未确认融资费用　　494 400
　贷：合同负债　　4 494 400
借：财务费用——利息支出　　240 000
　贷：未确认融资费用　　240 000

4. 3 月 8 日
借：合同资产　　180 000
　贷：主营业务收入　　180 000
3 月 14 日
借：应收账款　　300 000
　贷：合同资产　　180 000
　　　主营业务收入　　120 000

5. (1)销售设备
借：银行存款　　312 000
　贷：主营业务收入　　280 000
　　　合同负债　　32 000

借：主营业务成本　　200 000

　贷：库存商品　　200 000

(2) 确认延保服务收费

借：合同负债　　8 000

　贷：主营业务收入　　8 000

(3) 一年内质量保证服务

借：销售费用　　20 000

　贷：预计负债　　20 000

6. (1)

借：银行存款　　100 000

　贷：合同负债　　100 000

(2) 确认收入=[6+1×(6÷9)]=6.7(万元)

借：合同负债　　67 000

　贷：主营业务收入　　67 000

第十四章　费　　用

三、单项选择题

1. D　**2.** D　**3.** C　**4.** B　**5.** C　**6.** D

四、多项选择题

1. ABDE　**2.** ABCDE　**3.** ACDE　**4.** ABCDE　**5.** ABCDE　**6.** BCDE

五、判断题

1. ×　**2.** √　**3.** ×　**4.** √　**5.** ×　**6.** ×

第十五章　利　　润

三、单项选择题

1. A　**2.** C　**3.** C　**4.** A　**5.** B　**6.** C　**7.** B　**8.** B　**9.** C　**10.** B　**11.** C　**12.** B　**13.** B　**14.** A　**15.** B　**16.** B　**17.** B　**18.** A　**19.** A　**20.** C

四、多项选择题

1. ABDE　**2.** CE　**3.** ABCDE　**4.** AC　**5.** CDE　**6.** ABDE　**7.** BCDE　**8.** ABC　**9.** BDE　**10.** CDE　**11.** ABC　**12.** AB　**13.** AE　**14.** ABCDE　**15.** AD　**16.** ABC　**17.** CD　**18.** BCDE　**19.** BDE　**20.** BCDE

五、判断题

1. ×　**2.** √　**3.** √　**4.** √　**5.** ×　**6.** ×　**7.** √　**8.** ×　**9.** √　**10.** √　**11.** ×　**12.** ×　**13.** √

14. ×　**15.** ×　**16.** √　**17.** ×　**18.** ×　**19.** ×　**20.** √

六、业务题

【业务题一】

(1) 结转各项收入与收益时：

借：主营业务收入	60 000 000	
其他业务收入	7 000 000	
投资收益	6 000 000	
营业外收入	500 000	
贷：本年利润		73 500 000

(2) 结转各项成本、费用或支出时：

借：本年利润	65 300 000	
贷：主营业务成本		40 000 000
税金及附加		800 000
其他业务成本		4 000 000
销售费用		5 000 000
管理费用		7 700 000
财务费用		2 000 000
营业外支出		2 500 000
所得税费用		3 300 000

(3) 将“本年利润”账户余额转入“利润分配——未分配利润”账户时：

借：本年利润	8 200 000	
贷：利润分配——未分配利润		8 200 000

(4) 提取法定盈余公积时：

借：利润分配——提取法定盈余公积	820 000	
贷：盈余公积		820 000

(5) 分派现金股利时：

借：利润分配——应付现金股利或利润	2 000 000	
贷：应付股利		2 000 000

(6) 结转“利润分配”账户中的明细账户时：

借：利润分配——未分配利润	2 820 000	
贷：利润分配——提取法定盈余公积		820 000
利润分配——应付现金股利或利润		2 000 000

【业务题二】

1. 2×19 年：

(1) 提取法定盈余公积时：

借：利润分配——提取法定盈余公积	4 000	
贷：盈余公积——法定盈余公积		4 000

(2) 宣告分派现金股利时：

借：利润分配——应付现金股利或利润	30 000	
贷：应付股利		30 000

（3）年终结转时：

借：本年利润　40 000

　贷：利润分配——未分配利润　40 000

借：利润分配——未分配利润　34 000

　贷：利润分配——提取法定盈余公积　4 000

　　　利润分配——应付现金股利或利润　30 000

2. 2×20 年：

（1）资本公积转增股本时：

借：资本公积　40 000

　贷：股本　40 000

（2）年终结转时：

借：利润分配——未分配利润　75 000

　贷：本年利润　75 000

【业务题三】

（1）以法定盈余公积弥补亏损时：

借：盈余公积——法定盈余公积　54 000

　贷：利润分配——盈余公积补亏　54 000

（2）年终结转时：

借：利润分配——盈余公积补亏　54 000

　贷：利润分配——未分配利润　54 000

【业务题四】

借：所得税费用——递延所得税费用　20 000

　贷：递延所得税负债　20 000

【业务题五】

（1）确认该项债券投资公允价值变动时：

借：其他综合收益　10 000

　贷：其他债权投资——公允价值变动　10 000

（2）确认应纳税暂时性差异的所得税影响时：

借：递延所得税资产　2 500

　贷：其他综合收益　2 500

【业务题六】

（1）确认该库存商品的跌价准备时：

借：资产减值损失　70 000

　贷：存货跌价准备　70 000

（2）确认 2×19 年应交所得税时：

应交所得税 ＝（3 000 000＋70 000）×25％ ＝ 767 500（元）

借：所得税费用——当期所得税费用　767 500

　贷：应交税费——应交所得税　767 500

（3）确认可抵扣暂时性差异的所得税影响时：

借：递延所得税资产　17 500

　贷：所得税费用——递延所得税费用　17 500

【业务题七】

借：所得税费用——当期所得税费用　　25 000
　　所得税费用——递延所得税费用　　2 500
　贷：应交税费——应交所得税　　25 000
　　　递延所得税负债　　2 500

【业务题八】

(1) 计算应交所得税时：

纳税调整增加额 = 2 100 000 − 1 700 000 = 400 000(元)
纳税调整减少额=300 000(元)
应交所得税额 = (4 800 000 + 400 000 − 300 000) × 25% = 4 900 000 × 25% = 1 225 000(元)

借：所得税费用　　1 225 000
　贷：应交税费——应交所得税　　1 225 000

(2) 实际上交所得税时：

借：应交税费——应交所得税　　1 225 000
　贷：银行存款　　1 225 000

【业务题九】

应纳税暂时性差异=200 000(万元)
可抵扣暂时性差异 = 400 000 + 250 000 = 650 000(万元)
计算确认的递延所得税资产、递延所得税负债、递延所得税费用以及所得税费用如下：
递延所得税资产 = 650 000 × 25% = 162 500(万元)
递延所得税负债 = 200 000 × 25% = 50 000(万元)
递延所得税费用 =− 162 500 + 50 000 =− 112 500(万元)
所得税费用 = 1 000 000 − 112 500 = 887 500(万元)

【业务题十】

1. 确定各年的暂时性差异及该项差异对所得税的影响表。

各年的暂时性差异及该项差异对所得税的影响表

单位：万元

项　　目	2×19 年	2×20 年	2×21 年	2×22 年	2×23 年
设备账面价值	3 000	2 250	1 500	750	0
设备计税基础	3 000	1 800	900	300	0
差额	0	450	600	450	0
税率	25%	25%	25%	25%	25%
对所得税影响数	0	112.5	37.5	−37.5	−112.5

2. A 公司各年有关所得税的账务处理如下：

(1) 2×19 年：

借：所得税费用　　2 500 000
　贷：应交税费——应交所得税　　2 500 000

(2) 2×20年：

借：所得税费用 2 500 000

贷：应交税费——应交所得税 1 375 000

递延所得税负债 1 125 000

(3) 2×21年：

借：所得税费用 2 500 000

贷：应交税费——应交所得税 2 125 000

递延所得税负债 375 000

(4) 2×22年：

借：所得税费用 2 500 000

递延所得税负债 375 000

贷：应交税费——应交所得税 2 875 000

(5) 2×23年：

借：所得税费用 2 500 000

递延所得税负债 1 125 000

贷：应交税费——应交所得税 3 625 000

第十六章 财务报告

三、单项选择题

1. B **2.** C **3.** A **4.** D **5.** D **6.** A **7.** C **8.** C **9.** B **10.** B **11.** C **12.** D **13.** C **14.** D **15.** A **16.** C **17.** B **18.** A **19.** C **20.** B

四、多项选择题

1. ABCD **2.** ADE **3.** AB **4.** ABDE **5.** ABCD **6.** BDE **7.** ABCDE **8.** CE **9.** AC **10.** AD **11.** ACDE **12.** BCD **13.** ACE **14.** ABD **15.** ABD **16.** ABCDE **17.** ABCDE **18.** AD **19.** ACDE **20.** ABCDE

五、判断题

1. √ **2.** × **3.** √ **4.** × **5.** × **6.** × **7.** × **8.** × **9.** × **10.** × **11.** √ **12.** × **13.** √ **14.** × **15.** × **16.** × **17.** × **18.** √ **19.** √ **20.** ×

六、业务题

【业务题一】

1. 交易性金融资产＝82 000(元)

2. 应收账款＝950 000(元)

3. 预付款项＝300 000(元)

4. 其他应收款＝200 000(元)

5. 存货＝580 000(元)

6. 应付账款＝800 000(元)

【业务题二】

1. 采用应付税款法,结算应交所得税时:

借:所得税费用 21 500
　贷:应交税费——应交所得税 21 500

采用资产负债表债务法,结算应交所得税时:

借:所得税费用 21 750
　　递延所得税资产 750
　贷:应交税费——应交所得税 21 500
　　　递延所得税负债 1 000

2. (1) 营业利润＝81 000(元)

(2) 利润总额＝87 000(元)

(3) 应付税款法下:净利润＝87 000－21 500＝65 500(元)

资产负债表下:净利润＝87 000－21 750＝65 250(元)

【业务题三】

1. 销售商品、提供劳务收到的现金＝43 088 000(元)

2. 购买商品、接受劳务支付的现金＝20 400 000(元)

3. 收回投资收到的现金＝600 000(元)

4. 取得投资收益收到的现金＝72 000(元)

5. 处置固定资产、无形资产和其他长期资产收回的现金净额＝150 516(元)

6. 偿还债务支付的现金＝100 000(元)

7. 分配股利、利润、或偿付利息支付的现金＝65 000(元)

【业务题四】

1. 编制会计分录:

(1) 借:应收账款 192 100
　　贷:主营业务收入 170 000
　　　　应交税费——应交增值税(销项税额) 22 100
　借:主营业务成本 112 000
　　贷:库存商品 112 000

(2) 借:银行存款 62 000
　　贷:交易性金融资产——成本 54 000
　　　　投资收益 8 000

(3) 借:原材料 80 000
　　　应交税费——应交增值税(进项税额) 10 400
　　贷:银行存款 90 400

(4) 借:银行存款 293 800
　　贷:主营业务收入 260 000
　　　　应交税费——应交增值税(销项税额) 33 800
　借:主营业务成本 148 000
　　贷:库存商品 148 000

(5) 借:应付票据 32 000
　　贷:银行存款 32 000

(6) 借：原材料 40 800
应交税费——应交增值税(进项税额) 5 304
贷：预付账款 46 104
(7) 借：固定资产 20 000
应交税费——应交增值税(进项税额) 2 600
贷：银行存款 22 600
(8) 借：工程物资 4 000
应交税费——应交增值税(进项税额) 520
贷：银行存款 4 520
(9) 借：长期借款 72 000
贷：银行存款 72 000
(10) 借：固定资产清理 16 000
累计折旧 184 000
贷：固定资产 200 000
借：固定资产清理 400
贷：银行存款 400
借：银行存款 640
贷：固定资产清理 640
借：营业外支出 15 760
贷：固定资产清理 15 760
(11) 借：应收票据 81 360
贷：主营业务收入 72 000
应交税费——应交增值税(销项税额) 9 360
借：主营业务成本 52 960
贷：库存商品 52 960
(12) 借：银行存款 80 000
贷：长期借款 80 000
(13) 借：银行存款 20 000
贷：应收票据 20 000
(14) 借：短期借款 80 000
应付利息 3 200
贷：银行存款 83 200
(15) 借：应付职工薪酬 357 002.40
贷：银行存款 357 002.40
(16) 借：生产成本 228 000.00
制造费用 18 240.00
管理费用 83 402.40
在建工程 27 360.00
贷：应付职工薪酬 357 002.40
(17) 借：银行存款 80 000
贷：合同负债 80 000
(18) 借：财务费用 10 157.60
贷：应付利息 10 157.60

(19) 借：制造费用　51 200
　　管理费用　12 800
　贷：累计折旧　64 000
(20) 借：管理费用　24 000
　贷：累计摊销　24 000
借：管理费用　3 600
　贷：长期待摊费用　3 600
(21) 借：生产成本　152 000
　　制造费用　8 000
　贷：原材料　160 000
(22) 借：银行存款　123 700
　贷：应收账款　123 700
(23) 借：销售费用　10 000
　贷：银行存款　10 000
借：销售费用　7 160
　贷：银行存款　7 160
(24) 借：应交税费——应交增值税(已交税金)　30 000
　贷：银行存款　30 000
(25) 借：信用减值损失　6 840
　贷：坏账准备　6 840
(26) 借：生产成本　77 440
　贷：制造费用　77 440
借：库存商品　457 440
　贷：生产成本　457 440
(27) 借：预付账款　8 000
　贷：银行存款　8 000
(28) 借：交易性金融资产　8 680
　贷：公允价值变动损益　8 680
(29) 借：主营业务收入　502 000
　　投资收益　8 000
　　公允价值变动损益　8 680
　贷：本年利润　518 680
借：本年利润　486 680.00
　贷：主营业务成本　312 960.00
　　管理费用　123 802.40
　　销售费用　17 160.00
　　财务费用　10 157.60
　　信用减值损失　6 840.00
　　营业外支出　15 760.00
(30) 本期发生暂时性差异：
坏账准备 = 68 400 × 10% = 6 840(元)(可抵扣)
公允价值变动损益=8 680(元)(应纳税)
本期应交所得税 = [(518 680 − 486 680) + 6 840 − 8 680] × 25% = 7 540(元)

借：所得税费用　　8 000
　　递延所得税资产　　1 710
　贷：应交税费——应交所得税　　7 540
　　　递延所得税负债　　2 170
借：本年利润　　8 000
　贷：所得税费用　　8 000

(31) 借：应交税费——应交所得税　　54 800
　贷：银行存款　　54 800

(32) 净利润 = 32 000 − 8 000 = 24 000(元)
借：利润分配——提取法定盈余公积　　2 400
　　利润分配——提取任意盈余公积　　3 600
　贷：盈余公积——法定盈余公积　　2 400
　　　盈余公积——任意盈余公积　　3 600

(33) 借：本年利润　　24 000
　贷：利润分配——未分配利润　　24 000
借：利润分配——未分配利润　　6 000
　贷：利润分配——提取法定盈余公积　　2 400
　　　利润分配——提取任意盈余公积　　3 600

2. 2×19 年 12 月 31 日有关账户余额表。

有关账户余额表

2×19 年 12 月 31 日　　单位：元

账户名称	借方余额	账户名称	贷方余额
库存现金	1 200.00	应付账款	20 000.00
银行存款	178 457.60	预收账款	80 000.00
其他货币资金	54 000.00	应交税费	49 176.00
交易性金融资产	58 680.00	应付利息	10 157.60
应收票据	261 360.00	其他应付款	2 400.00
应收账款	620 000.00	长期借款	528 000.00
坏账准备	−62 000.00	递延所得税负债	2 170.00
预付账款	9 632.00	股本	2 800 000.00
其他应收款	800.00	资本公积	26 000.00
原材料	219 600.00	盈余公积	238 000.00
包装物	1 600.00	利润分配	102 566.00
低值易耗品	2 000.00		
库存商品	518 880.00		
长期股权投资	240 000.00		

（续表）

账户名称	借方余额	账户名称	贷方余额
长期股权投资减值准备	－28 000.00		
固定资产	948 000.00		
累计折旧	－120 000.00		
在建工程	99 360.00		
工程物资	4 000.00		
无形资产	824 000.00		
累计摊销	－32 000.00		
长期待摊费用	36 400.00		
递延所得税资产	22 500.00		
合计	3 858 469.60	合计	3 858 469.60

3. 丁公司2×19年12月31日资产负债表。

资产负债表

会企01表

编制单位：丁股份有限公司　　2×19年12月31日　　单位：元

资产	期末余额	上年年末余额	负债和所有者权益（或股东权益）	期末余额	上年年末余额
流动资产：			流动负债：		
货币资金	233 657.60	345 600.00	短期借款		80 000 000
交易性金融资产	58 680.00	104 000.00	交易性金融负债		
衍生金融资产			衍生金融负债		
应收票据	261 360.00	200 000.00	应付票据		32 000.00
应收账款	558 000.00	496 440.00	应付账款	20 000.00	20 000.00
应收款项融资			预收款项		
预付款项	9 632.00	47 736.00	合同负债	80 000.00	
其他应收款	800.00	800.00	应付职工薪酬		
存货	742 080.00	636 800.00	应交税费	49 176.00	80 000.00
合同资产			其他应付款	12 557.60	5 600.00
持有待售资产			持有待售负债		

（续表）

资　　产	期末余额	上年年末余额	负债和所有者权益（或股东权益）	期末余额	上年年末余额
一年内到期的非流动资产			一年内到期的非流动负债	248 000.00	320 000.00
其他流动资产			其他流动负债		
流动资产合计	1 864 209.60	1 831 376.00	流动负债合计	409 733.60	537 600.00
非流动资产：			非流动负债：		
债权投资			长期借款	280 000.00	200 000.00
其他债权投资			应付债券		
长期应收款			租赁负债		
长期股权投资	212 000.00	212 000.00	长期应付款		
其他权益工具投资			预计负债		
其他非流动金融资产			递延收益		
投资性房地产			递延所得税负债	2 170.00	
固定资产	828 000.00	888 000.00	其他非流动负债		
在建工程	103 360.00	72 000.00	非流动负债合计	282 170.00	200 000.00
生产性生物资产			负债合计	691 903.60	737 600.00
油气资产			所有者权益（或股东权益）：		
使用权资产			实收资本（或股本）	2 800 000.00	2 800 000.00
无形资产	792 000.00	816 000.00	其他权益工具		
开发支出			资本公积	26 000.00	26 000.00
商誉			减：库存股		
长期待摊费用	36 400.00	40 000.00	其他综合收益		
递延所得税资产	22 500.00	20 790.00	专项储备		
其他非流动资产			盈余公积	238 000.00	232 000.00
非流动资产合计	1 994 260.00	2 048 790.00	未分配利润	102 566.00	84 566.00
			所有者权益（或股东权益）合计	3 166 566.00	3 142 566.00
资产总计	3 858 469.60	3 880 166.00	负债和所有者权益（或股东权益）总计	3 858 469.60	3 880 166.00

4. 丁公司2×19年度利润表。

利 润 表(简表)

会企02表

编制单位：丁股份有限公司　　2×19年　　单位：元

项 目	行次	本年金额	上年金额
一、营业收入		502 000.00	
减：营业成本		312 960.00	
税金及附加			
销售费用		17 160.00	
管理费用		123 802.40	
研发费用			
财务费用		10 157.60	
加：其他收益			
投资收益(损失以"—"号填列)		8 000.00	
其中：对联营企业和合营企业的投资收益			
以摊余成本计量的金融资产终止确认收益(损失以"—"号填列)			
公允价值变动收益(损失以"—"号填列)		8 680.00	
信用减值损失(损失以"—"号填列)		−6 840.00	
资产减值损失(损失以"—"号填列)			
资产处置收益(损失以"—"号填列)			
二、营业利润(亏损以"—"号填列)		47 760.00	
加：营业外收入			
减：营业外支出		15 760.00	
三、利润总额(亏损总额以"—"号填列)		32 000.00	
减：所得税费用		8 000.00	
四、净利润(净亏损以"—"号填列)		24 000.00	
五、其他综合收益的税后净额			
(一)不能重分类进损益的其他综合收益			
(二)将重分类进损益的其他综合收益			
六、综合收益总额			
七、每股收益：			
(一)基本每股收益			
(二)稀释每股收益			

5. 丁公司 2×19 年度所有者权益变动表。

所有者权益变动表

2×19 年度

编制单位：丁股份有限公司　　　　单位：元

项目	本年金额										上年金额（略）									
	实收资本（或股本）	其他权益工具			资本公积	减：库存股	其他综合收益	盈余公积	未分配利润	所有者权益合计	实收资本（或股本）	其他权益工具			资本公积	减：库存股	其他综合收益	盈余公积	未分配利润	所有者权益合计
		优先股	永续债	其他								优先股	永续债	其他						
一、上年年末余额	2 800 000				26 000			232 000	84 566	3 142 566										
加：会计政策变更																				
前期差错更正																				
其他																				
二、本年年初余额	2 800 000				26 000			232 000	84 566	3 142 566										
三、本年增减变动金额（减少以“—”号填列）																				
（一）综合收益总额								24 000	24 000											
（二）所有者投入或减少资本																				
1. 所有者投入资本																				
2. 其他权益工具持有者投入资本																				
3. 股份支付计入所有者权益的金额																				
4. 其他																				
（三）利润分配																				
1. 提取盈余公积								6 000	−6 000											
2. 对所有者（或股东）的分配																				
3. 其他																				
（四）所有者权益内部结转																				
1. 资本公积转增本（或股东）																				
2. 盈余公积转增资本（或股东）																				
3. 盈余公积弥补亏损																				
4. 设定受益计划变动额结转留存收益																				
5. 其他综合收益结转留存收益																				
6. 其他																				
四、本年年末余额	2 800 000				26 000			238 000	102 566	3 166 566										

6. 丁公司 2×19 年度现金流量表。

现 金 流 量 表

编制单位：丁股份有限公司　　　　2×19 年度　　　　单位：元

项　　目	本期金额	上期金额
一、经营活动产生的现金流量：		（略）
销售商品、提供劳务收到的现金	517 500.00	
收到的税收返还		
收到其他与经营活动有关的现金		
经营活动现金流入小计	517 500.00	
购买商品、接受劳务支付的现金	130 400.00	
支付给职工以及为职工支付的现金	329 642.40	
支付的各项税费	84 800.00	
支付其他与经营活动有关的现金	17 160.00	
经营活动现金流出小计	562 002.40	
经营活动产生的现金流量净额	−44 502.40	
二、投资活动产生的现金流量：		
收回投资收到的现金	62 000.00	
取得投资收益收到的现金		
处置固定资产、无形资产和其他长期资产收回的现金净额	240.00	
处置子公司及其他营业单位收到的现金净额		
收到其他与投资活动有关的现金		
投资活动现金流入小计	62 240.00	
购建固定资产、无形资产和其他长期资产支付的现金	54 480.00	
投资支付的现金		
取得子公司及其他营业单位支付的现金净额		
支付其他与投资活动有关的现金		
投资活动现金流出小计	54 480.00	
投资活动产生的现金流量净额	7 760.00	
三、筹资活动产生的现金流量：		
吸收投资收到的现金		
取得借款收到的现金	80 000.00	
收到其他与筹资活动有关的现金		
筹资活动现金流入小计	80 000.00	

（续表）

项　　目	本期金额	上期金额
偿还债务支付的现金	152 000.00	（略）
分配股利、利润或偿付利息支付的现金	3 200.00	
支付其他与筹资动有关的现金		
筹资活动现金流出小计	155 200.00	
筹资活动产生的现金流量净额	−75 200.00	
四、汇率变动对现金及现金等价物的影响		
五、现金及现金等价物净增加额	−111 942.40	
加：期初现金及现金等价物余额	345 600.00	
六、期末现金及现金等价物余额	233 657.60	

现金流量表补充资料

单位：元

补　充　资　料	本期金额	上期金额
1. 将净利润调节为经营活动现金流量：		（略）
净利润	24 000.00	
加：资产减值准备	6 840.00	
固定资产折旧	64 000.00	
无形资产摊销	24 000.00	
长期待摊费用摊销	3 600.00	
处置固定资产、无形资产和其他长期资产的损失	15 760.00	
固定资产报废损失		
公允价值变动损失	−8 680.00	
财务费用	10 157.60	
投资损失	−8 000.00	
递延所得税资产减少	−1 710.00	
递延所得税负债增加	2 170.00	
存货的减少	−105 280.00	
经营性应收项目的减少	−91 656.00	
经营性应付项目的增加	20 296.00	
其他		
经营活动产生的现金流量净额	−44 502.40	

（续表）

补 充 资 料	本期金额	上期金额
2. 不涉及现金收支的重大投资和筹资活动：		
债务转为资本		
一年内到期的可转换公司债券		
融资租入固定资产		
3. 现金及现金等价物净变动情况：		
现金的期末余额	233 657.60	
减：现金的期初余额	345 600.00	
加：现金等价物的期末余额		
减：现金等价物的期初余额		
现金及现金等价物增加额	－111 942.40	